Jan Winkler

Suchmaschinenoptimierung und Webseitenvermarktung

Die scharfen Business-Workshops!

Jan Winkler

Suchmaschinenoptimierung und Webseitenvermarktung

So machen Sie Ihre Website zur Geldmaschine!

102 Abbildungen

Bibliografische Information der Deutschen Bibliothek
Die Deutsche Bibliothek verzeichnet diese Publikation in der Deutschen Nationalbibliografie;
detaillierte Daten sind im Internet über **http://dnb.ddb.de** abrufbar.

Hinweis
Alle Angaben in diesem Buch wurden vom Autor mit größter Sorgfalt erarbeitet bzw. zusammengestellt und unter
Einschaltung wirksamer Kontrollmaßnahmen reproduziert. Trotzdem sind Fehler nicht ganz auszuschließen. Der Verlag und der Autor sehen sich deshalb gezwungen, darauf hinzuweisen, dass sie weder eine Garantie noch die juri-
stische Verantwortung oder irgendeine Haftung für Folgen, die auf fehlerhafte Angaben zurückgehen, übernehmen
können. Für die Mitteilung etwaiger Fehler sind Verlag und Autor jederzeit dankbar.
Internetadressen oder Versionsnummern stellen den bei Redaktionsschluss verfügbaren Informationsstand dar. Verlag und Autor übernehmen keinerlei Verantwortung oder Haftung für Veränderungen, die sich aus nicht von ihnen
zu vertretenden Umständen ergeben. Evtl. beigefügte oder zum Download angebotene Dateien und Informationen
dienen ausschließlich der nicht gewerblichen Nutzung. Eine gewerbliche Nutzung ist nur mit Zustimmung des Lizen-
zinhabers möglich.

Satz: DTP-Satz A. Kugge, München
art & design: www.ideehoch2.de
Druck: Bercker, 47623 Kevelaer
Printed in Germany

ISBN 978-3-7723-**7056-4**

Inhaltsverzeichnis

Teil 1 – Idee und Vermarktung

Ideen entwickeln und bewerten

Im Internet gibt es Milliarden von Webseiten – allein in Deutschland geschätzte 7 Mio. Doch verdienen laut Einschätzungen des Bundesverbands Digitale Wirtschaft (BVDW) lediglich etwa 0,5 Mio., also rund 7 %, damit Geld. Es stellt sich also die Frage:

Was ist bei diesen 7 % anders als bei den restlichen 93 %?

Genau diese Frage soll in diesem Buch beantwortet werden. Zunächst wollen wir klären, welche Voraussetzungen geschaffen werden müssen, um mit der eigenen Webseite erfolgreich zu sein.

Anschließend folgt das Thema Vermarktung. Hier widmen wir uns ausführlich der Frage, wie sich durch eine Webseite Geld verdienen lässt, welche Einnahmemöglichkeiten es gibt und welche Beträge realistisch sind.

Im zweiten Teil gehen wir detailliert auf das Thema Suchmaschinenoptimierung ein, da dies in der Regel der Dreh- und Angelpunkt einer erfolgreichen Webseite ist. Schließlich kann nur derjenige im Internet Geld verdienen, dessen Seite auch gefunden und besucht wird.

1.1   Was braucht eine erfolgreiche Webseite?

Am Anfang jeder erfolgreichen Webseite steht eine Idee. Das kann etwas ganz Einfaches sein, z. B. über ein bestimmtes Thema zu berichten oder ein bestimmtes Produkt zu verkaufen. Je einfacher die Idee, umso besser lässt sie sich auch Besuchern, potenziellen Geldgebern oder Partnerfirmen erklären. Wahrscheinlich haben Sie beim Kauf dieses Buches sogar schon eine eigene Webseite oder eine Idee im Hinterkopf, die Sie jetzt erfolgreich umsetzen wollen.

Nach der Idee folgt das Konzept, d. h., die Idee muss ausformuliert werden. Was soll wie vonstattengehen? Welchen Nutzen bringt die Webseite für Besucher oder Unternehmen? Gibt es bereits Webseiten, die ähnlich sind, und wenn ja, wie unterscheidet sich meine Webseite davon? Und natürlich die alles entscheidende Frage: Wie kann ich mit der Webseite auch Geld verdienen?

Neben der Idee und einem guten Konzept braucht eine Webseite allerdings vor allem eines: viel Arbeitskraft oder, wer es sich leisten kann, ein ausreichend großes Programmier- und Marketingbudget, um sich diese Arbeitskraft zu erkaufen. Steht das Konzept erst einmal, sind bis zur fertigen Webseite noch etwa 100 kleine Einzelschritte zu tun: Es müssen Design, Logo und CI erstellt, die Webseite programmiert und für Besucher gesorgt werden. Ebenso wollen externe Partner gesucht und eingebunden werden und, und, und ... Natürlich sollte die Webseite ständig gepflegt, erweitert und verbessert werden. Alles in allem ein nicht zu unterschätzender Aufwand, der sich allerdings richtig lohnen kann!

1.2   Aus der Idee wird ein Konzept

Die Idee ist geboren, vielleicht nur in Ansätzen, aber schon brauchbar. Nun sollen daraus ein Konzept und anschließend eine Webseite werden. Wie wird daraus ein Konzept? Ganz einfach: Beantworten Sie sich selbst alle Fragen zur Idee, die Ihnen einfallen. Schreiben Sie die Antworten auf. Und dann erklären Sie das Konzept einem Bekannten, Verwandten oder guten Freund. Wurde alles verstanden, ist alles bestens – wenn nicht, gibt es Nachholbedarf.

Besonderes Gewicht liegt hierbei auf folgenden Fragen:

- Was kann/macht/befindet sich auf meine/r Webseite?
- Welchen Vorteil bietet meine Webseite gegenüber anderen vergleichbaren Webseiten?
- Wer braucht meine Webseite?
- Warum interessiert den Besucher meine Webseite?
- Wie verdiene ich an der Webseite?

Seien Sie bei der Beantwortung so genau und aufrichtig wie möglich. Insbesondere die Genauigkeit ist dabei ein wichtiger Punkt, der oft falsch interpretiert wird, wenn es darum geht, das eigene Konzept anderen zu präsentieren: Dann heißt es auf die Frage: »Wer braucht meine Webseite?« einfach nur: »Alle!«. Doch kaum eine Webseite ist für wirklich *jeden* gemacht. Formulieren Sie diese Fragen also besser entsprechend präzise. Interessiert das Thema eher Männer als Frauen, sollten Sie das berücksichtigen.

Marktlücke gefunden?

Insbesondere bei der Bewertung des Markts gibt es häufig erhebliche Probleme und Defizite. Wichtig für eine erfolgreiche Positionierung in einem bestimmten Marktsegment ist, dass Sie möglichst vorher genauestens informiert sind. Gegen welche Mitbewerber trete ich an? Wer genau ist die Zielgruppe? Wie groß ist der Markt überhaupt?

Gerade beim letzten Punkt werden oft Milchmädchenrechnungen aufgestellt, die das eigentliche Potenzial völlig überbewerten.

▲ Wer sind meine Konkurrenten?

Um herauszufinden, wie die Konkurrenz vorgeht, empfiehlt es sich, zunächst einfach alle möglichen Suchbegriffe bei Google und Co. durchzuprobieren und zu schauen, welche Unternehmen sich dort auf den vorderen Plätzen so tummeln. Angenommen, Sie möchten einen Shop für Angelbedarf einrichten, wäre es nun an der Zeit, z. B. nach »Angelbedarf«, »Anglerzubehör«, »Angel«, »Angeln«, »Anglerbedarf Berlin« (falls Sie einen lokale Zielgruppe bedienen wollen) usw. zu suchen. Schauen Sie sich die Webseiten an und versuchen Sie auch herauszufinden, wer dahintersteht. Wird die Konkurrenzseite privat betrieben? Steckt eine GmbH dahinter? Oder handelt es sich gar um eine große Holding, die Ihnen mit dicken Budgets das Leben schwer machen könnte?

Wenn Sie die Konkurrenzsituation ausgelotet haben, sollten Sie nun versuchen, realistisch einzuschätzen, ob es Ihnen möglich ist, neben den Konkurrenten zu bestehen. Ist die Konkurrenz zu groß und finanzkräftig, hilft ggf. nur eine Idee, die sich wirklich grundlegend von der Konkurrenz abhebt. Schließlich müssen Sie sich fragen: Warum sollten die Besucher zu mir kommen und bei mir kaufen, wenn sie das Gleiche genauso/besser/billiger/einfacher/bequemer auch bei der Konkurrenz bekommen? Ohne einen wirklichen Vorteil für den Besucher sollten Sie in einer starken Konkurrenzsituation ernsthaft darüber nachdenken, ob Sie Chancen sehen, anstatt nach Monaten harter Arbeit festzustellen, dass die Idee vielleicht doch nicht so konkurrenzfähig ist, wie Sie dachten.

Gleichzeitig gilt aber auch: Ist die Konkurrenzsituation günstig (üblicherweise verträgt ein Marktsegment meist eine Handvoll ähnlicher Anbieter) sollten Sie die Chance nutzen – bevor es andere tun.

▲ Wer ist meine Zielgruppe?

Wie eingangs schon erwähnt, fällt es gerade Neulingen häufig schwer, die Zielgruppe richtig zuzuordnen. Eine Zielgruppe »Alle« gibt es eigentlich bei kaum einem Produkt, mal abgesehen von Lebensmitteln, bei denen die Hersteller allerdings ihren Fokus oft auf Frauen und Mütter legen, da diese in der Regel einkaufen und über das Essen der Familie bestimmen. Woher weiß ich also, wer meine Zielgruppe ist? Um das zu beantworten, helfen wie bei der Erstellung des Konzepts die Antworten auf einige Fragen:

- An welche Altersgruppe richtet sich meine Webseite?
- Interessieren sich eher Männer oder Frauen für meine Webseite?
- Wird ein bestimmter Bildungsstand vorausgesetzt (Abitur, Studium, Fachwissen in bestimmten Bereichen, wie z. B. Technikverständnis oder Kochkenntnisse)?

- Zielt die Webseite auf bestimmte Einkommensschichten? (Was müsste der Besucher verdienen, um sich meine Webseite »leisten« zu können bzw. ein Interesse dafür zu entwickeln?)

- Gibt es andere Voraussetzungen, um meine Seite sinnvoll nutzen zu können? (Handy, Haus, Familie, Auto, ...)

Anhand dieser Fragen lässt sich eine Zielgruppe meist schon sehr gut herauskristallisieren. So interessieren sich etwa vorrangig junge, männliche Nutzer für Computerspiele, während ältere weibliche Nutzer Beauty und Wellness bevorzugen. Eine Seite zum Thema »Angelbedarf« setzt z. B. ein gewisses Grundwissen in Sachen Angeln voraus, und eine Seite mit politischer Satire richtet sich meist an Besucher mit höherer Bildung. Gleiches gilt für die Punkte Einkommen und anderen Voraussetzungen: Aktieninformationen interessieren eben hauptsächlich Menschen mit höherem Einkommen, und Klingeltöne brauche ich niemandem anzubieten, der kein Handy hat.

▲ Wie groß ist der Markt?

Nachdem Sie wissen, welche Zielgruppe Sie erreichen, sollten Sie nun recherchieren, wie groß der Markt eigentlich ist, den Sie bedienen möchten. Hierzu können diverse im Internet zu findende Studien, die Zahlen des Statistischen Bundesamts (*destatis.de*) oder Nachrichten herangezogen werden.

Die Summe der potenziellen Interessenten lässt sich durch einfaches Aufrechnen ermitteln. Für die Zielgruppe von Mercedes-Käufern würde man etwa die Anzahl der Menschen in Deutschland abzüglich Frauen, abzüglich Menschen ohne Führerschein, abzüglich Menschen unter 35 Jahren, abzüglich Menschen mit einem Einkommen unter 3.000 Euro usw. aufrechnen, bis man annähernd alle Faktoren einbezogen hat, die einen Autokauf in dem Preissegment unwahrscheinlich machen. Außerdem müsste noch eingerechnet werden, dass ein Autobesitzer ein neues Auto nur alle drei bis sechs Jahre kauft und dass natürlich auch die Konkurrenz um diese Käufer buhlt.

Letztlich haben Sie eine grobe Zahl, wie viele Menschen sich in einem bestimmten Zeitraum, etwa einem Monat, für Ihre Webseite interessieren könnten. Ob sie es dann auch tun, ist eine andere Frage.

Konkurrenz ausloten – kann mein Konzept erfolgreich sein?

Ob eine Webseite überhaupt Aussicht auf Erfolg hat, ist insbesondere von der Konkurrenzsituation abhängig. Wichtig ist, sich von der Konkurrenz in elementaren Punkten abzuheben, auch wenn der gleiche Markt bedient wird. Um zu sehen, welche Marktbereiche bereits von der Konkurrenz abgedeckt werden, lässt sich das meist schon anhand einer einfachen Grafik demonstrieren:

Nehmen wir das zuvor bereits angesprochene Beispiel »Angelbedarf«. Sie haben vor, hierzu einen Shop zu eröffnen. Um die Konkurrenzsituation auszuloten, haben Sie bereits einige andere Anbieter recherchiert und möchten nun sehen, wie sich diese im Markt positioniert haben und wo sich eventuell für Sie noch Lücken ergeben.

Um dem nachzugehen, wählen wir zunächst zwei für den Markt wichtige Kriterien aus – in unserem Beispiel Produktvielfalt und Preis. Natürlich können es auch andere Kriterien wie Produktqualität, Liefergeschwindigkeit, Bedienbarkeit des Shops usw. sein. Wichtig bei der Auswahl der Kriterien ist, dass sie von einem möglichen Käufer zum einen sehr hoch eingeschätzt werden und zum anderen genügend Spielraum für Variationen bieten.

Nachdem Sie die Kriterien ausgewählt haben, malen Sie auf einem Blatt Papier ein Koordinatensystem und beschriften jeweils eine Achse mit einem Kriterium. In unserem Beispiel steht also an der x-Achse »Produktvielfalt« und an der y-Achse »Preis«. Anschließend markieren Sie durch einen Punkt oder Kreis die Stelle, an der sich die zuvor recherchierten Konkurrenten befinden. Wir haben das beispielhaft so umgesetzt:

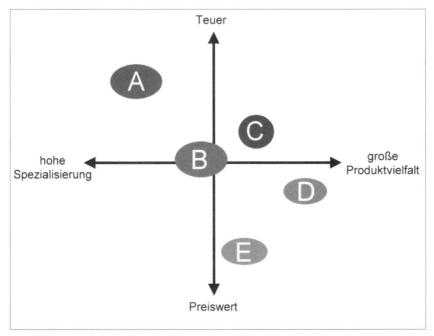

Bild 1.1: Beispielhafte Marktanalyse mit den Kriterien Preis und Produktvielfalt.

In diesem Fall gibt es also zwei preiswertere Anbieter D und E, die mittlere bis große Produktsortimente aufweisen können. Daneben gibt es die Anbieter B und C, die ein mittleres Sortiment bieten, aber nicht zu den preiswertesten zählen. Und dann gibt es noch den Anbieter A, der sich auf ein bestimmtes Gebiet spezialisiert hat, dafür aber recht teuer ist. Sein Produktsortiment könnte in unserem Beispiel aus ausgesuchten Angelruten (z. B. für Fliegenfischen, Brandungsfischen, Eisangeln usw.) bestehen.

Anhand einer solchen Grafik lässt sich sehr schön ablesen, in welchen Bereichen die Konkurrenz stärker anzusiedeln ist bzw. wo es noch Marktlücken gibt. Hier ließe sich z. B. erkennen, dass es kaum preiswerte und gleichzeitig spezialisierte Anbieter gibt und somit eine Marktlücke existiert, die Sie bedienen könnten. Ebenso gibt es keinen Anbieter, der sowohl große Vielfalt als auch kleine Preise bietet – auch hier ergäbe sich eine Chance für Sie.

Verdienstmodelle für die eigene Website

Das Konzept steht, die Webseite ist programmiert, die ersten Besucher haben sich eingefunden. Langsam beginnt die Webseite zu »leben«, doch noch ist kein Euro verdient. Höchste Zeit, sich mit der Erschließung von Einnahmequellen für Ihre Webseite zu beschäftigen.

2.1   Welche Einnahmequellen gibt es?

Grundsätzlich lässt sich mit drei Einnahmemodellen Geld verdienen:

- Onlinewerbung: Auf der Webseite werden Werbemittel in Form von Bannern, Textlinks usw. angebracht und vom Werbekunden vergütet.
- Paid Services & Paid Content: Die Besucher der Webseite müssen für Zutritt zu einem gesonderten Bereich oder die Nutzung bestimmter Funktionen zahlen.
- Produktverkauf: Die Besucher erwerben Produkte über einen Shop.

Darüber hinaus lassen sich diese Einnahmequellen natürlich kombinieren, z. B. wenn ein Shop (Produktverkauf) innerhalb des Shops zusätzlich Onlinewerbung schaltet, wie es etwa Amazon.de seit einiger Zeit erfolgreich macht.

Die Kombination verschiedener Einnahmequellen nacheinander – also die Verkettung verschiedener Vertriebsformen (»Vertriebskette«) – tritt in der Regel nur bei Produkten auf, deren Herstellung kostenintensiv ist und die daher einer besonders aufwendigen Refinanzierung bedürfen. Ein einfaches Beispiel ist etwa ein Buch, das zunächst im Shop verkauft wird und anschließend als Onlineversion auf der Verlagswebseite als Paid Content gelesen werden kann.

Auf alle drei Einnahmequellen sowie die Sonderform der Vertriebsketten werden wir in den nächsten Kapiteln gesondert eingehen und zeigen, wie sie auf Ihrer Webseite eingesetzt werden können. Besondere Bedeutung kommt dabei der Onlinewerbung zu, da diese für den Großteil der Webseiten die Haupt- oder teilweise auch einzige Einnahmequelle darstellt.

2.2   Welches Einnahmemodell passt zu meiner Website?

Jede Webseite hat zwar ihr eigenes ganz persönliches Profil und besondere Merkmale, jedoch lassen sich die meisten Webseiten Gruppen oder Typen zuordnen, die bestimmte Merkmale verbinden. Die Kenntnis dieser Typen kann dabei helfen, die eigene Webseite besser zu konzipieren und gleichzeitig die möglichen Anknüpfungspunkte für neue Partner oder die späteren Einnahmequellen besser auszuloten. Webseitentypen lassen sich grob in folgende Typen einteilen:

Informationsseiten

Der Nutzen besteht darin, über ein bestimmtes Thema, aktuelle Nachrichten oder etwa das Wetter zu informieren. Die Besucher kommen auf diese Seiten, um sich zu informieren, bleiben meist nur wenige Minuten und verschwinden wieder. Diese Art von Seiten finanzieren sich in der Regel über Werbung und Kooperationen. Beispiele: stern.de, zdnet.de, wetter.de.

Bild 2.1: Ein Leben für die Werbung: Bei wetter.com stehen die Wettermeldungen nur noch in einer schmalen Spalte – der Rest der Seite besteht aus Werbung.

Shops

Der Nutzen besteht darin, dem Besucher eine bestimmte Ware zugänglich zu machen. Im besten Fall kommen die Besucher mit einer festen Kaufabsicht auf die Seite, führen den Kauf durch und fertig. Diese Seiten finanzieren sich quasi ausschließlich durch Verkaufserlöse. Beispiele: amazon.de, bol.de, neckermann.de.

Bild 2.2: Quelle.de – ein Vorzeigeshop dank ausgereifter, aber teurer Technik.

Communities

Communities sind in der letzten Zeit sehr populär geworden. Der Nutzen besteht vorrangig in Vernetzung und Meinungsaustausch mit anderen. Die Besucher halten sich oft stundenlang auf der Webseite auf und konsumieren dabei große Mengen an Werbung, die ähnlich den Informationsseiten zusammen mit Kooperationen – und immer seltener Mitgliedsbeiträgen – die Haupteinnahmequellen darstellen. Beispiele: studivz.de, facebook.de, kwick.de.

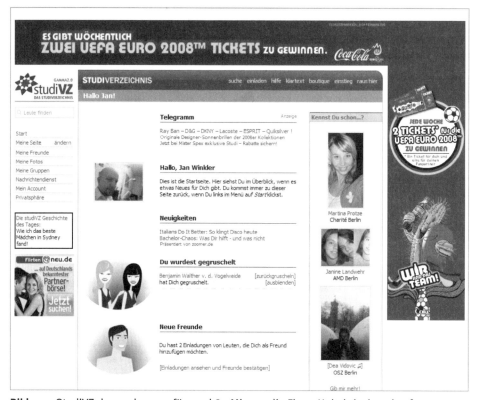

Bild 2.3: StudiVZ.de wurde 2007 für rund 85 Mio. an die Firma Holtzbrinck verkauft.

Marktplatz

Marktplätze hatten zu Zeiten der DotCom-Blase Hochkonjunktur, jeder wollte so erfolgreich sein wie eBay und Co. Der Nutzen besteht vor allem darin, Angebot und Nachfrage zusammenzubringen, häufig in Form von Auktionen oder Kleinanzeigen. Einnahmen erzielen diese Webseiten vor allem durch Nutzungsgebühren, etwa für das Einstellen einer Auktion/Kleinanzeige, oder als Provision für erfolgreiche Vermittlungen. Beispiele: ebay.de, my-hammer.de, markt.de.

Bild 2.4: Das Handwerkerportal MyHammer vermittelt Dienstleistungsaufträge.

Entertainment

Hier ist die Palette recht weit gefasst. Der Nutzen dieser Seiten geht vom Abspielen von Musikvideos über das Kinoprogramm bis hin zu Onlinespielen und Browsergames. Entsprechend vielschichtig sind die Einnahmequellen: Ein Großteil der Einnahmen wird durch Werbung und Promotions erzielt, bei Onlinespielen häufig durch Spielgebühren und bei Browsergames durch Zusatzfunktionen, die man im Spiel erwerben kann. Beispiele: myvideo.de, kino.de, bigpoint.de.

Bild 2.5: Bigpoint zählt zu den größten Anbietern von Browsergames in Deutschland – aktuell sind rund 20 Mio. User registriert.

Beschaffung und Dienstleistung

Der Nutzen liegt darin, dem Besucher etwas zu liefern, das er allein nicht bekommen kann, in der Regel digitale Güter oder digitale Dienste, wie etwa eine neue Software zum Download, Klingeltöne für sein Handy oder das kostenlose E-Mail-Konto. Finanziert werden diese Seiten normalerweise durch Werbung und Nutzungsgebühren. Beispiele: freeware.de, jamba.de, gmx.de.

Bild 2.6: GMX zählt zu Deutschlands größten E-Mail-Providern und finanziert sich aus Werbung, Kooperationen und Kundenerlösen.

Portale, Verzeichnisse, Suchmaschinen

Diese Seiten bieten dem Besucher eine Art Zutrittshilfe ins Internet, also möglichst Inhalte bzw. Webseiten, die ihn interessieren könnten. Finanziert werden diese häufig hauptsächlich aus Werbeeinnahmen, Kooperationen und Vermarktung der eigenen Dienste für andere Unternehmen (etwa bei Suchmaschinen). Beispiele: msn.de, dmoz.org, google.de.

Bild 2.7: Eines der weltweit größten Verzeichnisse seiner Art ist DMOZ.org – dort finden sich über 4,6 Mio. Einträge.

Mischtypen

Neben vielen Seiten, die sich klar einem ganz bestimmten Typ zuordnen lassen, gibt es natürlich auch eine Vielzahl von Webseiten, die mehrere Funktionen in sich vereinen und daher in mehrere Kategorien einzuordnen wären. So bietet das Portal msn.de neben der Suchfunktion z. B. gleichzeitig auch eigene Nachrichten, einen Entertainment-Bereich und einen E-Mail-Dienst. Zudem verfügen die meisten Informationsseiten über eine angeschlossene Community, meist in Form eines Forums.

Es ist nie gut, sich nur auf eine einzige Einnahmequelle zu verlassen. Es sollte daher auf Diversifizierung geachtet werden, um die Ausfallsicherheit zu erhöhen: Bricht z. B. der Produktverkauf aufgrund von Lieferschwierigkeiten ein, könnten weiterhin Einnahmen aus dem Bereich Paid Content generiert werden.

Erfolgreiche Onlinewerbung

Onlinewerbung ist nach E-Commerce, also dem Handel mit Produkten, der zweitwichtigste Umsatzgenerator im Web und insbesondere für viele kleine Webseiten oft die Geldquelle schlechthin. Mit keinem anderen Weg lässt sich so einfach Geld verdienen wie mit Onlinewerbung; nur ein Werbebanner und ein paar Besucher auf der Webseite sind dafür notwendig.

3.1   Onlinewerbung – was ist was?

Um die eigene Webseite möglichst gut mit Onlinewerbung vermarkten zu können, müssen Sie sich zunächst etwas Grundwissen um Fachbegriffe wie z. B. SkyScraper, CPC oder FloatingAds aneignen.

Kampagnen

In der Werbewelt läuft normalerweise alles über Kampagnen. Eine Kampagne ist dabei ein vom Werbekunden definiertes Konstrukt, das eine bestimmte Werbeleistung beschreibt. Eine Kampagne ist meist durch folgende Merkmale gekennzeichnet:

- Zeitraum:
  Von wann bis wann eine Werbemaßnahme laufen soll. Natürlich sind auch unbestimmte Zeiträume möglich.

- Werbeform und -format:
  Typ und Größe der Werbemittel. Darüber hinaus werden in der Regel Nebenbedingungen festgelegt, z. B. wie oft die Werbemittel animiert werden oder Sound haben dürfen, wie lange ein Werbemittel zu sehen sein muss, um gewertet zu werden.

- Abrechnungsart und Preis:
  Was wann, wie, warum vom Werbekunden an den Webseitenbetreiber gezahlt werden soll.

- Platzierung:
  Wo die Werbung platziert werden soll. Das kann eher allgemein gehalten oder sehr genau auf eine bestimmte Stelle auf der Webseite lokalisiert sein.

- Frequency-Cappings (FC):
  Wie oft die Werbung einem Besucher innerhalb eines bestimmten Zeitraums angezeigt werden soll. Der Wert FC 1/24h sagt z. B. aus, dass jedem Besucher die Werbung nur einmal innerhalb von 24 Stunden gezeigt wird. Sieht sich der Besucher also mehrere Dokumente auf einer Webseite an, die alle mit Werbung bestückt sind, darf die Werbung dieser Kampagne nur einmal zu sehen sein; anschließend darf die Webseite dem Besucher also entweder keine oder nur die Werbung einer anderen Kampagne anzeigen.

- Targeting und andere Sonderwünsche:
  Hier wird bestimmt, ob nur bestimmte Nutzergruppen angesprochen werden sollen. Targeting ermöglicht, dabei z. B. nur Nutzer anzusprechen, die aus einem bestimmten PLZ-Gebiet kommen oder die einen bestimmten Browser verwenden.

Onlinewerbeformen

Um online Werbung zu machen, gibt es zahlreiche Möglichkeiten. Man unterscheidet hier allgemein folgende Werbeformen:

▲ Bannerwerbung

Dazu gehören alle verschiedenen Größen an Grafikwerbemitteln, oft als GIF- oder Flashdatei, seltener als JPEG oder HTML-Code. Banner sind die am weitesten verbreitete Werbeform. Hierzu wird einfach eine Werbegrafik in die Webseite eingebunden und entsprechend verlinkt, sodass ein Besucher bei Interesse darauf klicken kann und zur Webseite des Werbekunden geleitet wird.

Bild 3.1: Der erste Werbebanner der Welt soll am 25.10.1994 auf der Webseite HotWird.com für die amerikanische Telefongesellschaft AT&T geworben haben.

▲ Textwerbung

Textlink, also einfacher Text ohne grafische Elemente. Findet seinen Einsatz insbesondere bei Suchmaschinen. Ebenso wie beim Banner wird ein Text mit einem Link hinterlegt, sodass ein interessierter Besucher darauf klicken und zur Webseite des Werbekunden gelangen kann.

Bild 3.2: Rechts eingerahmt: Google-Textwerbung auf baupraxis.de.

▲ Pop-ups und Pop-under

Surft ein Besucher eine mit einem Pop-up/Pop-under präparierte Webseite an, wird automatisch ein neues Browserfenster geöffnet. Bei einem Pop-up erscheint das Browserfenster vor dem eigentlichen Fenster – bei einem Pop-under dahinter. Das neue Browserfenster enthält dann in der Regel ein grafisches Werbemittel (großformatiger Banner) oder schon gleich die Zielseite (Webseite des Werbekunden).

Bild 3.3: Ein Pop-up mit Freenet-Werbung hat sich geöffnet und vor die Webseite geschoben.

▲ Layer

Flash- oder DHTML-Layer: Eine Grafik bzw. Flashanimation legt sich direkt über den eigentlichen Inhalt der Webseite und erzeugt so besonders viel Aufmerksamkeit. In der Regel schließt sich der Layer nach einer gewissen Zeit von allein oder kann vom Besucher geschlossen werden. Teilweise wird ein Layer auch als Alternative zum Pop-up eingesetzt: Wird Pop-up-Werbung von einem Pop-up-Blocker blockiert, erkennt die Webseite das und zeigt stattdessen einen Layer an, der gestaltet ist wie ein Browserfenster.

Bild 3.4: Ein animierter Layer für ArenaTV auf einer Sportseite legt sich direkt über den Inhalt.

▲ E-Mail

E-Mail-Werbung in Form von Einträgen in einem Newsletter oder Standalones (Werbenewsletter ohne direkten Bezug zur Webseite, auf der sich der User für den Newsletter angemeldet hat). In der E-Mail findet sich dann ein Werbetext oder eine Werbegrafik, die angeklickt werden kann.

▲ Sonderwerbeformen

Alle sonstigen Werbeformen werden eher selten eingesetzt und daher als Sonderwerbeformen zusammengefasst. Dazu gehören Content-Integration, also z. B. redaktionelle Werbetexte oder die Integration ganzer Webseiten in andere Webseiten, sowie diverse Flash- und Layer-Variationen, wie etwa Floating-Ads (der Layer bewegt sich über die Webseite) oder Expandables (wird die Maus über den Banner gehalten, vergrößert sich dieser). Ebenso gibt es Interstitials, Superstitials, Tandem-Ads, Branded-Sites und, und, und. Die Zahl der Sonderformen ist nahezu unüberschaubar, zumal auch die Namensgebung teils sehr unterschiedlich und nicht immer eindeutig ist.

Bannerformate

Werbebanner stellen die häufigste Werbeform im Internet dar und entsprechend viele Größen gibt es hier. Es gibt jedoch einige Formate, die häufiger Verwendung finden und daher so etwas wie das Standardpaket für einen jeden Werbekunden darstellen. In Deutschland sind das derzeit die folgenden Formate:

Format in Pixel	Name(n)
468 x 60	Fullsizebanner/FSB
120 x 600	SkyScraper/Sky
728 x 90	Bigsizebanner/Largebanner/Superbanner/BSB
300 x 250	ContentAd/Medium Rectangle/CA
160 x 600	Wide SkyScraper/WideSky
234 x 60	Halfsizebanner/HSB
180 x 150	Rectangle

Darüber hinaus existieren noch zahlreiche weitere Formate, die aber nur wenig Einsatz finden. Grundsätzlich geht jedoch der Trend mehr und mehr hin zu großformatigen Bannern: War vor einigen Jahren noch das Format 468 x 60 das Nonplusultra, führt dieses mittlerweile fast schon ein Nischendasein und wurde weitestgehend vom Format 728 x 90 abgelöst. Gleiches gilt für das Format 120 x 600, das zwar noch verwendet, aber zunehmend vom etwas breiteren 160-x-600-Banner abgelöst wird.

Ebenfalls unterscheiden sich die eingesetzten Formate von Land zu Land. So ist in den USA etwa das Format 336 x 280 oder in Polen das Format 750 x 100 recht verbreitet, beide finden in Deutschland jedoch nur wenige Anhänger.

Bild 3.5: Beispiele für die diversen Bannerformate von klein bis groß.

Zählweisen: So wird Onlinewerbung gemessen

Das Wichtigste bei jeder Onlinewerbung ist ihre Erfolgsmessung. Für gewöhnlich buchen Werbekunden eine zuvor spezifizierte Menge an Werbung, deshalb sollte hier natürlich möglichst Klarheit herrschen, wie gezählt und welche Menge damit eigentlich gebucht wird. Allerdings gibt es bei den Grundbegriffen ein großes Durcheinander, und nicht selten werden Begriffe für etwas verwendet, was eigentlich anders gemeint war.

Das Problem beginnt schon bei der Messung der Zugriffszahlen einer Webseite. Bevor ein Kunde Werbung bucht, möchte er gern wissen, wie viele Besucher sich denn auf dieser Webseite tummeln. Eine normale Statistiksoftware, die etwa die Logfiles (Protokolldatei über die Zugriffe) des Webservers auswertet, spuckt dann Begriffe wie Hits, Views, PageViews, Visits, Visitors usw. aus, und hinter jedem Begriff steht eine andere Zahl. Was welche Zahl bedeutet, ist dabei nur den wenigsten klar, deshalb hier die Übersicht:

Begriff	Bedeutung
Hits, Abrufe	Ein Abruf einer Datei vom Webserver. Das kann eine HTML-Datei sein, ein Bild, ein Skript oder ein Download – eben alles, was sich auf dem Webserver befindet und abgerufen werden kann. Für Werbekunden ist diese Zahl relativ irrelevant, da hier eben alles gezählt wird, also auch das, was eigentlich nur »Beiwerk« zur Webseite ist.
Views, PageViews, PageImpressions, Impressions, Seitenabrufe	Bezeichnet den Abruf einer Seite, für gewöhnlich eine HTML- oder PHP-Datei. Diese Zahl ist für Werbekunden sehr interessant, zeigt sie doch, wie viele Werbeeinblendungen eine Webseite erzeugen könnte, wenn auf jeder Seite ein Werbebanner platziert wird.
Views, AdViews, AdImpressions, Inventar, Volumen	Bezeichnet die Werbeeinblendungen, die auf einer Webseite ausgelöst wurden. Zu beachten ist hierbei die Wortdopplung bei »Views«, die je nach Anwendung für einen Seitenabruf oder eine Werbeeinblendung stehen kann. Da auf einer Webseite aber mehrere Werbeflächen gleichzeitig stehen können, kommt es hier leicht zu Verwechslungen. Die Bezeichnung AdView bzw. AdImpression (abgekürzt Ai) ist daher sinnvoller.
	Die Begriffe Inventar bzw. Volumen bezeichnen dabei das gesamte durch eine Webseite verursachte Werbeaufkommen, also die Summe aller AdViews für einen bestimmten Zeitraum (i. d. R. einen Monat).
	Darüber hinaus gibt es den Begriff des »unique View« bzw. »UV«. Dieser bezeichnet die Anzahl an Einblendungen, die einem eindeutigen (»unique«) Besucher zugeordnet werden können – in der Praxis versteht man darunter die Anzahl der Besucher, die ein Werbemittel gesehen haben.
Visits, Sessions, Besuche	Beschreibt den Besuch auf der Webseite. Für gewöhnlich gemessen innerhalb von 30 Minuten oder 24 Stunden. Das heißt, bewegt sich ein Besucher auf einer Webseite hin und her, ist dies weiterhin nur ein Besuch. Verlässt er die Webseite und kehrt nach 30 Minuten bzw. einem Tag zurück, sind dies zwei Besuche desselben Besuchers.
Visitors, Besucher	Eindeutige Besucher, in der Regel anhand der IP-Adresse gemessen. Alle Zugriffe der gleichen IP-Adresse werden dabei als ein Besucher zusammengefasst, egal, wann diese stattgefunden haben und ob es dazwischen größere Pausen gab.

Zu beachten ist dabei, dass es erhebliche Unterschiede zwischen den Messarten gibt und selbst innerhalb der gleichen Messart durch unterschiedliche Messsoftware teils deutlich verschiedene Zahlen errechnet werden. Die Auswertung der Serverlogfiles ist beispielsweise im Allgemeinen weniger zu gebrauchen, da hier wirklich alle Zugriffe gezählt werden – also auch jene, die vom Besucher noch vor Ansicht der Seite abgebrochen wurden. Darüber hinaus können sich Messfehler einschleichen, wenn Frames verwendet oder Daten von PHP-Dateien erzeugt werden, die keine (Web-)Seite darstellen (etwa bei der dynamischen Erstellung von Bildern per PHP). In solchen Fällen würde deutlich mehr gezählt, als tatsächlich an Seitenabrufen vorhanden war, und dem Werbekunden damit ein falsches Bild der Webseite übermittelt.

> Die genaueste Zählvariante, um festzustellen, wie hoch die Zugriffszahlen einer Webseite sind, besteht in einem Pixeltracking, wie es etwa Google Analytics, Etracker oder andere Anbieter verwenden. Diese Zahlen spiegeln die Webseite aus Sicht der Werbekunden am besten wider.

Abrechnungsarten

Im Gegensatz zu TV, Print, Radio oder Plakaten gibt es in der Onlinewerbung eine ganze Menge an möglichen Abrechnungsformen. Während im TV- und Radiobereich vorwiegend nach Sekundentakt und zu erreichenden Personen, bei Print nach Auflage und im Plakatbereich nach Zeiteinheiten und Standort abgerechnet wird, dominieren im Onlinebereich vor allem leistungs- und erfolgsbezogene Abrechnungsformen. Hier die wichtigsten:

▲ TKP/CPM/Pay per View

Dahinter verbirgt sich die Abrechnung nach erfolgten Einblendungen. Gewertet wird eine Einblendung, sobald das Werbemittel (Banner, Pop-up, Layer usw.) den Server des Werbetreibenden verlässt und damit davon ausgegangen werden kann, dass der Besucher, dessen Browser den Banner angefordert hat, diesen nun auch zu Gesicht bekommt. TKP bedeutet dabei »Tausender Kontakt Preis«, also der Preis, der pro 1.000 Werbeeinblendungen zu zahlen ist. Beim Begriff »CPM« handelt es sich um das englische Pendant, das für »Cost per Mille« steht.

Die Abrechnung nach TKP ist für gewöhnlich für einen Webmaster die sicherste Variante. Er weiß hierbei vorher ganz genau, für welche Leistung er wie viel verdient, und kann sich anhand der Besuchszahlen seiner Webseite vorher zumindest annähernd ausrechnen, wie viel er in etwa bekommen wird. Für Werbekunden ist dieses Modell jedoch weniger interessant, bedeutet es doch, dass das Risiko (z. B. wenig Verkäufe, wenig Klicks) komplett zulasten des Werbekunden geht. Die Abrechnung nach TKP findet daher mittlerweile eigentlich nur noch in Bereichen statt, in denen der Webmaster und nicht der Werbekunde am »längeren Hebel« sitzt – etwa, weil die Seite eine spezielle Zielgruppe anspricht, die Qualität der Seite besonders hoch ist oder andere Dinge wie Targeting oder das verwendete Format die gebuchte Schaltung besonders hochwertig und teuer erscheinen lassen.

Die Preise für TKP-Buchungen liegen im Regelfall im einstelligen Eurobereich, aufgrund des hohen Konkurrenzdrucks der Webseiten untereinander auch zunehmend darunter. Der Preis ist hierbei jedoch stark vom Format, dem Frequency-Capping und anderen Faktoren abhängig. So kann es sein, dass eine sehr allgemeine Buchung ohne Frequency-Capping und einem kleinen Werbeformat nur 10 oder 15 Cent TKP »wert« ist, während eine sehr spezielle Buchung eines großflächigen Werbeformats und zusätzlichen einschränkenden Faktoren (etwa Targeting oder FC) bis zu 20, 30 oder gar 50 Euro TKP erzielen kann.

▲ CPC/Pay per Click

Die Bezahlung erfolgt hier nicht bereits, wenn der Besucher ein Werbemittel sieht, sondern erst, wenn er es anklickt. Der Begriff CPC steht hierbei für Cost per Click, also wie viel ein Klick den Werbekunden kosten wird.

Die Abrechnung nach CPC stellt in den meisten Fällen ein Modell dar, das sowohl für Webmaster als auch für Werbekunden ein in etwa gleichmäßig verteiltes Risiko darstellt und daher für beide Seiten tragbar ist. Hier trägt nicht mehr der Werbekunde das Risiko, dass eventuell gar kein Besucher auf die Werbung klickt, sondern überträgt dies an den Webmaster der Webseite. Der Webmaster wird nun von sich aus dafür sorgen, die Werbung bestmöglich zu platzieren, um eine höchstmögliche Klickrate und damit einen hohen durchschnittlichen Verdienst zu erzielen.

Normale Klickpreise bewegen sich in der Regel zwischen 5 und 50 Cent pro Klick, die an den Webmaster fließen, wobei auch hier weitere Faktoren wie Platzierung oder Sonderwünsche den Preis bestimmen: je spezieller, umso teurer.

 Gelegentlich wird der Begriff TKP auch fälschlich als »Tausender-Klickpreis« ausgelegt (teils auch absichtlich von einigen Vermarktern, um Webmaster anzulocken, die nach »echter« TKP-Vermarktung suchen) und bezeichnet dann den Preis pro 1.000 Klicks auf ein Werbemittel.

▲ CPA/CPL/Pay per Lead/Pay per Action

Wie eingangs angesprochen, werden in der Onlinewerbebranche häufig auch erfolgsbasierte Vergütungsmodelle eingesetzt. Hierzu zählt als Erstes die Abrechnung pro Lead (Pay per Lead) bzw. Aktion (Pay per Action). Der Werbekunde zahlt hierbei einen bestimmten Betrag erst dann, wenn ein User durch die ausgestrahlte Werbung auf die Webseite des Werbekunden gelangt und dort eine bestimmte Aktion ausführt. Der

Begriff »Lead« bezeichnet dabei ursprünglich das Ausfüllen eines Kontaktformulars, womit der Werbekunde an Kontaktdaten seiner Interessenten gelangt, mittlerweile werden jedoch »Action« und »Lead« allgemeiner als Lead zusammengefasst als alles, was sich irgendwie als Zielaktion der Werbemaßnahme umsetzen lässt. CPA bedeutet dabei Cost per Action, also Kosten pro Aktion, CPL entsprechend Cost per Lead, also wie viel der Werbekunde pro Lead zahlt.

Erfolgsbasierte Abrechnungsarten finden bei Webmastern meist nur wenig Anklang, weil hier das Risiko komplett zulasten des Webmasters geht: Werden die Besucher klicken? Wird sich dann auch jemand bei der Webseite anmelden oder das Formular ausfüllen, das für die Wertung als Lead notwendig ist? Im für den Webmaster schlechtesten Fall klicken zwar viele Besucher auf die Werbung, führen aber keinen Lead aus, sodass der Webmaster leer ausgeht.

Der Preis pro Lead ist dabei sehr unterschiedlich und richtet sich meist danach, wie »schwer« es ist, einen Lead zu erzeugen (werden mehr Daten abgefragt, wird der Lead teurer, weil die Absprungrate höher ist). Als Faustregel rechnet man pro vom geworbenen Besucher auszufüllenden Eingabefeld mit etwa 1 Euro, d. h., ein Lead, für den fünf Felder (Name, Vorname, Anschrift, PLZ/Ort und E-Mail) anzugeben sind, wird etwa mit 5 Euro vergütet.

Etwas anderes ist es, wenn weitere Faktoren, wie etwa die gleichzeitige Teilnahme an einem Gewinnspiel mit tollem Hauptpreis, die Besucher stärker dazu animieren, sich zu registrieren. In solchen Fällen kann der Leadpreis auch schon mal auf 50 Cent für ein komplett ausgefülltes Formular absinken. Er kann aber auch steigen, die Adresse eines Besuchers, der sich für Versicherungen oder Geldanlagen interessiert, ist bis zu 100 Euro wert.

▲ CPO/Pay per Sale

Als zweites erfolgsbasiertes Vergütungsmodell kommt häufig Pay per Sale zum Einsatz. Hierbei wird ähnlich dem Pay-per-Lead-Modell erst dann ein Betrag vergütet, wenn ein geworbener Besucher eine Aktion – in diesem Fall eine Bestellung – auf der Webseite des Kunden auslöst. CPO (Cost per Order) bezeichnet dabei den Preis, den der Werbekunde pro Bestellung zahlt; er kann entweder als fester (Euro-)Wert oder in Prozent gemessen am Bestellwert ausgedrückt werden.

Ebenso wie bei der Abrechnung nach erfolgten Leads sind auch die Vergütungshöhen bei der Abrechnung nach Sale sehr unterschiedlich und richten sich danach, wie »schwer« es ist, eine Bestellung zu generieren. Werte zwischen 3 und 80 % oder 1 bis 500 Euro sind hier möglich – natürlich stark davon abhängig, was verkauft werden soll und wie groß die Gewinnspanne des Herstellers/Verkäufers am Produkt ist. Im Buchgeschäft liegt die Provision in der Regel etwa bei 5 bis 25 % – bei Verkauf von Handyverträgen bei gut und gerne 250 Euro für einen Zweijahresvertrag.

▲ **Sonstige Abrechnungsarten**

Neben den vier oben genannten Modellen gibt es noch zwei weitere relevante Verfahren: Lifetime- und Zeitraum-Modelle. Bei Lifetime-Modellen (Pay per Lifetime) vergütet der Werbekunde nicht nur einmalig eine Aktion oder Bestellung, sondern über einen gewissen Zeitraum hinweg alle Leistungen, die ein geworbener User haben möchte – etwa Folgebestellungen im Shop oder nachträgliche Aktionen/Leads. Bei Zeitraum-Modellen wird, wie der Name schon erahnen lässt, ein fixer Betrag für die Werbeschaltung über einen bestimmten Zeitraum gezahlt, unabhängig von der erbrachten Menge an Views, Klicks, Leads oder Sales. Darüber hinaus lassen sich quasi alle Abrechnungsarten auch kombinieren, etwa Klick + Lead.

▲ **Das Maß aller Dinge ist der TKP**

Das für die Onlinewerbung immer noch wichtigste Maß ist und bleibt der TKP, unabhängig davon, ob pro Klick, Lead oder Sale gezahlt wird: Alle Abrechnungsarten lassen sich immer irgendwie auf einen effektiven TKP (eTKP oder eCPM) herunterrechnen, und so wird klar, wie viel eine Webseite im Schnitt pro 1.000 Werbeeinblendungen verdient hat. Die Umrechnung der einzelnen Einheiten erfolgt so:

Abrechnungsart	Umrechnung in eTKP
Klicks	eTKP = (Klicks * Klickpreis) / (Views / 1.000)
Leads	eTKP = (Leads * Leadpreis) / (Views / 1.000)
Sales	eTKP = (Bestellwert * Saleprovision in %) / (Views / 1.000) eTKP = (Sales * Salepreis fix) / (Views / 1.000)
Zeitraum / Festpreis	eTKP = Werbeeinnahmen gesamt / (Views / 1.000)

Die Kenntnis über einen erzielten eTKP ist insofern wichtig, als dass sich damit Vergleiche, etwa mit anderen Kampagnen oder anderen Webseiten, anstellen lassen. Eine Webseite, die einen höheren eTKP hat, verdient effektiv an jeder Werbeeinblendung mehr und nutzt damit die vorhandenen Ressourcen besser aus.

Weitere wichtige Fachbegriffe

In der Onlinewerbewelt spielen neben den Begriffen zur Abrechnung und Zählung von Werbemaßnahmen noch weitere Begriffe eine wichtige Rolle:

▲ CTR/Klickrate

Die Klickrate oder CTR (Click Through Rate) gibt an, wie viele Klicks im Verhältnis zur Zahl der Einblendungen im Schnitt erzeugt wurden. Der Prozentwert errechnet sich dabei wie folgt:

$$CTR = (Klicks / Views) * 100 \text{ in } \%$$

Eine CTR von 0,2 % sagt demnach aus, dass pro 1.000 Einblendungen im Schnitt zwei Klicks erzeugt wurden.

▲ Conversion Rate (CR), Action Rate (AR), Lead Rate (LR), Sale Rate (SR)

Hierbei handelt es sich um das Verhältnis der Actions, Leads oder Sales zu Klicks. Ähnlich wie die Klickrate geben diese Prozentzahlen also an, wie viele Leads pro 100 Klicks erzeugt wurden. Aufgrund der begrifflichen Nähe von Leads und Actions werden diese beiden Raten meist gleich als Action bzw. Lead Rate bezeichnet. Alle drei Namen Action, Lead und Sale Rate werden allgemein unter dem Begriff Conversion Rate (deutsch Umwandlungsrate) zusammengefasst. Die Conversion Rate (CR) einer Lead-Kampagne entspricht dann der Lead Rate und die einer Sale-Kampagne der Sale Rate. Die Berechnung ist entsprechend:

$$AR = (Actions/Klicks) * 100 \text{ in } \%$$

$$LR = (Leads/Klicks) * 100 \text{ in } \%$$

$$SR = (Sales/Klicks) * 100 \text{ in } \%$$

$$CR = (Conversions/Klicks) * 100 \text{ in } \%$$

▲ CTA, CTL, CTS

Diese Abkürzungen beschreiben in etwa das Gleiche wie die Conversion Rate, also wie viele Klicks im Schnitt nötig sind, um eine Action, einen Lead oder einen Sale zu erzeugen. Stehen diese Zahlen zur Verfügung, lässt sich berechnen, wie viele Klicks man im Schnitt benötigen würde, um z. B. 1.000 Bestellungen zu generieren. Die Formel hierfür lautet:

$$CTA = (Klicks/Conversions)$$

3.2   Die richtigen Werbekunden finden

Bevor Sie überhaupt etwas mit Werbung verdienen können, benötigen Sie einen Werbekunden, der Ihnen für eine bestimmte Leistung Geld gibt – sei es nun für die Einblendung von Werbung, die Klicks der Besucher oder erst bei Bestellung durch einen geworbenen Besucher. Daher stellt sich natürlich die erste Frage:

Wo komme ich an Werbekunden?

Viele Webmaster greifen zum Telefonhörer oder senden eine E-Mail und fragen bei Firmen an, ob diese nicht bei ihnen Werbung schalten wollen. Bitte tun Sie das nicht! Quasi jedes große Unternehmen hat eine eigene Marketingagentur, die sich speziell mit dem Einkauf von Medialeistungen beschäftigt und die Werbebudgets verwaltet. Selbst mittelgroße Unternehmen lassen ihr Marketing lieber durch einen Spezialisten durchführen, als dafür extra Mitarbeiter zu beschäftigen, die sich mit Webmastern abmühen wollen. Die einzig wirklich sinnvolle Ausnahme bei der Akquirierung potenzieller Werbekunden könnte sein, bei lokalen Webseiten wie z. B. beim Lokalradiosender um die Ecke anzufragen, ob er nicht in den Regionalnachrichten der eigenen Webseite Werbung schalten möchte.

Woher kommen denn nun aber meine Kunden? Hierfür gibt es drei wichtige Quellen:

1. Affiliate-Netzwerke

2. Vermarkter

3. Spezialvermarkter

Um zu sehen, an wen aus diesen drei Kategorien Sie sich am besten wenden, sollten Sie zunächst feststellen, wo die eigene Webseite eigentlich steht oder vielmehr wie »gut« sie ist. Normalerweise lässt sich das schon an wenigen Merkmalen festmachen:

- Wie viele Besucher hat die Webseite monatlich?

- Welches Thema bedient die Webseite?

- Wie viel und welchen Inhalt bietet die Webseite?

Für Seiten mit weniger als 100.000 Besuchern im Monat und breiter Zielgruppe bleibt in der Regel »nur« der Gang zu den Affiliate-Netzwerken und wenigen Spezialvermarktern. In Affiliate-Netzwerken sammeln sich Werbekunden und Webseiten wie auf einem virtuellen Werbemarktplatz, um nach neuen und passenden Partnern Ausschau zu halten. Hier finden sich vor allem CPL- und CPO-Kampagnen, die für den Werbekunden wenig risikoreich sind und daher auch einer breiten Masse an Webseiten ohne größeren Prüfungs- und Kontrollaufwand angeboten werden können.

Webseiten, die mehr als 100.000 Besucher im Monat verzeichnen oder für Werbekunden sehr interessante Themen abdecken (Auto, Finanzen, Reise, …), können sich an einen Vermarkter wenden. Vermarkter kümmern sich meist aktiv um das Herbeischaffen von Kunden und sorgen dafür, die Werbeflächen einer Webseite möglichst hochpreisig zu verkaufen. Bei Vermarktern wird vornehmlich nach TKP und CPC abgerechnet, seltener nach CPL oder CPO, daher ist der durchschnittliche Verdienst für den Webmaster hier meist höher als bei Affiliate-Netzwerken.

Eine Art Sonderfall ist die Gruppe der Spezialvermarkter. Hierzu gehören diverse Context-Vermarkter, wie Google AdSense, intelliTxt/Vibrant oder ContextAd, oder Mischanbieter, die sich im Markt zwischen Affiliate-Netzwerken und »echten« Vermarktern positionieren. Die Aufnahmekriterien bei diesen Spezialvermarktern sind meist ähnlich locker wie bei Affiliate-Netzwerken und können daher auch für kleinere Webseiten interessant sein.

3.3 Affiliate-Netzwerke

Insbesondere für kleinere Webseiten sind Affiliate-Netzwerke oft die einzige Möglichkeit, an Werbekunden zu kommen. Sie fungieren sozusagen als virtueller Marktplatz, in dem sich Werbekunden und Webseiten finden und Werbung betreiben können. Der Ablauf ist dabei bei allen Affiliate-Netzwerken nahezu gleich:

- Ein Werbekunde (»Advertiser« oder »Merchant« genannt) eröffnet im Netzwerk ein Konto, lädt dieses mit einem Guthaben auf und richtet eine Werbekampagne (hier auch »Partnerprogramm« genannt) ein.

- Bei dieser Werbekampagne definiert der Werbekunde genau, für welche Leistungen er welchen Preis zahlen möchte (z. B. 1 Euro für eine Newsletteranmeldung und 5 % für eine Bestellung im Bereich Herrenmode usw.), und stellt geeignete Werbemittel zur Verfügung.

- Der Webmaster (»Publisher« oder »Affiliate« genannt) einer Webseite meldet sich ebenfalls beim Netzwerk an und kann sich nun Kampagnen ansehen, die das Netzwerk für ihn bereithält.

- Entscheidet er sich für eine Kampagne, bewirbt er sich in der Regel zunächst um die Teilnahme. Der Werbekunde hat nun die Möglichkeit, die Teilnahme abzulehnen (z. B. weil die Webseite nicht zum zu bewerbenden Produkt passt) oder anzunehmen.

- Wurde die Webseite für eine Kampagne angenommen, kann sich der Webmaster nun für jedes Werbemittel, das in der Kampagne hinterlegt ist, einen Werbemittelcode erzeugen lassen. Diesen Code bindet der Webmaster in seine Webseite ein und wirbt damit für den Kunden.

- Tritt die für die Kampagne definierte Leistung ein, wird also z. B. eine Bestellung erzeugt, registriert dies die Software des Affiliate-Netzwerks und transferiert automatisch den entsprechenden Betrag vom Konto des Werbekunden auf das Konto des Webmasters.

Vor- und Nachteile von Affiliate-Netzwerken

Die Vorteile von Affiliate-Netzwerken liegen klar darin, dass dem Webmaster letztlich mehr oder minder völlig freie Hand gelassen wird, ob, wann, wie viel und was er mit seiner Webseite bewerben möchte. Zudem stehen ihm oftmals gleich mehrere Werbekunden aus dem gleichen Produktsegment zur Verfügung, sodass hier leicht mit anderen Kampagnen, Werbemitteln und Werbeformen experimentiert werden kann, um den am besten passenden Partner zu finden. Ferner werden hier oft deutlich individuellere Werbeformen umgesetzt, etwa redaktionelle Integration oder besondere Formate, was nicht selten für gute Bestellraten sorgt.

Vorteile:

- Es werden kaum Ansprüche seitens des Affiliate-Netzwerks gestellt, was Design, Inhalt oder Besucheraufkommen einer teilnehmenden Webseite angeht – nahezu jeder kann teilnehmen.
- Meist sehr große Auswahl an Kampagnen und Werbemitteln.
- Unabhängige Entscheidung des Webmasters, ob, welche und wie viel Werbung er für eine Kampagne machen möchte.
- Oft innovative Werbeformen und zahlreiche Möglichkeiten individueller Bewerbung einzelner Kampagnen oder Produkte.
- Das Affiliate-Netzwerk kümmert sich um die Abrechnung gegenüber dem Kunden, die Zählung der Einblendungen, Klicks usw.

Aus diesen Vorteilen ergeben sich leider auch einige Nachteile. So wird die überwiegende Zahl der dort vorhandenen Kampagnen auf Basis von CPL bzw. CPO abgerechnet, was in der Regel ein hohes (Ausfall-)Risiko für einen Webmaster bedeutet. Die Ursache liegt gerade in einem Vorteil der Affiliate-Netzwerke begründet: Da prinzipiell jede Webseite teilnehmen kann, finden sich auch oft wenig seriöse oder für Werbekunden unattraktive Webseiten (z. B. sogenannte Paid4-Webseiten, »Bannerfarmen«, Webseiten ohne echte Inhalte usw.) in solchen Netzwerken. Um sich dagegen zu schützen und für solche »schlechten« Seiten kein unnötiges Geld ausgeben zu müssen, setzen die Werbekunden mehrheitlich auf die für sie risikoärmeren Abrechnungsformen CPL bzw. CPO.

Nachteile:

- Überwiegend CPL- und CPO-, nur sehr wenige CPC- und kaum TKP-Kampagnen, wodurch das Ausfallrisiko stark zulasten der Webmaster geht und die Einnahmen, insbesondere bei klassischen Werbeformen (Banner, Pop ups, …), meist sehr gering ausfallen.

- Eingetroffene Bestellungen laufen im System zunächst beim Kunden in einer Warteschlange auf und müssen dann händisch von ihm bestätigt werden (z. B. um vorgetäuschte, falsche oder unbezahlte Bestellungen herauszufiltern). Bis eine Bestellung gutgeschrieben wird, können oft mehrere Wochen bis Monate vergehen.

- In der Regel gibt es keine Beratung. Der Webmaster muss sich also selbst informieren, welche Kampagnen am ehesten geeignet sind, welche Werbeformen gut oder schlecht laufen oder wie er ein Produkt am besten bewirbt.

- Werbemittel können oftmals nur einzeln bezogen werden. Das heißt, der Webmaster muss sich selbst darum kümmern, die Werbemittel ein- bzw. auszubauen. Dies geschieht entweder manuell (ggf. großer Aufwand) oder setzt einen eigenen AdServer voraus, der das Austauschen der Werbemittel automatisiert. (Hinweis: Einige Netzwerke bieten mittlerweile Werbemittel-Pools an, die ähnlich einem AdServer das Ein- und Ausblenden automatisieren.)

Welche Affiliate-Netzwerke gibt es?

In Deutschland gibt es schätzungsweise 50 Affiliate-Netzwerke – die meisten führen allerdings eher ein Schattendasein, haben zu wenig Kampagnen oder eine veraltete Technik und sind daher weder für Webmaster noch für Werbekunden von besonderer Bedeutung. Übrig bleibt eine Handvoll Netzwerke, die es geschafft haben, eine große Zahl an Webseiten und Werbekunden für sich zu gewinnen.

▲ **Affili.net**

www.affili.net   Webseiten: 400.000   Gegründet: 1997

Kampagnen: 1.500   AdViews/Monat: 5 Mrd.

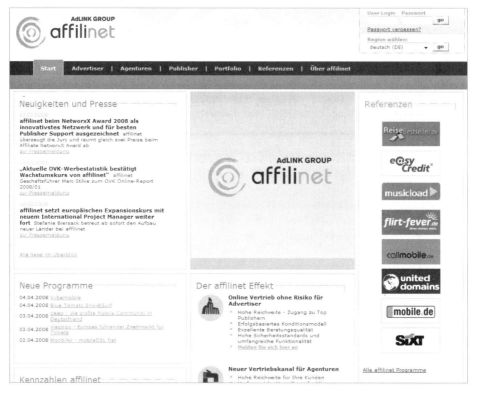

Affili.net ist eines der ältesten Affiliate-Netzwerke in Deutschland und zugleich eines der beliebtesten. Es zeichnet sich besonders durch klares Design mit leicht verständlicher Bedienung aus. Darüber hinaus finden sich hier so viele Partnerprogramme wie bei kaum einem anderen Netzwerk, was die Auswahl an passenden Partnern sehr vereinfacht.

Pro & Kontra:

+ Gute Oberfläche mit übersichtlichen Statistiken

+ Viele Partnerprogramme sowohl bekannter als auch weniger bekannter Marken

+ Möglichkeiten für Sonderwerbemittel und Produktdaten

▲ Belboon/AdButler

www.belboon.de	Webseiten:	unbekannt	Gegründet:	2005
	Kampagnen:	200	AdViews/Monat:	unbekannt
www.adbutler.de	Webseiten:	80.000	Gegründet:	2001
	Kampagnen:	600	AdViews/Monat:	400 Mio.

Die Netzwerke AdButler und Belboon waren zum Entstehungszeitpunkt dieses Buches zwei getrennte Affiliate-Netzwerke. Da die YOC AG, Betreiber von Belboon, allerdings vor Kurzem AdButler aufgekauft hat, dürfte es nur noch eine Frage der Zeit sein, bis beide Netzwerke zu einem verschmelzen. Zusammen stehen die beiden Anbieter auf Platz 3 der größten Netzwerke in Deutschland.

Pro & Kontra:

+ Zusammen viele Partnerprogramme

+ Anbindung für Mobile-Marketing

– Derzeit einzeln noch zu klein

– Teils umständliche Oberfläche, besonders bei AdButler

▲ **Commission Junction**

de.cj.com   Webseiten: unbekannt   Gegründet: 1998

                               Kampagnen: 1.800   AdViews/Monat: 5,5 Mrd.

Commission Junction kommt ursprünglich aus den USA und gehört weltweit zu den größten Affiliate-Netzwerken. In Deutschland spielt das Netzwerk allerdings eine eher untergeordnete Rolle, auch wenn es zahlreiche große Namen als Werbekunden gewinnen konnte.

Pro & Kontra:

+ Große internationale Verbreitung

+ Vorwiegend namhafte Kunden

− Noch vergleichsweise wenige Partnerprogramme

▲ SuperClix

www.superclix.de   Webseiten: 300.000   Gegründet: 2000

Kampagnen: 700   AdViews/Monat: 3,9 Mrd.

SuperClix stellt so etwas wie den Außenseiter dar: Das Netzwerk ist zwar vergleichsweise groß, jedoch finden sich hier kaum namhafte Kunden, dafür aber viele Nischenprodukte, die bei anderen Netzwerken keine Chance hätten. Insbesondere für Webseiten mit einer sehr speziellen Zielgruppe lohnt es sich, hier nach passenden Partnern zu schauen.

Pro & Kontra:

+ Sehr viele Partnerprogramme aus speziellen Nischen

– Gewöhnungsbedürftige Optik

– Kaum namhafte Kunden

▲ **TradeDoubler**

www.tradedoubler.de   Webseiten: 120.000   Gegründet: 1999

                              Kampagnen: 1.600   AdViews/Monat: 20 Mrd.

Das Affiliate-Netzwerk TradeDoubler nimmt im europäischen Markt einen der Spitzenplätze ein, und auch in Deutschland kann es sich auf den vorderen Positionen behaupten. Hier sind besonders gute Technik und hochgradig individualisierbare Statistiken zu unterstreichen.

Pro & Kontra:

+ Internationale Ausrichtung

+ Gute (Werbemittel-)Technik und umfangreiche, individualisierbare Statistiken

+ Vorwiegend namhafte Kunden

– Viele Beschreibungen und Hilfen für Affiliates sind in englischer Sprache

▲ Zanox

www.zanox.de

Webseiten:	300.000	Gegründet:	2000
Kampagnen:	500	AdViews/Monat:	1 Mrd.

Laut vieler Experten ist Zanox in Deutschland die Numer eins im Affiliate-Markt. Hier finden sich sehr viele namhafte Kunden und teilweise auch exklusive Kampagnen, die es nur in diesem Netzwerk gibt. Abrechnung und Statistik sind transparent und einfach – teilweise leider aber auch an manchen Stellen etwas zu dünn.

Pro & Kontra:

+ Internationale Ausrichtung

+ Viele Partnerprogramme sowohl bekannter als auch weniger bekannter Marken

+ Gute Technik und viele Features wie AdServer, Statistik-SMS oder Produktvergleiche

– Übersichtliche Statistiken, die aber nur wenig individualisiert werden können

▲ Weitere Netzwerke

Wie bereits angesprochen, gibt es natürlich noch einige weitere Netzwerke in Deutschland. Zu nennen wären Webgains.de, AffilliWelt.net, adcell.de und Vitrado.de, die für sich genommen alle bestimmte Vorteile haben und sicher auch für die eine oder andere Webseite interessant sind. Im Grunde können sie aber alle nicht wirklich mit den vorgenannten »großen« Netzwerken mithalten, was Oberfläche, Technik, Anzahl der Webseiten oder Anzahl der Partnerprogramme angeht. Einen Spezialfall nimmt hierbei noch das Netzwerk Travelan.de ein, das sich ausschließlich um Reisepartnerprogramme kümmert, doch selbst zu diesem Thema findet man bei manch anderem Netzwerk mehr Partnerprogramme.

▲ Eigene Partnerprogramme

Einige große Werbekunden betreiben ihr Partnerprogramm nicht (nur) bei den Affiliate-Netzwerken, sondern (auch) unabhängig, sozusagen als alleinstehendes Partnerprogramm (auch In-House-Partnerprogramm genannt). Dabei wird eine eigene Technik eingesetzt, die Webseiten werden direkt betreut, und die Abrechnung erfolgt ebenfalls direkt von Werbekunde zu Webseite ohne den Umweg über ein Affiliate-Netzwerk. Dies hat in der Regel den Vorteil, dass sich Webseiten dort besser aufgehoben fühlen, weil der »Draht« direkter ist. Die damit vom Werbekunden eingesparten Gebühren, die normalerweise an das Affiliate-Netzwerk zu zahlen wären, werden häufig zumindest zum Teil an die Webseite weitergegeben.

Gleichzeitig begibt sich die Webseite jedoch in unbekanntes Terrain: Während bei den Netzwerken der Netzwerkbetreiber darüber wacht, was die Werbekunden so treiben (dass genügend Geld eingezahlt wurde, die Leads und Sales bestätigt werden, die Werbemittel aktuell bleiben usw.), gibt es bei eigenen Partnerprogrammen keine unabhängige Kontrollinstanz. Die Webseite muss sich also darauf verlassen, dass die Technik des Werbekunden richtig zählt und nicht z. B. Bestellungen ignoriert, um Kosten zu sparen.

Bestes Beispiel für ein vom Werbekunden selbst betriebenes Partnerprogramm ist das von Amazon (*http://partnernet.amazon.de/*). Hierbei handelt es sich zudem um den Urvater aller Affiliate-Netzwerke: Amazon hat bereits 1996 damit begonnen, seinen Partnern für geworbene Verkäufe Provisionen einzuräumen, und betreibt das Partnerprogramm bis heute sehr erfolgreich.

3.4 Professionelle Vermarktung

Insbesondere für größere Webseiten mit mehr als 100.000 Besuchern im Monat empfiehlt es sich, die Vermarktung von Bannerwerbeflächen in die Hände eines professionellen Vermarkters zu legen.

Was kann ein Vermarkter für mich tun?

Anders als bei Affiliate-Netzwerken, bei denen der Webmaster sich mehr oder minder um alles kümmern muss, läuft die Arbeitsverteilung bei den Vermarktern genau umgekehrt: Normalerweise bindet der Webmaster lediglich einmal am Anfang der Vermarktung einen bestimmten Code auf seiner Webseite ein, und den gesamten Rest übernimmt dann der Vermarkter. Er kümmert sich aktiv um die Beschaffung von Kampagnen, um die Werbeleistung der Webseite möglichst teuer zu verkaufen. Über den auf der Webseite angebrachten Code ist es dem Vermarkter dann möglich, selbstständig und ohne zusätzliches Eingreifen des Webmasters Kampagnen zu schalten, die Auslieferung zu steuern, Einblendungen und Klicks zu messen und die Werbeleistungen abzurechnen.

Vermarktertypen

Bei den Vermarktern muss man drei Kategorien unterscheiden. Allen gemeinsam ist, dass sie sich als Mittler zwischen Werbekunde und Webseite sehen. Hierzu nimmt der Vermarkter eine Anzahl Webseiten unter Vertrag und ermöglicht auf diesen mithilfe eines Werbecodes die Schaltung von Werbung.

▲ Premium-Vermarkter

Die erste Gruppe ist die der Premium-Vermarkter. Diese nehmen in der Regel nur eine Handvoll Webseiten in ihr Portfolio auf – meist deutlich weniger als 100. Damit eine Webseite infrage kommt, muss sie gehobenen Qualitätsansprüchen genügen, d. h. sehr gutes Design, sehr guten Inhalt und eine große Besucherzahl (üblicherweise min. 0,5 bis 1 Mio. pro Monat) bieten. Zudem sollte die Webseite bereits einen großen Namen haben.

Aufgrund dieser Kriterien finden sich bei den Premium-Vermarktern häufig Webseiten von bekannten Magazinen (Stern, Vogue oder Financial Times) oder bekannten Portalen (T-Online oder web.de). Entsprechend der hohen Webseitenqualität sind auch die Preise, die dort für eine Werbeschaltung vom Kunden verlangt werden, vergleichsweise hoch. Je nach Vermarkter bzw. vermarkteter Webseite zahlt der Kunde zwischen 5 und 50 Euro TKP. CPC wird nur ausgesprochen selten angeboten, CPL und CPO werden gar nicht erst in Betracht gezogen. Vom Kundenpreis landen dann meist 50 % der Einnahmen bei der Webseite und 50 % beim Vermarkter. Im Vergleich zu Affiliate-Netzwerken sind diese »nur« 50 % jedoch meist immer noch deutlich mehr als die Einnahmen, die etwa CPL- oder CPO-Kampagnen auf Dauer erbringen.

Beispiele für Premium-Vermarkter in Deutschland:

● *www.adlink.de:* Gilt weithin als Deutschlands größter Premium-Vermarkter. Vermarktet sehr viele Seiten und ist auch europaweit vertreten. Beispielseiten sind etwa adac.de oder die Webseite des Musiksenders mtv.de.

● *www.adpepper.de:* Ebenfalls ein vergleichsweise großer deutscher Premium-Vermarkter mit internationalem Ansatz. Beispielseiten sind etwa gelbeseiten.de, dastelefonbuch.de oder wissen.de.

● *www.orangemedia.de:* Weiterer Premium-Vermarkter mit vergleichsweise breitem Portfolio. Vermarktet Premium-Seiten wie pkw.de oder weg.de, hat aber auch Exklusivvereinbarungen etwa mit Amazon.de.

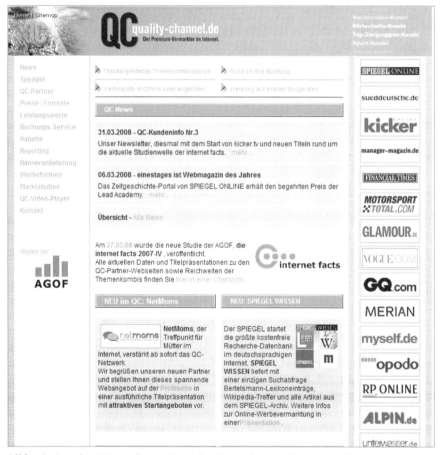

Bild 3.6: Premium-Vermarkter wie QualityChannel vermarkten ausschließlich bekannte Markenwebseiten.

▲ Normale Vermarkter

Die zweite Gruppe setzt sich im Prinzip aus allen übrigen Nicht-Premium-Vermarktern zusammen. Um mit der Webseite hier unterzukommen, sind ebenfalls hochqualitatives Design, gute Inhalte und hohe Besucherzahlen (üblicherweise mindestens 100.000 pro Monat) Voraussetzung – wenngleich die Ansprüche deutlich geringer sind als die der Premium-Vermarkter. Im Fall von besonders attraktiven Themen wie Reise, Finanzen oder Frauen gibt es auch Ausnahmen und kleinere Seiten werden angenommen. Preislich bewegt sich hier viel in Bereichen von 0,5- bis 5-Euro-TKP-Kampagnen, die – je nach Vermarkter – zwischen 30 bis 60 % aller Kampagnen ausmachen. Die restlichen 70 bis 40 % der Einblendungen werden mit CPC-Kampagnen »aufgefüllt«, die in der Regel zwischen 0,10 und 1 Euro CPC als Kundenpreis liegen. Zudem werden gelegentlich CPL- und CPO-Kampagnen untergestreut, um Buchungslücken (Zeiten, in denen zu wenig Buchungen vorhanden sind) auszugleichen. Wie bei den Premium-Vermarktern landen vom Kundenpreis meist 50 bis 70 % bei der Webseite, der Rest bleibt beim Vermarkter.

Beispiele für normale Vermarkter in Deutschland:

- *www.adtiger.de:* Gehört zu den reichweitenstärksten »normalen« Vermarktern. Vermarktet Seiten sowohl exklusiv als auch nicht exklusiv. Beispielseiten sind etwa motorsport.de, traveling-world.de oder silber.de.

- *www.netpoint-media.de:* Mittelgroßer »normaler« Vermarkter, der besonders im Musiksegment tätig ist und dort viele Webseiten bündelt. Beispielseiten sind etwa spex.de, lastfm.de, aber auch praktika.de.

- *www.reachnet.de:* Eher kleiner »normaler« Vermarkter mit gut durchmischtem Portfolio. Beispielseiten sind etwa autoguide.de, firmenlexikon.de oder unterkunft.de.

Bild 3.7: adtiger.de vermarktet rund 3,5 Mrd. Einblendungen pro Monat und gehört damit in Deutschland zu den größten Vermarktern.

▲ Restplatzvermarkter und Blind Networks

Als dritte Gruppe gibt es die Restplatzvermarkter und Blind Networks. Restplatzvermarkter kaufen von Webseiten mit sehr großem Werbevolumen (etwa Communities oder Browsergames, die teilweise mehrere Mio. Views pro Tag haben) deren unverkauftes Inventar auf und vermarkten es weiter. Unverkauftes Inventar sind dabei alle Einblendungen, die nicht durch eigene Kunden der Webseite bzw. andere Vermarkter gefüllt wurden und daher leer stehen würden. Da es sich eben um Restinventar handelt, wird dieses häufig zu sehr günstigen Pauschalpreisen aufgekauft (teilweise weniger als 5 Cent CPC oder 10 Cent TKP) und an die Kunden der Vermarkter weiterverkauft. Restplatzvermarkter sind daher letztlich nur für Seiten interessant, die über so große Volumina verfügen, dass sie ein (normaler bzw. Premium-)Vermarkter allein nicht sinnvoll füllen könnte.

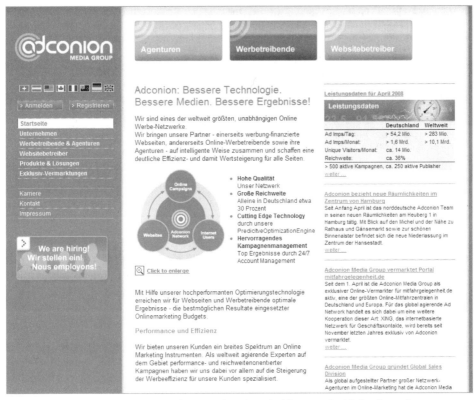

Bild 3.8: Sogenannte Blind Networks wie AdConion sind für manche Webseiten eine
interessante Vermarktungsalternative.

Ein wenig anders ist es bei Blind Networks. Hierbei handelt es sich um normale
Vermarkter, mit einem wichtigen Unterschied: Sie machen ihr Webseitenportfolio nicht
wie andere Vermarkter öffentlich und kommunizieren auch dem Kunden gegenüber
nicht, auf welchen Webseiten seine Werbung zu sehen sein wird.

Diese für den Kunden »blinde« Buchung hat für eine Webseite den Vorteil, dass sie sich
von zwei Vermarktern gleichzeitig vertreten lassen kann. Während der Hauptvermarkter
gegenüber dem Kunden die Vorteile der Webseite unterstreicht und versucht, hohe
Preise durchzusetzen, kann das übrige Inventar zu moderateren Preisen durch ein Blind
Network verkauft werden, ohne in einen gegenseitigen Preiskampf zu geraten, wie es bei
zwei normalen Vermarktern mit öffentlichem Portfolio der Fall wäre. Die Preise bei
Blind Networks liegen in der Regel etwa 20 bis 50 % unter denen normaler Vermarkter.
Auch der Anteil von CPC-Kampagnen gegenüber TKP-Kampagnen ist höher und es
werden häufiger CPL- und CPO-Kampagnen eingestreut.

Beispiele für Restplatzvermarkter und Blind Networks in Deutschland:

- *www.adconion.de:* Blind Network das hauptsächlich in Deutschland und den USA tätig ist. Seit Kurzem werden zusätzlich zum Blind Network auch Premium-Seiten exklusiv vermarktet, hier insbesondere zu nennen wäre *www.xing.de.*

- *www.advertising.com:* Gilt als weltweit größtes Blind Network. Ist vor allem in den USA aktiv, besitzt aber auch in Deutschland eine große Reichweite. Gehört zu AOL.

- *www.valueclick-media.de:* Ist weltweit das zweitgrößte Blind Network und auch in Deutschland sehr aktiv. Besitzt neben dem Blind Network auch ein »Brand-Network« mit exklusiven Premium-Seiten wie etwa digitalkamera.de, handwerk-magazin.de oder webmasterpro.de.

▲ Exkurs – Preisgestaltung bei Vermarktern

Wie die obigen Preisangaben zeigen, variieren die Preise bei den Vermarktern sehr stark von »günstigen« CPC-Kampagnen zu »teuren« TKP-Kampagnen. Der Grund, warum ein Kunde mehr und ein anderer Kunde weniger für eine bestimmte Werbeleistung zahlt, liegt oftmals an der Plazierung. Die Vermarkter unterscheiden hier in der Regel zwischen:

- Platzierungen auf RON (Run over Network):
  Auf allen Seiten des Vermarkters und damit recht unspezifisch. Hierfür werden meist günstige CPC-Preise oder niedrige TKPs vom Kunden verlangt.

- Platzierungen auf ROC (Run over Channel):
  Nur auf Webseiten eines bestimmten Themenbereichs, wie etwa Reise, Finanzen oder Sport. Die Schaltung ist damit spezifischer und näher an der Zielgruppe des Kunden. Der Vermarkter kann damit einen höheren Preis durchsetzen – meist hohe CPCs oder mittlere TKPs.

- Platzierung auf ROS (Run on Site):
  Nur auf einzelnen Webseiten, die explizit vom Kunden ausgewählt wurden. Damit ist die Schaltung noch spezifischer, und der Vermarkter kann einen noch höheren Preis verlangen, meist mittelhohe bis hohe TKPs.

Hinzu kommen die weiteren Merkmale der Kampagne, die für die Preisfindung wichtig sind: Will der Werbekunde etwa ein besonderes Werbemittel schalten, das als deutlich störender empfunden wird, wird er hierfür einen Aufpreis zahlen müssen. Gleiches gilt für saisonale Schaltungen (Weihnachten ist teurer als Sommer), Targeting oder Frequency-Cappings. Letztlich gilt: Je spezieller die Buchung ist und je mehr sie von einer »normalen« Buchung abweicht, umso teurer wird sie der Vermarkter verkaufen können.

Den richtigen Vermarkter finden

In Deutschland gibt es etwa 100 Vermarkter, angefangen bei einigen wenigen Premium-Vermarktern über viele normale Vermarkter bis hin zu wieder einigen wenigen Restplatzvermarktern und Blind Networks. Bevor Sie bei einem Vermarkter unterschreiben – womit die Webseite dann oft ein Jahr oder länger an diesen gebunden ist –, sollten Sie auf jeden Fall mehrere Alternativen vergleichen (die Suchmaschinen liefern hier jede Menge Treffer) und am besten auch mit einem Mitarbeiter des Vermarkters persönlich oder am Telefon sprechen und sich alle Fragen beantworten lassen. Hier einige Entscheidungskriterien, ob ein Vermarkter zu Ihnen und Ihrer Webseite passt oder nicht.

▲ Portfoliogröße

Hier gibt es große Unterschiede. Einige Vermarkter haben nur 10 oder 20 Webseiten im Portfolio und können diese damit intensiver betreuen und individueller beim Kunden anpreisen. Andererseits haben diese Vermarkter oftmals nicht die nötige Größe, um für Reichweitenkampagnen infrage zu kommen, wenn Kunden in kurzer Zeit sehr große Werbevolumina ausliefern möchten. Diese Kampagnen sichern sich dann vorwiegend die größeren Vermarkter, die sich wiederum bei 100, 300 oder 1.000 vermarkteten Webseiten natürlich nicht um jede Webseite ebenso intensiv kümmern können, wie es bei kleinerem Portfolio der Fall wäre.

▲ Portfolioausprägung

Die Seiten, die ein Vermarkter unter Vertrag hat, können sehr unterschiedlich sein. Einige Vermarkter achten z. B. auf inhaltliche Qualität, während andere sich noch im Wachstumsprozess befinden und daher fast jede Webseite annehmen, die zumindest annähernd ihren Vorstellungen entspricht. Prüfen Sie, ob es zum Thema Ihrer Webseite bereits andere Webseiten im Portfolio des Vermarkters gibt, sodass dieser hier Paket- oder ROC-Angebote unterbreiten kann.

▲ Exklusivität

Die Frage der Exklusivität wird von den Vermarktern sehr unterschiedlich behandelt: Während einige auf ihr »Alleinrecht« an einer Webseite bestehen, ist es anderen egal, ob Sie Ihre Webseite noch von anderen Anbietern vermarkten lassen.

▲ Preise

Lassen Sie sich konkrete Preise nennen! Zwar können die durchschnittlichen Verdienste selbst bei ähnlichen Seiten sehr unterschiedlich sein, dennoch ist es jedem Vermarkter möglich, zumindest einen erwarteten Mindest- bzw. Maximalpreis zu nennen, den Ihre Webseite verdienen könnte. Wichtig: Achten Sie dabei nicht so sehr auf die Maximalangaben. Einige Vermarkter erzählen gern von teuren Kampagnen, um eine Webseite für sich zu gewinnen – in der Praxis machen diese besonders teuren Kampagnen aber nur einen kleinen Teil der Werbevolumina aus. Lassen Sie sich ggf. einen Mindestverdienst garantieren, wenn Ihnen der Vermarkter zu unsicher erscheint.

Auch wichtig: Fragen Sie nach, ob die genannten Preise Kunden- oder Webseitenpreise sind, also ob davon noch etwas abgezogen wird wie z. B. Rabatte, Vermarkteranteile oder Skonti.

▲ Auslastung

Mitunter der wichtigste Punkt ist die Auslastung, also die Frage, wie viel Prozent Ihrer Werbeeinblendungen ein Vermarkter wirklich füllen kann und wie viel davon eventuell »leer stehen«, weil nicht ausreichend Kunden vorhanden sind. Hier gibt es leider einige Vermarkter, die die Webseiten mit Versprechungen auf teure Mindest-TKPs locken und sich nachher herausstellt, dass auf 70 % der Werbeeinblendungen nur weiße Flächen erscheinen oder wohltätige Organisationen gezeigt werden, deren Einblendungen nicht vergütet werden. Fragen Sie also auch, was mit dem Restinventar geschieht. Einige Vermarkter bieten an, dass die Webseite hierfür eigene Codes hinterlegt, die dann erscheinen, wenn der Vermarkter keine eigenen Kampagnen zum Befüllen hat.

Fragen Sie auch nach der Auslastung an TKP- bzw. CPC-Kampagnen bzw. dem Verhältnis dieser beiden. Ein ehrlicher Vermarkter sollte Ihnen hier einen Prozentsatz zwischen 30 und 70 % an TKP-Kampagnen nennen, wobei gerade bei den Nicht-Premium-Vermarktern der Anteil eher bei 30 % liegen dürfte. Lassen Sie sich hierzu auch Preise nennen: »Wir haben 50 % TKP-Kampagnen« klingt erst mal gut – wenn diese aber nachher jeweils nur 10 Cent TKP kosten, bringt Ihnen das vergleichsweise wenig.

▲ Service

Auch in einem eher unpersönlichen Umfeld wie dem Internet zählt letztlich der persönliche Draht. Es kann nicht schaden, sich mit dem Vermarkter gut zu verstehen. Einige Vermarkter setzen zudem auf persönliche und individuelle Betreuung der Webseiten durch ihre Mitarbeiter, was gerade für Anfänger sehr nützlich sein kann.

Grundsätzlich gilt: Seien Sie skeptisch, aber nicht zu sehr! Verspricht Ihnen ein Vermarkter zu hohe TKPs (Versprechen durchschnittlicher Einnahmen von über 1 Euro TKP sollten Sie grundsätzlich vorsichtig gegenüberstehen) oder dass er Ihre Werbeflächen zu 100 % mit TKP-Kampagnen ausfüllt und nie CPC schaltet, haben Sie entweder einen Glückstreffer gelandet, oder hier versucht jemand, Sie mit etwas Übertreibung für sich zu gewinnen. Aber: Die meisten Vermarkter sind seriöse Unternehmen und werden Ihnen gern und ausführlich Auskunft zu Ihren Fragen geben.

3.5 Weitere Vermarktungsmöglichkeiten

Neben den Affiliate-Netzwerken und den Vermarktern gibt es natürlich noch einige weitere Möglichkeiten, die eigene Webseite mit Werbung zu vermarkten.

Eigenvermarktung

Auch wenn hiervon insbesondere bei Anfängern dringend abzuraten ist, kann Eigenvermarktung in gewissen Fällen eine Alternative bzw. Ergänzung zu Affiliate-Netzwerken und Vermarktern sein. Wirklich sinnvoll wird dies allerdings erst, wenn die eigene Seite sowohl in Sachen Besucheraufkommen (eine halbe Mio. pro Monat sollte es schon sein) als auch in Design und Inhalt hohe Maßstäbe erreicht.

Um die Eigenvermarktung anzukurbeln, sollten Sie zunächst die Voraussetzungen schaffen: Stellen Sie im Impressum, oder besser noch auf einer eigenen »Hier werben«-Seite, die Werbemöglichkeiten Ihrer Webseite kurz vor. Wer kann was, wo, wie lange und zu welchem Preis buchen? Welche Rabatte und Sonderaktionen bieten Sie an? Gibt es Kombiangebote (z. B. Bannerwerbung auf der Webseite + Schaltung im Newsletter)? Und natürlich darf das Wichtigste nicht fehlen: Sagen Sie dem Kunden, was Ihre Webseite zu bieten hat, also wie viele Besucher Sie haben, wie viele Werbeeinblendungen generiert werden, und geben Sie – soweit möglich – demografische Daten an. Also z. B. wie viele Männer oder wie viele Abiturienten ihre Website besuchen oder wie hoch das Durchschnittsgehalt Ihrer Besucher ist.

Kontextvermarkter

Neben den klassischen Werbebannern spielen zunehmend sogenannte contextual-Ads eine Rolle. Dabei handelt es sich meist um Textanzeigen, die als Banner formatiert werden und thematisch passend zum Webseiteninhalt eingeblendet werden. Auf einer Webseite zum Thema »Angeln in der Ostsee« würde also etwa ein Banner mit Textanzeigen für Anglerbedarf oder Ferienhäuser an der Ostsee erscheinen. Diese Form der Anzeigenplatzierung hat den Vorteil, dass sich zum einen die Besucher durch thematisch passende Werbung weniger gestört fühlen und zum anderen die Klick- und Sale-Rate im Schnitt etwas höher liegt als bei normalen Werbebannern.

Hauptvertreter für kontextabhängige Werbung ist Google mit seinem Google AdSense-Programm. Da dieses für die Branche mittlerweile so bedeutend geworden ist, dass kaum eine Webseite darauf verzichten kann, werden wir uns in einem gesonderten Kapitel später eingehender damit beschäftigen.

Bild 3.9: Google AdSense zeigt passend zum Webseitenthema Werbeanzeigen für Billigflüge nach England an.

Neben Google existieren noch weitere, ähnliche Anbieter, wie ContextAd.de und Mirago.de. eBay und das Affiliate-Netzwerk affili.net bieten neben ihren normalen Bannerpartnerprogrammen eine kontextabhängige Werbeform namens eBay relevanceAds bzw. affilimatch an. Verglichen mit Google AdSense, bieten diese Programme zum Teil zusätzliche Möglichkeiten wie z. B. Produktabbildungen, sind aber aufgrund der überlegenen Marktmacht und ausgereiften Technik von Google meist nicht ganz so ertragreich.

Eine Alternative sind kontextabhängige Verlinkungen – je nach Anbieter intelliTXT (vibrant.de), inLine (Miva.de), context.line (adtube.de) oder Text-Highlighting (Contaxe.de) genannt. Größter, bekanntester und in vielerlei Hinsicht auch bester Anbieter ist hierbei Vibrant mit seinem intelliTXT.

Das Verfahren ist bei allen Anbietern gleich: In die Webseite wird ein Code eingebaut, der diese nach Inhalten durchsucht. Ruft ein Besucher die Webseite auf, werden einzelne Wörter aus dem Webseitentext automatisch in Links umgewandelt und entsprechend hervorgehoben. Fährt der Besucher über einen solchen Link, öffnet sich meist eine kleine Werbevorschau, auf die der Besucher klicken kann, um zur Webseite des Werbekunden zu gelangen.

Da es sich bei dieser Werbeform nicht um Bannerwerbung handelt, eignet sie sich hervorragend, um zusätzliche Einnahmen neben der normalen Vermarktung zu generieren. Allerdings: Wirklich gut funktioniert diese Werbeform nur bei Webseiten, die vorrangig aus Texten bestehen, sodass der Werbeanbieter ausreichend Möglichkeit hat, Wörter zu verlinken.

Bild 3.10: Vibrant intelliTXT im Einsatz – das im Text vorkommende Wort »Internetzugang« wird mit einer passenden Anzeige verlinkt.

3.6 Tipps für höhere Einnahmen

Mit ein paar einfachen Tricks und der Beachtung einiger simpler Regeln können Sie die Besucherzahlen und die Attraktivität Ihrer Website für Werbekunden steigern – und damit auch Ihre Werbeeinnahmen. Dies gilt gleichermaßen, wenn Sie Ihre Seite selbst vermarkten, diese von einem Vermarkter vermarkten lassen, Affiliate-Netzwerke oder einen Spezialvermarkter verwenden.

Ziele zur Steigerung der Werbeeinnahmen

Um Onlinewerbung ertragreicher zu gestalten, gilt es drei Hauptziele zu verfolgen:

- Erhöhung des Werbeertrags (durchschnittlicher TKP)
- Erhöhung des Werbevolumens (mehr Traffic)
- Erhöhung der Kampagnenqualität (teurere Kampagnen)

Welche Erträge sind möglich und welche realistisch?

Ob bzw. wie viel eine Webseite verdienen kann, hängt von sehr vielen Faktoren ab. Bei der Arbeit mit vielen Webseiten habe ich oft den Fall erlebt, dass zwei ähnliche Seiten mit ähnlichen Inhalten und vergleichbaren Besucherzahlen unterschiedliche Einnahmen aufwiesen (teilweise erlösen einzelne Webseiten ohne augenfälligen Grund das Zehnfache anderer Seiten). Es kann jedoch festgehalten werden, dass Webseiten, die auf Erwachsene zielen, in der Regel mehr verdienen als Webseiten mit Jugendlichen als Zielgruppe. Ebenso verhält es sich, je spezifischer die Zielgruppe ist (Beispielfolge: Menschen → Erwachsene → Erwachsene Frauen → Mutter mit Kind) und je mehr die vermarkteten Produkte kosten (Autos, Finanzprodukte und Reisen werden oftmals teurer beworben als Handyverträge oder Kinderspielzeug).

Realistische Verdienste fallen daher sehr unterschiedlich aus: Die Untergrenze liegt bei etwa 10 Cent eTKP, meist im Gaming-Bereich oder bei Community-Seiten mit sehr niedrigen Klickraten. Aufgrund der schlechten Klickraten würde kein Kunde auf solchen Websites teure TKP-Kampagnen buchen. »Normale« Seiten verdienen je nach Klickrate und Thema durchschnittlich zwischen 0,20 und 1 Euro eTKP. Zu den »guten« Seiten dürfen sich all jene rechnen, die höhere Erlöse erzielen. Kurzfristige Schwankungen gibt es natürlich immer wieder, gerade saisonal bedingt (Weihnachten, »Sommerloch«, Ostern, ...), letztlich pendelt sich das Jahresmittel aber meist bei den oben genannten Werten ein.

Erhöhung der Kampagnenqualität

Das Ziel jedes Webmasters ist es letztlich, an möglichst teure Kampagnen zu kommen. Wie im Abschnitt »Restplatzvermarkter und Blind Networks« angesprochen, wird der Preis umso teurer, je spezieller die Schaltung letztlich ist. Den größten Preisunterschied macht dabei die Zielgruppe aus: Möchte ein Kunde nur auf bestimmten Seiten (ROS oder ROC) werben, liegt der Preis deutlich höher, als wenn dem Kunden die Auswahl der Seiten relativ egal ist und er nur auf Reichweite (RON) setzt.

Wie kommt nun aber die Webseite an die »guten« Kampagnen? Schlussendlich nur über zwei Wege:

- Die Webseite ist attraktiv genug für den Kunden, damit dieser die Seite bei einer Buchung explizit auswählt, anstatt mehr oder weniger wahllos in einem Channel oder dem gesamten Netzwerk zu buchen.

- Die Webseite gehört zu einem Channel, der für den Kunden besonders interessant ist.

Insbesondere bei Seiten mit einer relativ speziellen Zielgruppe tritt bei der erstgenannten Option oft das Problem auf, dass die Seite nicht über ausreichend Besucher verfügt, um für eine Buchung interessant zu sein: Kunden buchen in der Regel nicht unter 200.000 bis 500.000 Einblendungen/Monat, d. h., für kleinere Seiten bleibt in den meisten Fällen nur die Möglichkeit, an Channel-Buchungen (ROC) zu partizipieren. Erschwerend kommt hinzu, dass gerade bei teureren Buchungen die Kunden ein Frequency-Capping erwarten, d. h. die Anzahl der Einblendungen der Kampagne pro Besucher begrenzt wird (ein User bekommt die Kampagne nur einmal pro 24 Stunden zu sehen), was die mögliche Liefermenge bei kleinen Seiten weiter einschränkt und damit wiederum für Kunden weniger interessant macht.

Erhöhung des Werbeertrags

Erhöhung des Werbeertrags bedeutet in diesem Fall: die Webseite so zu gestalten, dass pro tausend Seitenabrufe höhere Einnahmen generiert werden. Hierbei spielt die Klickrate eine entscheidende Rolle, da sich diese direkt auf die Einnahmen auswirkt, wenn der Großteil der Kampagnen auf CPC-Basis abgerechnet wird.

Das folgende Schaubild zeigt den durchschnittlichen Ertrag (eTKP) im Verhältnis zur Klickrate. Gegenübergestellt werden eine TKP-Kampagne mit 0,50 Euro TKP (entspricht niedrigpreisiger Kampagne) und eine CPC-Kampagne mit 0,30 Euro CPC (entspricht normaler Kampagne):

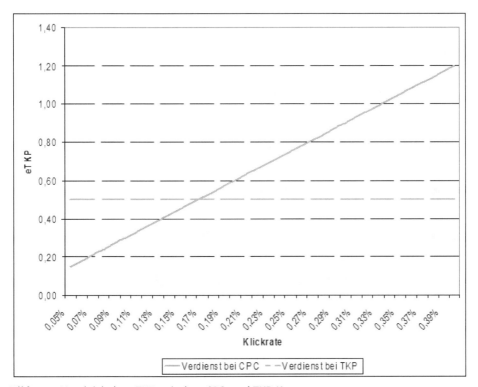

Bild 3.11: Vergleich des eTKP zwischen CPC- und TKP-Kampagne.

Wie die Grafik zeigt, steigt der Umsatz bei einer CPC deutlich an, je höher die Klickrate ist. Damit kann selbst eine normale CPC-Kampagne interessanter werden als eine »preiswerte« TKP-Kampagne. Die Erhöhung der CTR ist damit eines der dringlichsten Ziele.

▲ Durchschnittliche Klickraten

Die Klickrate liegt bei normalen Webseiten im Durchschnitt bei 0,1 bis 0,2 % d. h., es erfolgen lediglich 1 bis 2 Klicks pro 1.000 Einblendungen. Die Klickrate variiert allerdings teilweise sehr stark von Seite zu Seite, zwischen Channels (mehrere Seiten zu einem Thema werden als Channel zusammengefasst) und Format (468 x 60, 728 x 90, 120 x 600 ...). Die höchsten Klickraten werden in der Regel in informationsorientierten Umgebungen erzeugt, d. h. Seiten von Zeitungen, Stadtmagazinen oder Seiten mit Berichten. Die schlechtesten Klickraten weisen dagegen Webseiten auf, deren Besucher sich sehr lange aufhalten und dabei sehr viele Seiten abrufen, etwa bei Onlinegames, Communities oder Partysites.

Ebenso verhält es sich bei dem Vergleich der Bannerformate: Während die Klickrate beim 468-x-60er-Format im Schnitt nur bei 0,1 % liegt, ist sie bei 120 x 600 schon bei 0,15 %, bei dem Format 728 x 90 bei 0,23 % und bei 300 x 250 liegt sie im Mittel bei hervorragenden 0,35 %. Das heißt, die Klickrate und damit der Verdienst liegen beim 300-x-250-Format rund dreimal höher als bei 468 x 60.

▲ Platzierung der Werbemittel

Zusätzlich zum Thema der Webseite und dem verwendeten Format ist die Platzierung der Werbemittel von entscheidender Bedeutung für die Klickrate. Grundsätzlich gilt hier: Je weiter unten auf dem Schirm das Werbemittel zu stehen kommt, umso geringer ist die Klickrate. Daher ist es empfehlenswert, alle Werbemittel möglichst weit oben auf einer Seite zu platzieren – und möglichst im sofort sichtbaren Bereich. Erlaubt das Design der Seite es nicht, die Werbemittel in der augenfälligen Zone zu platzieren, ist es ratsam, diese zumindest sehr nah beim Hauptinhalt der Seite zu positionieren.

Im folgenden Bildbeispiel ist dies mit einem 300-x-250er-Banner für den TV-Sender Arena umgesetzt, das direkt neben dem Hauptartikel der Seite liegt:

Bild 3.12: traveling-world.de platziert Werbemittel direkt neben dem Hauptartikel der Webseite.

Übrigens: Die Klickrate der im Bild gezeigten Werbefläche liegt dank der prominenten Platzierung im zentralen Bereich der Webseite bei überdurchschnittlichen 0,75 %!

▲ Anzahl der Werbemittel pro Seite

Zu guter Letzt ist auch die Anzahl der auf einer Seite befindlichen Banner dafür verantwortlich, wie hoch die Klickrate für ein einzelnes Werbemittel ausfällt. Mathematisch betrachtet ist dies eine recht einfach Formel:

Gleiche Zahl an Besuchern / mehr Werbeflächen = kleinere Klickrate

Anders gesagt: Zeigt man dem Besucher mehr Werbung, als er vertragen kann, wird er nicht mehr klicken, sondern lediglich mehr Werbung ignorieren.

Es ist daher anzuraten, die Anzahl der Werbemittel pro Seite auf ein Maximum von zwei bis vier zu begrenzen (unabhängig von Format und Platzierung). Insbesondere sollten Wiederholungen vermieden werden: Das leider oft anzutreffende Beispiel, am Seitenrand mehrere 120-x-600er-Banner untereinander zu platzieren, führt teilweise zu weit unterdurchschnittlichen Klickraten.

▲ Optimale Werbemittelplatzierung und -anzahl

Die optimale Anzahl der Werbeflächen pro Seite beträgt je nach Seite zwei oder drei, seltener vier. In dieser Anzahl stören die Werbemittel die Besucher noch nicht zu sehr, stellen ausreichende Einnahmen sicher, und auch die Werbewirkung pro Fläche nimmt noch nicht zu sehr ab (d. h., die Klickraten sinken nicht so stark). Als optimal hat sich folgende Kombination herausgestellt:

- 728-x-90er-Banner in der Kopfzone der Seite
- 120-x-600er- oder 160-x-600er-Banner halb rechts daneben (umgedrehtes »L« zusammen mit 728 x 90)
- 300-x-250er-Banner im Inhaltsbereich

Bild 3.13: Die Anzeige in Form eines Hockeyschlägers auf »Spiegel Online« legt sich um die Webseite herum.

Insbesondere die Kombination von 728 x 90 und 120 x 600 bzw. 160 x 600 bietet den Vorteil, sogenannte Hockeysticks (»Hockeyschläger«) oder Wallpaper zu schalten; die Kopf- und die Randzone verschmelzen hier zu einer einheitlichen großen Werbefläche. Bei derartigen Schaltungen fallen die Preise deutlich höher aus als bei normalen Site-Buchungen. Bild 3.13 zeigt ein solches Werbemittel bei »Spiegel Online«.

Erhöhung des Werbevolumens

Das Werbevolumen zu steigern bedeutet, die Anzahl der in einem Zeitraum ausgelieferten Werbeeinblendungen zu erhöhen, wobei der Ertrag entweder gleich bleibt oder ebenfalls wächst. Dies kann zum einen durch eine Umgestaltung der Webseite geschehen, zum anderen dadurch, dass mehr Besucher auf die Webseite gelockt werden.

▲ Mehr Werbeflächen

Webseiten, die nur eine einzige Werbefläche aufweisen, sollten in Erwägung ziehen, an passenden Stellen eine zweite oder dritte Fläche einzubinden. Damit wird das Werbevolumen auf einfachste Weise erhöht, was zu höheren Einnahmen führen kann.

Der oft von Webmastern angeführte Punkt, dass zu viel Werbung die Besucher abschrecke, hat sich dabei so gut wie nie bewahrheitet. In der Tat gibt es einige wenige Benutzer, die die Seite dann nicht mehr besuchen oder gar böse E-Mails schreiben – der überwiegende Teil der Besucher bleibt der Seite jedoch treu, insbesondere wenn die Werbung so platziert wird, dass man sie nicht als störend empfindet.

▲ Erhöhung der PageViews

In einigen Fällen lässt sich auf recht einfache Weise die Zahl der PageViews und damit die Zahl der Werbeeinblendungen erhöhen, indem der normale Inhalt ein wenig gestreckt wird. Insbesondere bei längeren Beiträgen kann hier der Text etwa auf das Äquivalent von einer halben bis einer ganzen DIN-A4-Seite pro Webseite begrenzt werden. Ein Artikel teilt sich so auf mehrere Unterseiten auf. Ein Besucher, der den ganzen Text lesen möchte, muss dann nach jedem Abschnitt auf »Weiter« klicken, um den nächsten Teil des Textes auf der folgenden Seite zu lesen. Dabei konsumiert er natürlich gleichzeitig mehr Werbung.

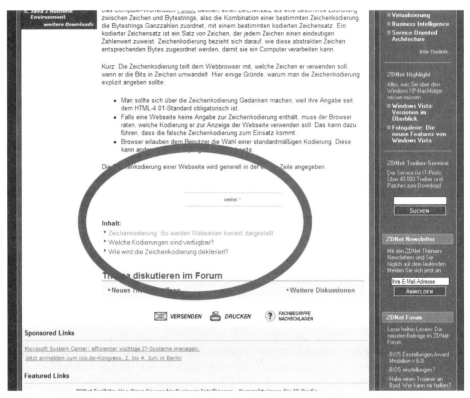

Bild 3.14: Mehr PageViews bei zdnet.de: Aus eineinhalb A4-Seiten Text werden drei
Internetseiten, die gelesen werden können.

▲ Erhöhung der Besucherzahlen

Die Besucherzahlen lassen sich generell nur durch zwei Maßnahmen steigern:

◔ Investition in Werbung für die eigene Seite

◔ Suchmaschinenoptimierung

Bei den meisten Seiten ist von höheren Investitionen für Eigenwerbung eher abzuraten.
Insbesondere bei inhaltslastigen Webseiten dürfte die Besucherzahl zwar zunächst
konstant zu den Werbeausgaben steigen. Die Page Visits lassen jedoch in der Regel
sofort wieder nach, sobald keine Werbung mehr geschaltet wird. Lohnender ist
Werbung, um etwa neue Mitglieder für Internet-Communities oder Onlinegames zu
gewinnen – die Kosten für jeden neuen User sollten jedoch messerscharf beobachtet
werden.

Ein Beispiel: Stellen Sie sich vor, ein Website-Betreiber gibt für jeden neuen User im Schnitt 2 Euro aus. Wenn sich die Seite lediglich über Werbung finanziert, bedeutet das, dass dieser User mindestens 2.000 Seitenabrufe mit Kampagnen zu einem Tausender-Kontaktpreis von einem Euro konsumieren müsste, um sich zu refinanzieren.

Praxiskapitel Google AdSense

Googles AdSense-Programm hat den Onlinewerbemarkt verändert. Die Amerikaner haben damit eine Werbeform geschaffen, die es zuvor in dieser Form noch nicht gab. So musste sogar das bekannte US-Marktforschungsinstitut ComScore seine Prognosen für den Werbemarkt für das Jahr 2008 senken, weil Google seinen AdSense-Algorithmus modifiziert hatte – was zu veränderten Umsatzzahlen führte. Dieses Beispiel zeigt, wie groß die Marktmacht von Googles AdSense-Programm geworden ist – ein Grund mehr, es sich genauer anzusehen.

AdWords vs AdSense
Das Werbekonzept von Google besteht aus zwei Teilen: Einerseits Google AdWords, welches sich an Werbekunden richtet und für die Schaltung von Anzeigen zuständig ist, andererseits Google AdSense, welches sich an Webmaster richtet und ermöglicht, dass die AdWords-Anzeigen auf den AdSense-Webseiten erscheinen. Da es in diesem Buch vorrangig darum geht, eine Webseite finanziell möglichst gut aufzustellen, konzentrieren wir uns hier lediglich auf Google AdSense. Betreiben Sie jedoch einen eigenen Shop oder wollen Sie gezielt Besucher auf Ihre Webseite locken, kann Google AdWords Ihnen dabei helfen.

4.1   Was ist Google AdSense?

Google AdSense ist eine Technik, mit der Textanzeigen abhängig vom Seiteninhalt platziert werden können. Um Einnahmen zu generieren, haben Suchmaschinen traditionell Platzierungen in ihren Suchergebnissen verkauft. Diese sehen den normalen Suchergebnissen recht ähnlich, besitzen also ebenso wie die regulären Ergebnisse eine Überschrift, einen kurzen Text und einen Link, der zur Webseite führt. Bei Google stehen diese bezahlten Suchergebnisse (»AdWords« genannt) über bzw. neben den normalen Suchergebnissen:

Bild 4.1: Googles reguläre Treffer werden oben und rechts von bezahlten Ergebnissen umrahmt.

Um nun mehr Einnahmen zu erzielen, haben sich die Google-Macher etwas Cleveres ausgedacht: Sie bieten interessierten Webmastern an, dieselben Textanzeigen, die auch bei den Suchergebnissen erscheinen, auf deren Webseiten zu platzieren und sich mit dem Webmaster die Werbeeinnahmen zu teilen (einen genauen Wert teilt Google nicht mit. Branchenkenner schätzen jedoch, dass Google rund 75 bis 80 % des Kundenpreises an die Webmaster weitergibt). Hierzu untersucht der Google-Crawler (ein Programm, das dem ähnelt, das die Webseiten für die normale Google-Suche durchforstet) die Webseite, auf der die Google-Anzeigen eingebunden sind, und filtert relevante Wörter heraus. Damit versucht er herauszufinden, worum es eigentlich auf einer bestimmten Seite geht.

Ist dies geschehen, zeigt Google auf den eingebundenen Werbeflächen Textanzeigen genauso an, als hätte der Besucher der Webseite danach gesucht – der User erhält also Textanzeigen geliefert, die zum Inhalt der Seite passen:

Bild 4.2: Auf dieser Seite zum Thema »Sehenswürdigkeiten in Kroatien« zeigt Google AdSense oben passende Kroatien-Textanzeigen an.

Was verdiene ich bei Google AdSense?

Der Verdienst variiert von Webseite zu Webseite sehr stark und schwankt teilweise auch von Tag zu Tag. Je nach Thema der Webseite lässt sich jedoch feststellen, dass eine Webseite in der Regel zwischen 0,05 und 0,30 $ (US-Dollar, nicht Euro!) pro Klick verdient – bei spezielleren Themen wie Reise, Versicherungen oder Finanzen kann es auch mehr sein. Im Vergleich zu normalen Vermarktern fallen die Erlöse also zunächst nicht höher aus; teilweise kann es sogar weniger sein. Den Unterschied machen jedoch die Klickraten aus: In der Regel fallen diese bei Google AdSense aufgrund der sehr gut zum Thema der Seite passenden Anzeigen deutlich höher aus als bei normalen Bannerkampagnen, womit letztlich der durchschnittliche Verdienst (eTKP) etwas höher als bei Bannerkampagnen liegt. Effektiv verdienen die meisten Webseiten zwischen 0,30 und 1,50 Dollar eTKP, was allerdings auch hier – ebenso wie bei Bannern – stark vom Thema der Seite, der Position der Werbemittel und anderen Faktoren abhängig ist. Es gibt Berichte, wonach einzelne Seiten teilweise deutlich mehr als 5,00 Dollar verdienen – diese dürften allerdings eine kleine Minderheit bilden.

▲ Das Problem mit dem Dollar

Bei all diesen verlockenden Zahlen darf man eines nicht vergessen: Es handelt sich um US-Dollar und nicht um Euro. Je nach Stand des Euro können 0,50 $ TKP also viel oder wenig sein. Prinzipiell ist für deutsche Webmaster der Dollarkurs allerdings relativ egal: Deutsche Werbekunden wechseln Euro in Dollar um, setzen diese dann in Werbung ein, und Google tauscht sie bei der Auszahlung an die Webmaster wieder in Euro zurück. Effektiv entsteht also kein Verlust. Man muss eben nur daran denken, den Dollarkurs einzubeziehen, wenn man Einnahmen von Google AdSense mit Einnahmen von Affiliate-Netzwerken oder Vermarktern vergleicht. Dies müssen Webmaster bedenken, wenn sie die attraktiv hohen Dollarbeträge hören.

Anmeldung bei Google AdSense

Die Anmeldung bei Google AdSense ist relativ einfach und sollte in wenigen Minuten erledigt sein:

- Steuern Sie mit Ihrem Browser die Adresse *http://www.google.com/adsense/* an:

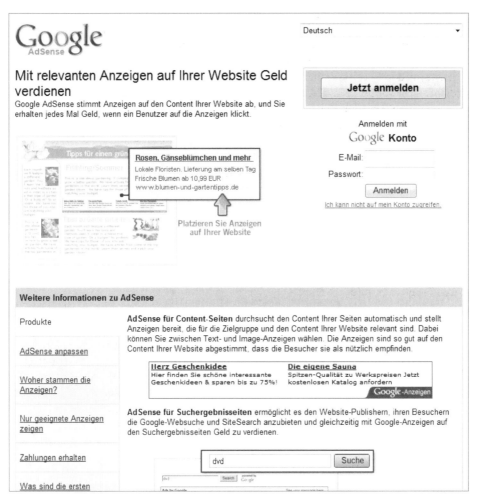

Bild 4.3: Die Startseite bei Google AdSense.

Klicken Sie nun auf den Button mit der Aufschrift *Jetzt anmelden.* Er befindet sich oben rechts auf der AdSense-Startseite.

- Sie werden nun aufgefordert, einige Daten einzugeben:

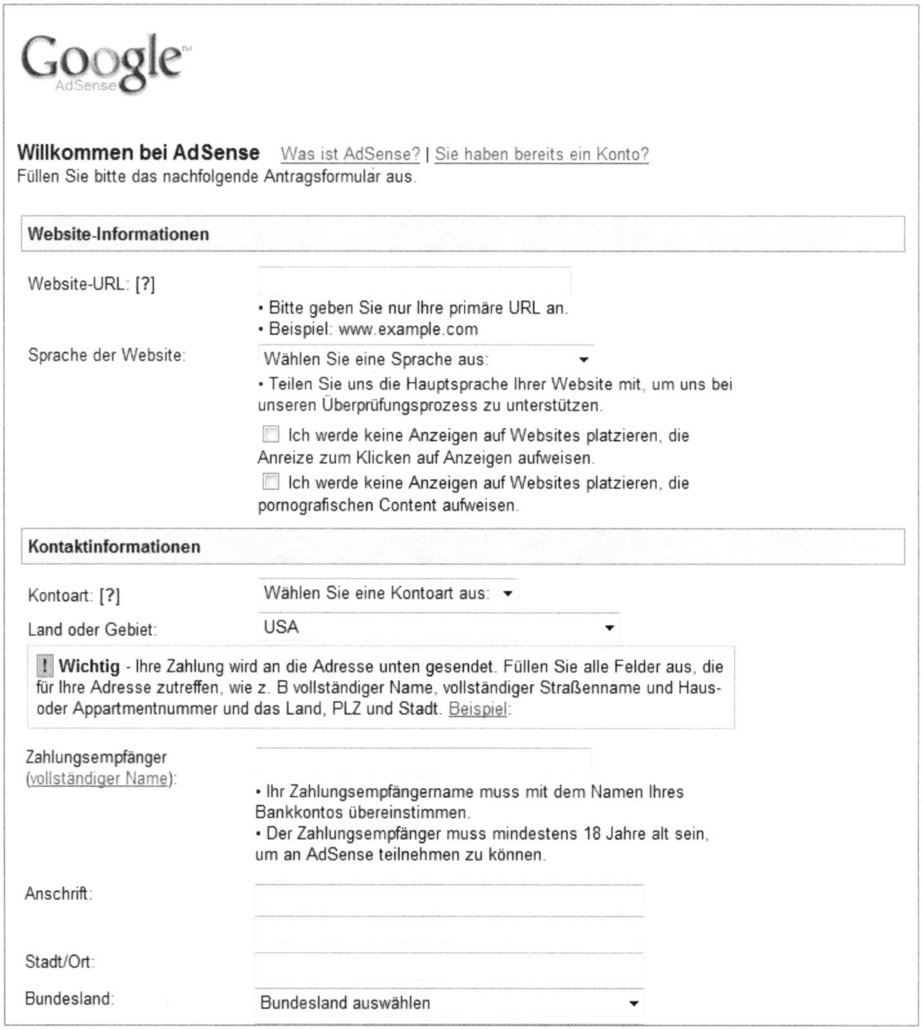

Google AdSense

Willkommen bei AdSense Was ist AdSense? | Sie haben bereits ein Konto?
Füllen Sie bitte das nachfolgende Antragsformular aus.

Website-Informationen

Website-URL: [?]
• Bitte geben Sie nur Ihre primäre URL an.
• Beispiel: www.example.com

Sprache der Website: Wählen Sie eine Sprache aus:
• Teilen Sie uns die Hauptsprache Ihrer Website mit, um uns bei unseren Überprüfungsprozess zu unterstützen.

☐ Ich werde keine Anzeigen auf Websites platzieren, die Anreize zum Klicken auf Anzeigen aufweisen.
☐ Ich werde keine Anzeigen auf Websites platzieren, die pornografischen Content aufweisen.

Kontaktinformationen

Kontoart: [?] Wählen Sie eine Kontoart aus:

Land oder Gebiet: USA

! **Wichtig** - Ihre Zahlung wird an die Adresse unten gesendet. Füllen Sie alle Felder aus, die für Ihre Adresse zutreffen, wie z. B vollständiger Name, vollständiger Straßenname und Haus- oder Appartmentnummer und das Land, PLZ und Stadt. Beispiel:

Zahlungsempfänger (vollständiger Name):
• Ihr Zahlungsempfängername muss mit dem Namen Ihres Bankkontos übereinstimmen.
• Der Zahlungsempfänger muss mindestens 18 Jahre alt sein, um an AdSense teilnehmen zu können.

Anschrift:

Stadt/Ort:

Bundesland: Bundesland auswählen

Bild 4.4: In dieser Eingabemaske melden Sie Ihre Webseite bei Google AdSense an.

- Geben Sie in das Formular die URL (Adresse) Ihrer Webseite, die Sprache sowie die betreffenden Kontakt- und Kontoinformationen ein. Bitte vergessen Sie nicht, auch noch die Häkchen an den richtigen Stellen zu setzen: Mit den Häkchen versichern Sie, dass Sie Ihre Besucher nicht direkt zum Klicken auffordern, dass Sie keine pornografischen Inhalte publizieren und (weiter unten) dass Sie sich mit den Richtlinien von Google einverstanden erklären.

- Klicken Sie weiter und beantworten Sie ggf. die Fragen auf der Folgeseite.

- Google sendet Ihnen dann eine E-Mail zur Bestätigung, womit der Prozess beendet wird.

- Ist der Registrierungsprozess abgeschlossen, begeben Sie sich wieder auf die AdSense-Startseite (*http://www.google.com/adsense/*). Sie können sich nun mit Ihren Zugangsdaten einloggen.

AdSense-Anzeigen einbinden

Um AdSense-Anzeigen in Ihre Webseite einzubinden, müssen Sie sich zunächst in die AdSense-Website einloggen (*http://www.google.com/adsense/*). Wählen Sie dann aus dem Menü oben den Punkt *AdSense Setup*:

- Auf der Setup-Seite stellt Ihnen Google mehrere Optionen zur Verfügung, wie Sie AdSense-Anzeigen integrieren können. Wählen Sie hier *AdSense für Content-Seiten.*

- Als Nächstes haben Sie die Auswahl, ob die Werbung als Anzeigenblock oder Linkblock erscheinen soll. Wählen Sie hier *Anzeigenblock* und klicken Sie auf *Weiter.*

- Auf der folgenden Seite des Setups wird das Erscheinungsbild des Anzeigenblocks angepasst. Wählen Sie zunächst das Format (z. B. 468 x 60 oder 120 x 600 usw.) und dann darunter eine Farbvorlage sowie das Design der Ecken. Die Gestaltung bleibt ganz Ihnen überlassen – allerdings ist es ratsam, eine Farbkombination zu wählen, die zum Design Ihrer Webseite passt.

- Mit einem Klick auf *Weiter* gelangen Sie zur Channel-Auswahl. Die Channel-Auswahl hilft Ihnen dabei, später mehrere Anzeigenblöcke im Blick behalten und Statistiken besser auswerten zu können. Für den Anfang reicht es aber, wenn Sie hier einen neuen Channel mit dem Namen der Webseite anlegen, diesen zur Auswahl hinzufügen und wiederum auf *Weiter* klicken.

- Im letzten Schritt können Sie dem Anzeigenblock noch einen Namen geben. Besonders dann, wenn es mal mehr Anzeigenblöcke werden sollten, sind eindeutige Namen hilfreich – für den Anfang reicht aber zunächst ein Beispielname oder das, was Google Ihnen vorschlägt.

○ Ist das Setup abgeschlossen, zeigt Ihnen Google den für diesen Anzeigenblock gültigen HTML-Code an. Markieren und kopieren Sie diesen und fügen Sie ihn an der Stelle Ihrer Webseite ein, an der später auch die Google-Werbeanzeigen erscheinen sollen.

○ Fertig – Sie haben nun Google AdSense-Anzeigen auf Ihrer Webseite, die in etwa zehn Minuten aktiv werden.

Bis Google für Ihre Webseite passende Anzeigen parat hat, kann es ein wenig dauern. In der Zwischenzeit spielt Google aber alternative Anzeigen ein.

4.2 AdSense-Anzeigen richtig einsetzen

Mit »schnell mal eine Anzeige auf die Webseite packen« ist es in den meisten Fällen leider nicht getan. Damit lässt sich unter Umständen schon etwas Geld verdienen, aber ob Sie wirklich das Maximum herausgeholt haben, wissen Sie an dieser Stelle noch nicht.

Die richtige Anzeige zur richtigen Seite

Grundsätzlich gibt es mehrere Dinge, die die Klickraten und den Erfolg Ihrer Google AdSense-Anzeigen auf Ihrer Webseite beeinflussen können. Die wichtigsten sind:

○ Format der Anzeigen

○ Position der Anzeigen

○ Farbe und Design der Anzeigen

○ Typ der Anzeigen

Da es für jede Webseite eine individuelle Kombination dieser Merkmale gibt, gibt es nur eines, um herauszufinden, welche die passendste ist: testen, testen und noch mal testen!

Um verschiedene Merkmale zu testen, können Sie einerseits jeweils einen neuen Anzeigenblock erstellen (in der Regel ist dies sinnvoll) und dabei jeweils andere Merkmale auswählen. Die Alternative lautet, die Eigenschaften eines Anzeigenblocks immer wieder anzupassen. Diese können Sie jederzeit im AdSense-Login unter *AdSense-Setup* im Untermenüpunkt *Anzeigen verwalten* bearbeiten, ohne dazu den Code auf Ihrer Webseite ändern zu müssen.

Anzeigenformate

Ebenso wie bei Bannern kommt dem Format auch bei AdSense-Anzeigen eine hohe Bedeutung zu. Auch hier gilt: Je größer das Format, desto besser und wahrscheinlicher ist es, dass ein Besucher darauf klicken und damit Einnahmen generieren wird. Google bietet hier derzeit drei horizontale Formate (728 x 90, 468 x 60, 234 x 60), drei vertikale Formate (120 x 600, 160 x 600, 120 x 240) und sechs annähernd quadratische Formate (336 x 280, 300 x 250, 250 x 250, 200 x 200, 180 x 150, 125 x 125) an.

Empfehlenswert sind insbesondere die Formate 728 x 90, 336 x 280, 300 x 250 und 120 x 600 bzw. 160 x 600. Neben der Größe dieser Formate, die eine höhere Aufmerksamkeit und damit höhere Klickraten und höhere Einnahmen erzeugen kann, spricht ein weiterer Faktor für diese Formate: Google ermöglicht seit einiger Zeit seinen Werbekunden, nicht nur normale Textanzeigen zu schalten, sondern auch die Schaltung von Banner- und Videoanzeigen sowie auf TKP- statt CPC-Basis. Da die genannten Formate auch in der normalen Bannerwerbung die Standardformate darstellen, ist es bei diesen Formaten daher wahrscheinlicher, dass ein möglicher Kunde diese auch bei Google einsetzen wird, wenn er hier Banneranzeigen schaltet. Hinzu kommt, dass die Schaltung von Videoanzeigen nur bei bestimmten Formaten überhaupt möglich ist (derzeit die oben genannten sowie 250 x 250 und 200 x 200). Die Verwendung der oben genannten Formate erweitert also den Kreis der Interessenten für diese Werbefläche um Banner- und Videoanzeigenkunden und erhöht damit potenziell die Einnahmen.

Bild 4.5: Googles sogenannte Click-to-Play-Videoanzeigen.

Position der Anzeigen

Bei der Position der Anzeigen gibt es natürlich Parallelen zur optimalen Position von Bannerwerbung bei Vermarktern oder Affiliate-Netzwerken. Auch hier gilt, dass Werbeflächen möglichst im sofort sichtbaren Bereich und in Nähe des eigentlichen Inhalts platziert werden sollten. Der Unterschied bei Google AdSense ist jedoch, dass hier durchaus auch Anzeigen unterhalb des sofort sichtbaren Bereichs oder gar am Seitenende sinnvoll sein könnten. Die folgende Grafik zeigt eine sogenannte Heatmap. Die dunkler eingefärbten Bereiche der Webseite werden dabei eher vom Besucher wahrgenommen als die helleren – entsprechend sollten dort Werbeanzeigen platziert werden, um gute Klickraten zu erzielen.

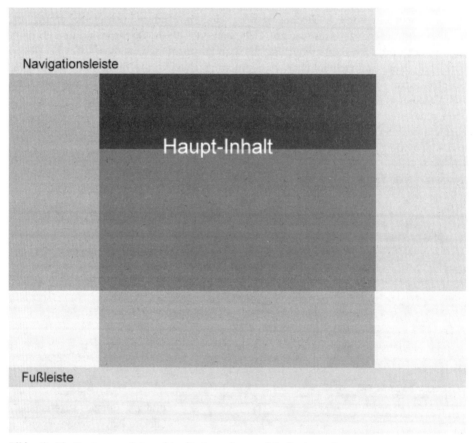

Bild 4.6: Die Heatmap zeigt, wohin die Besucher am häufigsten schauen.

So erzielen neben den normalen Platzierungen über bzw. neben dem Hauptbereich z. B. auch die Platzierungen direkt im Inhaltsbereich mit umfließendem Text (siehe Beispielbild bei e-recht24.de) oder die Platzierung direkt nach dem eigentlichen Inhalt (siehe Beispielbild bei sueddeutsche.de) gute Ergebnisse.

Bild 4.7: e-recht24.de integriert Google AdSense in den eigenen Inhalt.

Bild 4.8: sueddeutsche.de zeigt passende Google-Anzeigen direkt nach dem Text.

Farbe und Design

Was die Farbwahl der Google AdSense-Anzeigen angeht, gibt es grundsätzlich zwei zu empfehlende Verfahrensweisen:

- Bleiben Sie so nah wie möglich am Design Ihrer Webseite und passen Sie die Farben der Anzeigen den Farben der Webseite an.

- Setzen Sie mit der Anzeige Akzente und verwenden Sie auffällige Farben (aber nicht unbedingt knallige).

Die erste Variante ist besonders dann geeignet, wenn die Platzierung nahe beim Inhalt der Webseite geschieht und die Besucher nicht zu sehr abgelenkt werden sollen. Im Beispiel von sueddeutsche.de (siehe Bild oben) wurde sogar mehr oder minder völlig auf Farben verzichtet, um die Anzeigen komplett in das sehr schlicht gehaltene Design der Webseite zu integrieren. Dies kann sehr hilfreich sein, da die Besucher in diesem Fall die Anzeigen potenziell weniger als störende Werbung auffassen, sondern eher als hilfreichen Zusatznutzen und weiterführendes Angebot.

Die zweite Variante eignet sich am besten für Platzierungen in Bereichen, die normalerweise mit wenig Aufmerksamkeit seitens der Besucher bedacht werden (siehe Heatmap). Hier kann eine klare und auffällige Farbgebung dafür sorgen, dass sonst unauffällige Ecken der Webseite mehr Beachtung finden. Ebenso eignet sie sich für großflächige Positionen im oberen Teil der Webseite: Dank der vom Rest der Seite abgehobenen Farben fällt der Blick bei Besuch der Seite zunächst auf diese Anzeigen und schweift erst anschließend zum eigentlichen Seiteninhalt.

Anzeigentyp

Google bietet derzeit zwei Anzeigentypen für Content-Seiten: Anzeigenblock und Linkblock. Während Anzeigenblöcke dazu geeignet sind, die Besucher nach einem Klick direkt zur Webseite des Anzeigenkunden weiterleiten, sind Linkblöcke mehr oder minder reine Informationsblöcke. Klickt der Besucher hier auf einen Link, öffnet sich nicht die Webseite eines Kunden, sondern eine Google-Webseite, auf der weitere Anzeigen angezeigt werden, die sich auf den Begriff im Linktext beziehen. Um einen für den Webmaster vergüteten Klick zu generieren, muss ein Besucher also letztlich zweimal klicken: einmal, um die Anzeigenseite zu öffnen, und dann nochmals, um auf dieser eine Anzeige auszuwählen.

Linkblöcke wirken auf den ersten Blick nicht sonderlich sinnvoll – die Frage liegt auf der Hand, warum nicht gleich Anzeigenblöcke verwendet werden. Beide Typen haben jedoch ihre Daseinsberechtigung: Während sich Anzeigenblöcke, wie im vorigen Kapitel erwähnt, möglichst großflächig präsentieren und Aufmerksamkeit wecken sollten, sind Linkblöcke relativ klein und schmal (728 x 15, 468 x 15, 200 x 90, 180 x 90, 160 x 90, 120 x 90) und können dazwischengefügt werden, wo es gerade passt.

Bild 4.9: hausgarten.net setzt gleich zwei Linkblöcke ein – in der Leiste rechts und links werden, jeweils entsprechend eingefärbt, vier passende Gartenlinks angezeigt.

Übrigens: Wer denkt, die Klickrate bei Linkblöcken sei schlechter als bei Anzeigenblöcken (weil ja der Besucher mindestens zweimal klicken muss), der könnte sich irren: Auf der Anzeigenseite, die der Link-Block öffnet, finden sich bis zu zehn passende Textanzeigen, von denen einige Besucher gleich mehrere nacheinander anklicken und so die Klickrate des Link-Blocks nach oben treiben.

Weitere wichtige Kriterien

Neben den oben genannten Punkten können noch einige weitere Dinge die Einnahmen von AdSense-Anzeigen stark beeinflussen. Hierzu zählt etwa, ob in einem Anzeigenblock nur Text- oder auch Imageanzeigen (Banner und Videos) zugelassen sind (bei der Erstellung des Anzeigencodes ist dies zu beachten!). Ein weiteres Kriterium ist, ob Sie es anderen Webseiten gestattet wollen, Anzeigen direkt auf ihre Webseite zu schalten, anstatt sie auf ein bestimmtes Suchwort zu beziehen. Insbesondere bei großen und namhaften Seiten kann die webseitenbezogene Schaltung von Anzeigen einen erheblichen Umsatzgewinn einbringen, da diese oftmals auf TKP- statt CPC-Basis und zudem meist auch etwas höherpreisig geschieht. Um den Werbetreibenden Anzeigenplätze direkt anbieten zu können, müssen diese entsprechend markiert sein. Gehen Sie dazu wie folgt vor:

○ Zunächst legen Sie einen Channel an, indem Sie sich bei AdSense einloggen und anschließend in der Navigation oben den Punkt *AdSense Setup* sowie dann den Unterpunkt *Channels* wählen.

○ Auf der Channels-Seite klicken Sie auf *Neue benutzerdefinierte Channels hinzufügen.*

○ Geben Sie in das Formular einen beliebigen Namen für diesen Channel ein (er sollte sinnvoll sein, damit ihn mögliche Kunden auch verstehen) und markieren Sie das Feld *Diesen Channel den Inserenten als Anzeigenplatzierung anzeigen,* woraufhin weitere Eigenschaften für diesen Channel eingegeben werden können.

○ Geben Sie nun noch die Position und Platzierung der Anzeigen sowie eine kurze Beschreibung ein und klicken Sie auf *Channel hinzufügen.*

○ Begeben Sie sich anschließend zum Untermenüpunkt *Anzeigen verwalten* und fügen Sie die bestehenden Anzeigen dem neuen Channel hinzu, indem Sie auf *Anzeigeneinstellungen bearbeiten* klicken und in der nächsten Maske die Auswahl der Channels entsprechend anpassen.

> Haben Sie die Platzierungsoption wie beschrieben aktiviert, wird Google Ihre Webseite den Werbekunden zusammen mit anderen Webseiten anbieten, die das gleiche Thema haben. Ob oder wann Sie über diese Möglichkeit zusätzliche Werbekunden für sich gewinnen können, ist jedoch von sehr vielen Faktoren abhängig (gefällt die Seite dem Kunden, passt das Thema zum Kunden usw.).

Welche Kombination klappt am besten?

Um zu sehen, welche Kombination der verschiedenen Merkmale am besten ankommt, empfiehlt sich ein sogenannter A/B-Test. Dabei werden im gleichen Zeitraum zwei (oder ggf. auch mehr) verschiedene Varianten unter gleichen Bedingungen getestet. So können etwa zwei verschiedene Anzeigendesigns gegeneinander getestet werden oder zwei verschiedene Positionen oder zwei verschiedene Typen usw. Um die Vergleichbarkeit der Ergebnisse zu gewährleisten, ist es wichtig, dass zum einen die Anzahl der Einblendungen bei beiden Testvariationen etwa gleich hoch und der Zeitraum der gleiche ist, da bei unterschiedlichen Zeiträumen das Besucheraufkommen und -verhalten eventuell unterschiedlich sein können. Wird z. B. Variation 1 an einem Wochentag und Variation 2 am Wochenende getestet, kann sich schon dadurch ein Unterschied ergeben, dass die Besucher beim zweiten Versuch eventuell mehr Zeit mitbringen und klickbereiter sind.

Ebenso wichtig wie der gleiche Zeitraum und die in etwa gleiche Menge ist, dass die getestete Menge auch ausreichend groß ist. Für kleine Webseiten mögen 1.000 oder 5.000 Einblendungen in diesem Zusammenhang vielleicht viel erscheinen, bedenkt man aber, dass bei einer normalen Klickrate von 0,2 % gerade mal 2 bzw. 10 Klicks erzeugt würden, sieht man diese Zahl schon gleich in einem anderen Licht. Um wirklich aussagekräftige Ergebnisse zu erzielen, sollten Sie daher pro Variation mindestens 10.000 bis 50.000 Einblendungen – besser noch mehr – einplanen, da erst dann langsam sichergestellt werden kann, ob ein Verdienstunterschied nur ein Zufall war oder wirklich aufgrund der getesteten Variation hervorgerufen wurde.

▲ Kleiner Bannertauscher

Um mehrere Anzeigenversionen gleichzeitig gegeneinander testen zu können, kann mit recht einfachen Mitteln und ein wenig JavaScript- oder PHP-Code eine Art Bannerrotator gebastelt werden, der per Zufall abwechselnd die eine oder die andere Anzeige einblendet. Der normale, unveränderte AdSense-Code würde z. B. so aussehen:

```
1   <script type="text/javascript"><!--
2   google_ad_client = "pub-1234567890";
3   /* Meine Anzeigenfläche */
4   google_ad_slot = "1234567890";
5   google_ad_width = 728;
6   google_ad_height = 90;
7   //-->
8   </script>
9   <script type="text/javascript"
10  src="http://pagead2.googlesyndication.com/pagead/show_ads.js">
11  </script>
```

Der Code für die zweite Anzeige würde dann ähnlich aussehen. Wie leicht zu erkennen ist, besteht der Code immer aus zwei Teilen: oben ein Skript-Abschnitt, in dem ein paar Variablen definiert werden, und darunter ein zweiter Skript-Abschnitt, in dem eine JavaScript-Datei namens show_ads.js geladen wird. Will man jetzt einen kleinen Bannertauscher basteln, muss man also nur dafür sorgen, dass sich der obere Teil abwechselnd ändert. Das könnte z. B. so geschehen:

```
1   <script language="JavaScript">
2   <!--
3   var randi = Math.round(Math.random());
4   if(randi == 0)
5   {
6   //... der erste Anzeigencode ...
7   google_ad_client = "pub-1234567890";
8   google_ad_slot = "1234567890";
```

```
9    google_ad_width = 728;
10   google_ad_height = 90;
11   }
12   else
13   {
14   //... der zweite Anzeigencode ...
15   google_ad_client = "pub-0987654321";
16   google_ad_slot = "0987654321";
17   google_ad_width = 728;
18   google_ad_height = 90;
19   }
20   //-->
21   </script>
22   <script type="text/javascript"
23   src="http://pagead2.googlesyndication.com/pagead/show_ads.js">
24   </script>
```

Was das Skript macht, ist relativ schnell erklärt: Zuerst wird eine Zufallszahl (randi)
erzeugt, die in diesem Fall entweder 0 oder 1 sein kann. Dann wird mit einer kleinen
Bedingung geprüft, ob die Zufallszahl jetzt 0 oder 1 ergeben hat. Ist sie 0, wird der erste
Codeblock verwendet, andernfalls der zweite.

Paid Content & Paid Services

Noch vor ein paar Jahren war der Begriff »Paid Content« oder zu Deutsch »bezahlte Inhalte« so etwas wie der Stein der Weisen, der dem E-Commerce von Verlagen und Inhalteanbietern schon noch auf die Sprünge helfen würde. Rosige Zeiten wurden da vorausgesagt, sämtliche Zeitungen würde es bald online im Bezahlabo geben, Nachrichten nur noch gegen Gebühr, und die Verlage würden natürlich reichlich daran verdienen.

Es ist jedoch alles anders gekommen, als uns die Vorhersagen weismachen wollten: Paid Content, also redaktionelle Inhalte in ein Bezahlmodell zu packen und dem Leser anzubieten, ist nicht ganz so einfach durchzusetzen, wie viele dachten. Ende 2007 öffnete sogar das einstige Vorzeige-Paid-Content-Projekt, die renommierte New York Times (*www.nytimes.com*), seinen umfangreichen Artikelfundus und machte aus Bezahlinhalten frei zugänglichen und werbefinanzierten Content.

Doch alledem zum Trotz: Paid Content ist nicht tot, das Modell der bezahlten Inhalte muss nur richtig angewandt werden!

Bild 5.1: nytimes.com – das einstige Paradebeispiel für Paid Content ist nun frei zugänglich.

5.1 Was ist Paid Content?

Der Begriff »Paid Content« wird allzu oft nur mit den zuvor angesprochenen Beispielen von Nachrichten oder anderen redaktionellen Texten gleichgesetzt, die gegen Bezahlung bezogen werden können – Paid Content beinhaltet allerdings weitaus mehr. Als Bezahlinhalte können neben Texten natürlich auch weitere Dinge dienen:

- redaktionelle Texte, Nachrichten
- Radiosender und ihre Programme
- Musikdownloads
- Video on Demand
- Softwaredownloads
- Handylogos, Klingeltöne
- usw.

So betrachtet, ist damit also auch jede beliebige Pornowebseite ein Beispiel für Paid Content: Will der Kunde Bilder oder Filme (»Content«) sehen, muss er dafür bezahlen (»Paid«).

5.2   Was sind Paid Services?

Der Begriff »Paid Service« ist weitaus weniger geläufig als Paid Content, das Modell dahinter wird jedoch ebenso häufig eingesetzt. Hierzu zählen alle digitalen kostenpflichtigen Dienstleistungen und Dienste. Beispiele dafür sind etwa:

- Auktionsplattformen, die Nutzungsgebühren nehmen
- kostenpflichtige Flirt- und Singleportale
- kostenpflichtige Onlinespiele
- kostenpflichtige Jobportale
- kostenpflichtige E-Mail-, Webkalender- und andere Office-Dienste
- usw.

… letztlich also alles, was man online verwenden kann, nicht lager- oder weitergabefähig ist und Geld kostet.

5.3   Welche Inhalte und Dienste sind verwertbar?

Wie das eingangs aufgeführte Beispiel der New York Times zeigt, funktioniert Paid Content nicht einfach dadurch, dass auf irgendwelche Inhalte oder Dienste ein Preisschild geklebt wird. Wichtig ist, dass das Modell zum Produkt passt. Hier spielt insbesondere die weit verbreitete Gratismentalität eine Rolle, die viele Websurfer haben: »Im Internet ist sowieso alles kostenlos, und was ich will, finde ich schon irgendwo – wozu also für irgendetwas bezahlen?«

Genau hier ist der Knackpunkt, an dem ein gutes Produkt ansetzen muss. Der Grundsatz sollte daher lauten: »Mich bekommst du nur hier und nirgendwo anders!« Die Frage der Exklusivität von Inhalten ist also im bezahlten Web essenziell. Daraus ergibt sich auch, welche Inhalte oder Dienste überhaupt verwertbar sind und für welche Dinge Besucher eigentlich Geld ausgeben würden: nämlich nur für solche, die es nirgendwo anders kostenlos gibt oder die dem Nutzer aktuell besondere Vorteile und Funktionen bringen (und sei es nur die einfachere Bedienung).

Darüber hinaus können natürlich noch einige weitere Faktoren darüber entscheiden, ob Paid Content bzw. Paid Services zum Erfolg oder Misserfolg wird, die wichtigsten sind:

- Preis
- Exklusivität
- Zugang
- Sicherheit
- Produkt

Preis

Kaum etwas ist wichtiger als der Preis. Es gelten zwei gegensätzliche Grundsätze: zum einen, um mit der Werbung zu sprechen: »Geiz ist geil«, und zum anderen: »Was nichts kostet, ist auch nichts wert«. Den richtigen Preis für ein Produkt zu finden, ist immer eine schwierige Angelegenheit, um nicht zu billig bzw. zu teuer zu erscheinen.

Damit etwas gekauft wird, muss dem potenziellen Kunden vermittelt werden, dass er einen Artikel erwirbt, dessen eigentlicher Wert über dem liegt, was gefordert wird. Es sollte also dem Kunden der Wert des Produkts vor Augen geführt werden. Insbesondere bei digitalen Medien kann z. B. durch eine Herabsetzung des Preises deutlich gemacht werden, dass er hier etwas Höherwertiges zu einem niedrigen Preis bekommt. Der Satz »jetzt nur 9,95 statt sonst 19,95« weckt zugleich die Schnäppchenmentalität.

Exklusivität

Wie zuvor bereits angesprochen, wird Ihnen natürlich niemand Nachrichten abkaufen, wenn er diese auf jeder anderen Seite genauso und kostenlos bekommt. Die Exklusivität der Inhalte spielt also eine wichtige Rolle. In Betracht kommen daher nur Inhalte, die ausschließlich von Ihnen vertrieben werden und/oder die es sonst z. B. nur in Form eines Buches oder anderer Medien gibt (für die ebenfalls Geld bezahlt werden müsste). Gleichzeitig spielt in dieses Thema der Preis eine nicht zu unterschätzende Rolle. Ein Produkt erscheint nur dann als wirklich exklusiv, wenn es hochpreisig ist: Würde zum Beispiel ein Mercedes nur noch die Hälfte kosten, kauften ihn zwar mehr Menschen – das Produkt wäre damit aber weniger exklusiv.

Bild 5.2: Die Paid-Service-Webseite xing.de besticht durch Exklusivität: Wer drin ist, hat Zugriff auf eines der größten Geschäftsnetzwerke Deutschlands.

Ein Produkt wird aber oft auch schon dann als exklusiver angesehen, wenn das Erscheinungsbild anders als normal ist: Für einen Joghurt in einer Ökoverpackung sind mehr Menschen bereit, einen höheren Betrag zu zahlen, als für einen in normaler Plastikverpackung – auch wenn der Inhalt in beiden gleich ist. Im Web ist es nicht anders: Macht etwas mehr her, lässt es sich besser verkaufen. Abgesehen von der Verpackung bzw. der Darbietung zählt der Inhalt natürlich weiterhin mehr.

Zugang

Ebenfalls sehr wichtig ist der unkomplizierte Zugriff. Muss sich der Besucher, um einen einseitigen Artikel lesen zu können, erst fünf Minuten durch einen Registrierprozess kämpfen, wird er höchstwahrscheinlich die Lust verlieren und von dannen ziehen. Ähnlich wie beim Preis gilt auch bei der Beschaffung: Ist der Aufwand der Beschaffung höher als der Nutzen eines Produkts, wird der Kauf nicht durchgeführt bzw. abgebrochen. Häufige Fehler hierfür sind eine unklare Beschreibung des Bezahlvorgangs oder unzureichende Abrechnungsformen (z. B. wenn nur Kreditkarten als Zahlungsmittel akzeptiert werden).

Ähnlich sieht es allgemein bei der Benutzerfreundlichkeit aus: Findet der Besucher den Bestellbutton gar nicht erst oder ist der Bedienprozess nicht klar, sinkt die Kaufquote schlagartig, und das gute Produkt wird zum (virtuellen) Ladenhüter.

Sicherheit

Gerade das Internet gilt bei vielen Menschen noch als Ort für Abzocke, Tricks und üble Machenschaften. Damit ein Besucher überhaupt freiwillig seinen Namen oder gar Kontodaten herausgibt, muss daher vonseiten der Webseite einiges an vertrauensbildenden Maßnahmen geboten werden. Hierbei hilfreich können z. B. folgende Merkmale sein:

- Verschlüsselte Datenübertragung:
  So simpel diese klingt – viele Anbieter setzen sie dennoch nicht ein.

- Zertifizierung:
  Offizielle Prüfstellen vergeben Gütesiegel für sichere Webseiten.

- Erscheinungsbild:
  In jedem Fall sollte man eine aufgeräumte Webseite haben, die übersichtlich und seriös gestaltet ist. Zu den Elementen, die als wenig vertrauenerweckend verstanden werden, zählen z. B. grelle Farben, blinkende Symbole oder die übermäßige Verwendung von Ausrufezeichen.

- Sichere Bezahlsysteme:
  Für den Kunden immer das sicherste und daher beliebteste Bezahlsystem ist der Kauf auf Rechnung. Wenn das nicht geht, gelten Kreditkarten bzw. Micropayment als ebenfalls relativ sicher.

- Geld-zurück-Garantie:
  Der älteste Verkaufstrick der Welt: Kunden fühlen sich sicherer, wenn eine derartige Garantie geboten wird, und kaufen entsprechend mehr.

- Testimonials:
  Meist in Form von Prominenten, aber auch durch den einfachen Kunden verkörperbar: Ein oder mehrere Personen, die sich für ein Produkt öffentlich aussprechen (z. B. in Form eines Zitats mit Bild auf der Produktwebseite), sorgen beim Kunden für ein erhöhtes Vertrauen in das Produkt.

Produkt

Nicht zuletzt entscheidet natürlich das Produkt selbst darüber, ob es für den Besucher interessant genug ist, um es zu kaufen. Im Bereich Paid Content/Paid Service sind das vor allem Produkte, die von vornherein hochwertig erscheinen und für die Besucher am ehesten bereit wären, Geld auszugeben. Einer Umfrage zufolge, die im Auftrag des Verbands der Deutschen Zeitschriftenverleger (VDZ) und der Unternehmensberatung

Sapient durchgeführt wurde, wären rund 17 % der Nutzer von Onlinebanking und Onlinebrokering bereit, künftig für einen solchen Dienst zu bezahlen, während nur rund 3 % für einen Newsletter und nur etwa 2 % für Klatschnachrichten Geld ausgeben würden.

Umfrage von Sapient & VDZ an Nutzer kostenloser Angebote (2002)

Produkttyp	Ich bin bereit, für die Nutzung zu bezahlen ...
Onlinebanking/-brokering	17,6 %
Softwaredownloads	12,2 %
Datenbanken	10,6 %
Archive	8,2 %
Testberichte	7,8 %
Reiseinformationen	5,8 %
Vorabausgabe einer Zeitung	5,2 %
Erotik	4,3 %
Klatsch & Tratsch	1,8 %

Weitere Faktoren

Neben den zuvor genannten Punkten spielen noch weitere Faktoren wie Aktualität, Umfang oder Personalisierung eine Rolle.

▲ Aktualität

Insbesondere bei Themen wie Börsennews, Wetterberichten oder allgemeinen Nachrichten kommt der Aktualität eine nicht unerhebliche Bedeutung zu: Bekomme ich hier schneller Informationen als bei allen anderen (kostenlosen) Webseiten, bin ich eher bereit, dafür zu zahlen. Umgekehrt: Sind die Nachrichten gerade bei terminkritischen oder zeitabhängigen Themen wie Börsennews erst nach einer gewissen Weile verfügbar, ist der potenzielle Nutzen einer Nachricht vielleicht schon gemindert oder auch schon ganz verloren gegangen.

▲ Umfang

Das Thema Umfang spielt insbesondere bei Datenbanken und Archiven eine wichtige Rolle: Je mehr ich für mein Geld bekomme, umso wertvoller erscheint mir ein kostenpflichtiger Datenbankzugang – selbst wenn er nachher nie in vollem Umfang genutzt werden würde. Bei Angeboten wie kostenpflichtigen Flirt- oder Dating-Webseiten spielt zudem die Zahl der möglichen Partner eine Rolle. Solche Sites werben nicht ohne Grund mit Aussagen wie: »Schon 5 Mio. Mitglieder!«

▲ Personalisierung

Personalisierbarkeit ist nicht zwangsläufig für alle Produkte anwendbar, kann aber z. B. bei bezahlten Mitgliederbereichen das entscheidende Argument für den Kauf liefern. Beispiele für eine Personalisierung eines Paid-Content-Bereichs sind z. B. Nachrichten, die an die Lieblingsthemen des Benutzers angepasst sind, die Möglichkeit, die Ergebnisse einer Datenbank- bzw. Archivsuche zu speichern, oder auch nur, dass Design und Anordnung der Bedienelemente der Webseite auf die eigenen Bedürfnisse eingestellt werden können.

Bild 5.3: Amazon bietet zwar keinen Paid Content oder Paid Service im eigentlichen Sinne, ist dafür aber Meister im Personalisieren: Das Portal verknüpft Produkte, die der Benutzer betrachtet, mit Informationen anderer Kunden und zeigt passende Kaufempfehlungen an.

5.4   Wie aus kostenlos nun kostenpflichtig wird ...

Wenn Ihre Webseite bereits über gute Inhalte verfügt, ist das schon die beste Voraussetzung – allerdings nicht, um diese dann kostenpflichtig zu machen, sondern um sie als Besucherbringer und Anheizer für künftige kostenpflichtige Angebote zu verwenden.

Bei der Einführung von kostenpflichtigen Inhalten oder Services sollte Otto Normalbesucher niemals außer Acht gelassen werden – vor allem, wenn die Mehrzahl der Webseitenbesucher auch gleichzeitig Stammbesucher sind. In solchen Fällen sollte man die Einführung von Bezahlinhalten äußerst behutsam angehen, um Besucher nicht zu verärgern und als mögliche Kunden zu verlieren. Wie eingangs erwähnt, empfiehlt es sich grundsätzlich nie, vormals kostenlose Inhalte in kostenpflichtige umzuwandeln. Die bessere Lösung wäre, einen zusätzlichen kostenpflichtigen Bereich zu schaffen. Wichtig hierbei ist ebenfalls, dass die neuen Inhalte qualitativ noch hochwertiger sind (oder zumindest so empfunden werden) als die bereits auf der Webseite befindlichen. Außerdem sinnvoll: Sofern die User sich selbst in die Webseite einbringen konnten, etwa durch ein Forum oder andere interaktive Mittel, kann es hilfreich sein, bereits aktiven Nutzern kostenlosen Zugang oder Probeabos zu gewähren, damit diese sich selbst von den guten neuen Inhalten überzeugen können (und am besten noch anderen darüber positiv berichten).

Das Wichtigste bei der Umstellung in aller Kürze zusammengefasst:

- Ersetzen Sie nicht Gratisinhalte durch kostenpflichtige, sondern fügen Sie zu bereits bestehenden kostenlosen Inhalten neue, kostenpflichtige hinzu.

- Nehmen Sie die User mit ins Boot: Was denken diese über kostenpflichtige Angebote? Verteilen Sie kostenlose Mitgliedschaften und Probeabos, um den Übergang zu erleichtern.

- Machen Sie deutlich, dass die User auf nichts verzichten müssen, sondern es sich ausschließlich um etwas Neues und Zusätzliches und nicht um einen Ersatz handelt.

5.5   Preisfindung und Abrechnung

Den richtigen Preis für ein Produkt zu finden, ist nicht immer die leichteste Aufgabe, zumal online andere Faktoren eine Rolle spielen als offline und es offline meist auch weniger Möglichkeiten gibt, Preisvergleiche anzustellen. Um Ihnen dennoch einige Anhaltspunkte für die Bepreisung von Paid-Content- und Paid-Service-Produkten zu geben, haben wir uns im Web umgesehen und einige Beispiele zusammengetragen:

▲ Nachrichten & Texte

Webseite	Preis/Beschreibung
stern.de	5,00 Euro für eine Artikelreihe (8 bis 10 Teile) oder 1,50 Euro für einen Einzelartikel.
spiegel.de	0,50 Euro pro Artikel und zwischen 28,00 (12 Wochen) und 174,20 Euro (1 Jahr) im Abo.
	Hinweis: Spiegel bereitet ein kostenloses Rechercheportal namens »Spiegel Wissen« vor, das alle Inhalte umfassen soll.
Wall Street Journal (wsj.com)	49,00 bzw. 79,00 Dollar pro Jahr (als Zusatz zum Print-Abo bzw. ohne vorhandenes Print-Abo).
Financial Times (ftd.de)	25,00 Euro pro Monat für alle Texte inkl. Vorabveröffentlichungen der Printausgabe.
pcwelt.de	42,00 Euro pro Jahr für alle Onlineausgaben.

▲ Datenbanken & Archive

Webseite	Preis/Beschreibung
Stiftung Warentest (test.de)	7,50 Euro für 24 Stunden, 15,00 Euro für 4 Wochen und 70,00 Euro für den Zugang für 1 Jahr zu allen Inhalten. Einzelberichte ab 2 Euro.
genios.de	Ab etwa 2,00 Euro pro Dokument.

▲ Business

Webseite	Preis/Beschreibung
ibusiness.de	290,00 Euro pro Jahr für Ausschreibungen, Marktzahlen und Archiv.
xing.de	71,40 Euro pro Jahr für einen Jahreszugang.

▲ Unterhaltung

Webseite	Preis/Beschreibung
ciando.de	Zwischen 6,00 und 120,00 Euro je E-Book.
musicload.de	Ab etwa 1,00 Euro pro Musiktitel oder 9,95 für ein Album.
videoload.de	Ab 1,99 Euro bei älteren Filmen und etwa 3,99 Euro bei aktuellen Filmen.
softwareload.de	Ab 9,99 Euro je Software.
toggolino.de	69,00 Euro pro Jahr für unbegrenztes Spielen.

Abrechnung

Zur Abrechnung von Paid Content und Paid Services gibt es verschiedene Verfahren, die allgemein eingesetzt werden und je nach Produkt und Anwendung zum Einsatz kommen können:

▲ Pay-per-Time

Hierbei zahlt der Kunde einen bestimmten Betrag für eine vorher definierte Zeitspanne, in der er ein Produkt oder eine Dienstleistung nutzen kann. Dieses Verfahren wird z. B. bei Video-Downloads oder Einzeltexten genutzt: Der Kunde bezahlt für einen bestimmten Zeitraum und kann dann z. B. innerhalb der nächsten 24 Stunden den Film schauen oder den Artikel durchlesen.

▲ Pay-per-Use

Bei diesem Modell bezahlt der Kunde einen festen Betrag pro Benutzung – meist im Zusammenhang mit Produkten, die auf den PC oder ein anderes Gerät des Benutzers geladen werden müssen (Softwaredownloads, Handydownloads oder auch Artikeldownload als PDF).

▲ Abonnement

Das Abonnement kommt dem Pay-per-Time-Modell sehr nahe. Hierbei wird der Zugang zu regelmäßig neuen Informationen zu einem bestimmten Festpreis angeboten. Bestes Beispiel dafür sind wie im Offlinebereich die Zeitschriftenabos: Für den Zeitraum von z. B. einem Jahr erhält man Zugang zu allen neu erscheinenden Onlineausgaben und Artikeln.

▲ Paketmodelle/Bundles

Eine letzte Form ist die Bündelung bzw. Paketmodelle. Hierbei werden verschiedene Produkte oder Produktmerkmale miteinander kombiniert – teilweise auch verschiedene Abrechnungsformen zu einem neuen Paketpreis zusammengefasst. Beispiel hierfür ist etwa die Bündelung der Online- und Offlineausgaben einer Zeitschrift oder Softwaredownloads mit anschließender Aktualisierungsmöglichkeit (einmal Software herunterladen als Pay-per-User und anschließend Updates der Software als Abonnement für z. B. ein Jahr erhalten).

Bezahlsysteme

Insbesondere bei niedrigpreisigen Produkten wie Nachrichten, Texten oder Musikdownloads spielt das Bezahlsystem eine besondere Rolle. Das Problem bei diesen Angeboten sind die zu kleinen Preise, die es wenig sinnvoll erscheinen lassen, hierfür extra eine Überweisung zu beauftragen oder gar eine Rechnung zu versenden (bei einer Rechnung per Post schlagen Aufwand und Porto teils fast teurer als das Produkt selbst zu Buche). Eine Hilfskonstruktion kann in diesem Fall ein Mindestbestellwert sein, der ausreichend hoch ist, damit sich das Erstellen einer Rechnung oder das Ausfüllen einer Überweisung für den Kunden lohnt.

Als zweiter Punkt beim Bezahlsystem zu beachten ist die Tatsache, dass der Kunde nicht auf sein Produkt warten möchte: Wenn ich mir einen Film kaufe, um diesen via Internet anzusehen, möchte ich ihn schließlich nicht erst nächste Woche sehen, wenn die Rechnung bei mir eingetroffen und die Zahlung beim Filmanbieter gutgeschrieben ist, sondern sofort.

Bild 5.4: Firstgate gehört mit dem Bezahlsystem ClickandBuy zu den bekanntesten Anbietern von Payment-Lösungen.

Um diese Probleme zu beheben, gibt es sogenannte Micropayment-Anbieter, etwa Firstgate ClickandBuy, Payone oder T-Pay, die zur Zahlungsabwicklung eingesetzt werden können. Sie sammeln die vielen kleinen Bestellungen, die der Kunde tätigt, und kümmern sich um die Abwicklung der Überweisung usw.

Da das richtige Bezahlverfahren für Shops besonders wichtig ist, werden wir uns in einem späteren Kapitel der unterschiedlichen Verfahren genauer annehmen und auch Micropayment unter die Lupe nehmen.

Exkurs – Spenden als Alternativen zu Paid Content

Das nicht jede Webseite gleichermaßen für Paid Content geeignet ist, wird insbesondere im Web 2.0 (Stichwort »Mitmachweb«) klar: Wenn sich der Hauptteil einer Webseite nahezu ausschließlich aus benutzergenerierten Inhalten rekrutiert, kann man dafür keine Gebühren verlangen (wer würde dann noch freiwillig neue Inhalte einstellen). Bestes Beispiel für eine solche Seite ist die erfolgreiche Online-Enzyklopädie Wikipedia.org:

Dank ihrer riesigen Beliebtheit hat Wikimedia, Betreiberin von Wikipedia, rund 4,6 Mio. Dollar Kosten pro Jahr – hauptsächlich, weil die Webseite so bekannt ist, dass mehrere Hundert Webserver nötig sind, um die Last der vielen Zugriffe tragen zu können.

Bild 5.5: Die Startseite des deutschen Wikipedia.

Im Fall von Wikipedia kommt Paid Content natürlich nicht infrage – ebenso wenig wie Werbung oder ein Shop. Die Kosten werden daher quasi ausschließlich aus Spenden bestritten.

Ähnliche Konzepte funktionieren übrigens auch bei anderen Projekten: So finanziert sich auch das besonders unter Webdesignern bekannte Nachschlagewerk SelfHTML (.org) quasi ausschließlich durch Spenden.

5.6   Praxis – Beispiele für Paid Content

Um Ihnen einen kleinen Praxiseinblick in die Welt von Paid Content zu geben, werden wir uns in ein paar Beispielen ausgewählte Paid-Content-Webseiten ansehen und versuchen, diese genauer zu beleuchten.

Stiftung Warentest

Bild 5.6: test.de bietet online alle Beiträge ab dem Jahr 2000.

Die Onlineausgabe der Stiftung Warentest gilt in Deutschland als das Paid-Content-Projekt schlechthin und ist mit rund 1 Mio. kostenpflichtiger Downloads zugleich größter Firstgate-Kunde in Europa. Neben den normalen Texten und Testberichten, die ab 2 Euro kosten, bietet das Unternehmen »Online-Guthaben«, mit denen sich Sparvorteile nutzen lassen (Guthaben für 20 Euro kaufen, aber nur 12,50 Euro bezahlen), sowie Tages- (7,50 Euro), Monats- (15,00 Euro) und Jahreszugänge (70,00 Euro).

Auf der Webseite kostenlos gezeigt werden zu aktuellen Testberichten jeweils kurze Anreißertexte und Zusammenfassungen – wer den kompletten Testbericht lesen möchte, muss zur Geldbörse greifen. Auf Werbung innerhalb der Seite – außer für eigene Produkte – wird komplett verzichtet.

Financial Times Deutschland

Bild 5.7: ftd.de, die Webseite der Financial Times Deutschland, bietet dem Besucher die Möglichkeit, ein Onlineabo abzuschließen.

Die Financial Times gilt als eines der besten Wirtschaftsblätter in Deutschland und auch die Onlineausgabe steht dem in nichts nach. Neben einem umfangreichen kostenlosen Nachrichtenbereich gibt es für Besucher die Möglichkeit, ein Onlineabonnement abzuschließen. Dieses beinhaltet unter anderem zusätzliche Artikel, die in der Printausgabe erscheinen, aber nicht im kostenlosen Bereich verfügbar sind, sowie Zugang zum Printarchiv, PDF-Downloads, Sonderbeilagen und – als interessantes Highlight – wichtige Leitartikel und Kolumnen als MP3-Datei zum Anhören statt Selberlesen. Das Abo kostet 25,00 Euro und wird via Kreditkarte oder Bankeinzug bezahlt. Der kostenlose Nachrichtenbereich wird zudem über Onlinewerbung mitfinanziert, die auf nahezu allen Seiten vorhanden ist.

Musicload.de

Bild 5.8: musicload.de bietet ein umfangreiches Musiksortiment und ansprechendes Design. Bezahlt werden kann mit diversen Verfahren.

Musicload gehört als Angebot der Telekom neben iTunes von Apple und Napster zu den großen Musikportalen in Deutschland. Neben einer umfangreichen Auswahl an Songs und Alben stehen dem Kunden außerdem zu nahezu jedem Song Hörproben zur Verfügung.

Bezahlt werden kann mit diversen Bezahlverfahren wie T-Online-Rechnung (für T-Online-Kunden), T-Pay, Firstgate, Kreditkarte oder HappyDigits (Bonuspunktsystem). Diese vergleichsweise große Auswahl an Bezahlmethoden ist bedeutsam, um ein breites Publikum ansprechen zu können.

5.7 Praxis – Beispiele für Paid Services

Nachdem wir uns nun die Paid-Content-Angebote angesehen haben, wollen wir nun schauen, was es in Sachen Paid Services für unterschiedlichste Anwendungsmöglichkeiten gib. Im Folgenden wollen wir Ihnen hierzu eine kleine Auswahl präsentieren.

eBay

Bild 5.9: eBay.de erscheint wie ein Shop, ist aber in Wirklichkeit ein Paid-Service-Angebot.

Ja, auch so können Paid Services funktionieren: Im Fall von eBay verdient man nicht am Kunden, sondern am Verkäufer. Der Verdienst geht dabei in die Millionen. eBay dürfte damit weltweit eines der größten Unternehmen sein, die von Paid Services leben können.

Für jedes eingestellte Angebot verlangt eBay vom Verkäufer je nach Startpreis ab 0,25 Euro sowie eine Provision zwischen 2 und 8 %, die von der Höhe des Verkaufspreises abhängt. Bezahlt wird das Ganze per Bankeinzug oder über das zum eBay-Konzern gehörende Bezahlsystem PayPal.

iLove

Bild 5.10: Nach Jamba der zweite Erfolg der Samwer-Brüder: das Flirtportal iLove.

Das Modell von iLove ist so etwas wie der Klassiker unter den Paid-Service-Angeboten: ein Flirtportal. Männer und Frauen, die auf Partnersuche sind oder ganz einfach nette Leute kennenlernen möchten, können sich anmelden und die zahlreichen Funktionen wie Benutzerprofile, Nachrichtensystem oder Chat nutzen.

Obwohl es gar nicht oft genug wiederholt werden kann: Die Anmeldung ist zwar kostenlos, die Nutzung dieser Dienste ist es aber nicht. Wirklich gratis ist lediglich die Anmeldung, das Anlegen eines eigenen Profils sowie die Suchfunktion – will man mit anderen Mitgliedern in Kontakt treten, wird man allerdings zur Kasse gebeten. Die Preise variieren je nach Flirtanbieter, hier bei iLove sind es 4,99 Euro (Woche) und 19,99 (Monat). Die Bezahlung erfolgt per Mobilfunkrechnung, Firstgate oder Kreditkarte.

anwalt.de

Bild 5.11: anwalt.de vermittelt zwischen Klient und Anwalt.

Der Inhalt der Webseite anwalt.de ist eine für den Klienten kostenlos nutzbare Datenbank, über die er einen für sich passenden Anwalt vor Ort finden kann. Zusätzlich stehen dem Leser zahlreiche Rechtstipps, Lexika und Ratgeber kostenlos zur Verfügung. Darüber hinaus kann sich der Kunde mit »Anwalt Online« und »Anwalt am Telefon« kostenpflichtig per Mail bzw. Telefon individuelle Rechtsberatung verschaffen.

Die Webseite verdient auf zweierlei Weise: Zum einen verlangt sie vom Anwalt bzw. seiner Kanzlei Gebühren für die Einstellung eines Anwaltsprofils in die Datenbank. Die Gebühren hierfür beginnen bei 19,95 Euro/Monat. Darüber hinaus teilt sich das Portal bei den Beratungsleistungen per Telefon und Mail die Gebühren, die der Klient zu zahlen hat, mit dem Anwalt – die Website ist also am vermittelten Umsatz des Anwalts beteiligt. Die Bezahlung erfolgt per Telefonrechnung (über eine 0900er-Nummer), Kreditkarte, Onlineüberweisung oder Vorabüberweisung.

myBet

Bild 5.12: Die Webseite von mybet.de bietet neben Sportwetten auch Casino- und Pokerspiele.

Und auch hierbei handelt es sich um einen Paid Service, nämlich die Annahme und Vermittlung von Sportwetten bei myBet.de. So gesehen nimmt die Webseite lediglich Wetten und Glücksspiele an, sieht man mal von ein paar Informationen zum Lernen von Poker- und Casinospielen ab.

Die Webseite verdient immer dann, wenn etwas gewonnen bzw. verloren wird, nämlich 5 % vom Gewinn. Da es quasi bei jeder Wette immer mindestens einen Gewinner gibt, ist es für den Wettanbieter also ein sicheres Geschäft.

ImmobilienScout24

Bild 5.13: ImmobilienScout24 ist Deutschlands Nummer eins bei der Immobiliensuche.

Ganz ähnlich wie das Modell von anwalt.de funktioniert auch ImmobilienScout24.de: Wohnungs- und Immobiliensuchende können sich über die Webseite aus einem reichhaltigen Fundus an Angeboten über das Passende informieren, dies in eine Merkliste eintragen und über die Webseite Kontakt zu Vermietern bzw. Wohnungseigentümern aufnehmen.

Die Webseite verdient an jedem Inserat: Möchte ein Vermieter eine freie Wohnung im Verzeichnis von ImmobilienScout24.de veröffentlichen, werden pro Inserat (also pro Wohnung, Haus oder Grundstück) ab 24,95 Euro pro Monat fällig. Letzteres hat für den Betreiber der Webseite sogar einen kleinen zusätzlichen Vorteil: Wohnungen mit unzureichend guter Beschreibung oder schlechten oder zu wenigen Fotos werden so zu »Ladenhütern« und kosten den Vermieter bares Geld, wodurch dieser ein größeres

Interesse hat, die Wohnung besser zu präsentieren, schneller zu vermitteln und damit selbst zur Qualität der Webseite beizutragen.

billiger.de

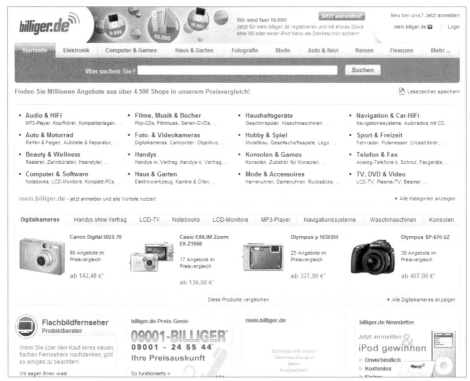

Bild 5.14: billiger.de gehört zu Deutschlands größten Preisvergleichsportalen.

Wer sich schon immer gefragt hat, wovon die diversen Preisvergleichsportale eigentlich leben, die seit Jahren wie Pilze aus dem Internetboden schießen, bekommt nun hier die Antwort: Klickgebühren und Werbung, wobei Werbung eher den kleineren Teil ausmacht. Für den Benutzer sind diese Webseiten vollständig kostenlos – sie bieten ihm sogar die Möglichkeit, bei seinem Kauf ein paar Euro durch den Vergleich verschiedener Anbieter zu sparen.

Die Einnahmen generieren diese Webseiten aus Klickgebühren: Will ein Shop im Preisvergleichsverzeichnis erscheinen, muss er sich dazu anmelden, seine Produktdaten samt Produktname, Beschreibung, Bild und zugehörigen Preisen übermitteln und zwischen 28 und 35 Cent pro Besucher (»Klickout«) zahlen, der über den Preisvergleich an den Shop des Kunden weitergeleitet wird. Bei einigen anderen Preisvergleichanbietern kann zudem auch auf CPO-Basis abgerechnet werden: Ähnlich wie beim Affiliate-Marketing erhält der Preisvergleich dann einen bestimmten Prozentsatz vom durch ihn vermittelten Bestellwert.

5.8   Paid Service mal anders ...

Zum Abschluss des Kapitels noch ein kleiner Denkanstoß mit dem Hinweis, dass Paid Services nicht immer den üblichen Weg von Verkäufer zu Kunde nehmen müssen. Man stelle sich hier beispielhaft eine Webseite zum Thema »Internetanbieter in Deutschland« vor, die es sich zur Aufgabe gemacht hat, über DSL- und Internetprovider zu berichten. Ein Teil dieser Seite könnte ein Servicebereich sein, in dem User aktuelle Störungen der Internetverbindung melden können. Die Störungen werden auf der Webseite angezeigt und sind öffentlich einsehbar, womit sich mögliche Interessenten ein besseres Bild über die Zuverlässigkeit der Dienste eines DSL-Anbieters machen können. Die Dienstleistung in diesem Fall könnte nun ausnahmsweise mal nicht darin bestehen, den Usern gegen Gebühr die Störungsmeldungen aufs Handy zu schicken (was dennoch grundsätzlich keine schlechte Idee wäre), sondern auch umgekehrt darin bestehen, den betroffenen Unternehmen die Möglichkeit zu bieten, diese bei einer Störung sofort zu benachrichtigen und mit der Anzeige der Meldung noch eine gewisse Zeit zu warten (gegen eine kleine Gebühr natürlich), damit diese das Problem beheben können. Ist nach dieser Zeitspanne das Problem behoben, wird die Meldung nicht mehr veröffentlicht, da sie hinfällig ist. Das Unternehmen hätte damit unangenehmer PR vorgebeugt und gleichzeitig etwas für den Service getan.

Auch wenn diese Form der Dienstleistung zu einem gewissen Teil einer Erpressung ähnelt und deshalb hier nur als Beispiel dienen soll, zeigt es sehr schön, wie man mit einfachen Mitteln Geld im Internet verdienen kann – sogar ohne eigenes Zutun …

Produktverkauf

Erzählt man einem Freund oder Bekannten sein Arbeitsleben und erwähnt dabei einen Satz wie »Ich verdiene mein Geld im Internet!«, kommt bei vielen Gesprächspartnern zunächst Skepsis auf und eine Gegenfrage wie »Was verkaufst du denn?«. Und dies völlig zu Recht, denn E-Commerce, also der Verkauf von Waren über das Internet, ist der Umsatzbringer Nummer eins im Web – weit vor Onlinewerbung. Um die Zahlen mal zu nennen:

Laut GfK WebScope betrug 2007 der Umsatz im E-Commerce in Deutschland rund 17,2 Milliarden Euro. Im Vergleich dazu lag der Umsatz für Onlinemarketing in 2007 laut OVK bei gerade mal 2,8 Milliarden Euro – also 15 % vom Umsatz durch E-Commerce.

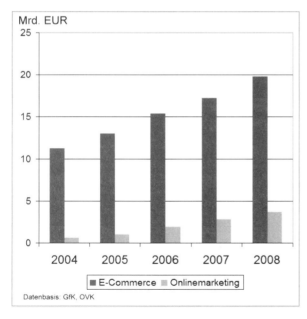

Bild 6.1: Entwicklung der Umsätze aus E-Commerce und Onlinemarketing in Mrd. Euro, 2008 als Prognose.

6.1 Warum Produkte verkaufen?

Riesige Umsätze im E-Commerce hin oder her, aber warum sollte man eigentlich überhaupt damit beginnen, etwas zu verkaufen? Schließlich kostet der Produktverkauf ungemeinen Aufwand für Beschaffung, Lagerung, Präsentation und Versand. Die Antwort ist einfach:

Je stärker man an einer Wertschöpfungskette beteiligt ist, umso größer sind die Umsatzchancen. Das erscheint auch recht logisch: Schließlich kann man auch nur dann etwas mit Onlinewerbung verdienen, wenn es da jemanden gibt, der ein Produkt verkauft, was beworben werden soll – ohne E-Commerce ergibt auch Onlinewerbung wenig Sinn. Damit jemand etwas verdienen kann, muss immer irgendein anderer ihn für etwas bezahlen, und das geht nun mal am einfachsten, wenn der Käufer dafür eine Ware bekommt.

6.2 Welche Produkte sind geeignet?

Bevor Sie nun losrennen und irgendwelche Produkte aus den Geschäften holen, um diese auf Ihrer Webseite anzubieten, sollten Sie wissen: Nicht jedes Produkt eignet sich fürs Internet.

Grundsätzlich eher schlecht geeignet für den Vertrieb übers Internet sind besonders teure Produkte, etwa hochwertiger Schmuck oder Accessoires. Ebenso wenig funktionieren Produkte, die besonders erklärungsbedürftig sind, dazu zählen etwa komplexe Finanz- und Versicherungsabläufe oder Produkte, bei denen die Anwesenheit des Käufers vor dem Kauf notwendig oder üblicherweise gewollt ist, etwa beim Kauf eines Autos oder einer Einbauküche. Das soll nicht heißen, dass diese Produkte nicht auch online verkauft werden; allerdings dominiert bei diesen derzeit noch – nicht ohne Grund – der stationäre Handel.

Im Gegensatz dazu gibt es klassische Onlineprodukte, die nahezu jeder kennt und viele bereits online gekauft haben oder es zumindest vorhatten. Hierzu zählen vor allem Bücher, CDs und DVDs, Konzerttickets oder auch Unterhaltungselektronik. Darüber hinaus gibt es mittlerweile auch kaum ein Produkt, das es nicht auch irgendwie und irgendwo online geben würde: Von Fitnessgeräten über Erlebnisgeschenke (Fallschirmspringen, Ferrari fahren usw.) bis hin zu Sexspielzeug und lebenden Insekten als Tierfutter für Geckos und andere Reptilien – es gibt fast alles im Internet.

Dabei kann es durchaus sein, dass ein Produkt, das heute noch als »eher nicht online zu verkaufen« gilt, schon bald durchaus onlinetauglich sein könnte. Am besten kann man eine solche Entwicklung am Beispiel von Amazon verfolgen:

Amazon wurde 1994 in Amerika gegründet und verkaufte anfangs ausschließlich Bücher. Später kamen CDs hinzu, dann DVDs, Elektronik- und Fotoartikel, Software und Spiele, schließlich Produkte für den Haus-, Garten- und Freizeitbedarf und seit

Kurzem auch Schuhe, Handtaschen und Drogerieartikel. In den USA, wo man üblicherweise einen Schritt weiter als in Deutschland ist, werden mittlerweile auch Süßigkeiten, Industriebauteile oder Autozubehör über die Webseite von amazon.com verkauft.

Bild 6.2: amazon.com verkauft mittlerweile fast alles, was sich irgendwie in ein Paket packen lässt.

Produktverkauf vs. Paid Content

Nun könnte man fragen: Warum sich den ganzen Stress mit Beschaffung, Lagerung und Versand antun und stattdessen nicht gleich einfach digitale Produkte in Form von Paid Content verkaufen? Natürlich spricht nichts dagegen, auf den Verkauf digitaler Produkte zu setzen – allein schon, weil die Vervielfältigung deutlich einfacher ausfällt (einmal hergestellt, kann ein digitales Produkt beliebig oft verkauft werden). Neben den offensichtlichen Defiziten – etwa, dass sich Herrenbekleidung schlecht per Download anbieten lässt – ist der Grund, warum der Umsatz im Bereich E-Commerce immer noch deutlich höher liegt als im Bereich Paid Content, derselbe, aus dem Sie dieses Buch gekauft haben und das Wissen nicht aus E-Books beziehen: Bücher kann man anfassen!

So banal es klingt, aber für viele Menschen ist schon die Möglichkeit, dass bei einem Computerabsturz ein gekauftes E-Book verschwindet, Grund genug, die gedruckte Version für einen deutlich höheren Preis zu kaufen. Hinzu kommen weitere Faktoren, wie etwa der Zugriff (für ein elektronisches Produkt muss der PC angeschaltet sein, während man ein Buch einfach in die Tasche stecken kann) oder der Komfort (mit einem Buch kann man sich eben mal in die Badewanne setzen und es dort lesen).

6.3   Das richtige Produkt finden

Bevor man ein eigenes virtuelles Geschäft eröffnet, sollte man sich Gedanken darüber machen, was man verkaufen will und ob es sinnvolle Produkte sind. Hierbei gibt es einige Eckpunkte, die genau bedacht werden sollten:

Bedarf

Der Bedarf an einem Produkt ist der oberste und wichtigste Grund, sich überhaupt für oder gegen den Verkauf eines Produkts zu entscheiden. Ihm sollten Sie besondere Aufmerksamkeit schenken. Bei der Auswahl sollten Sie sich daher u. a. folgende Fragen stellen, um abschätzen zu können, ob ein Bedarf besteht oder nicht:

- Welches Bedürfnis befriedigt das Produkt? Erleichtert es das Leben, oder wird es nur im Schrank liegen? Ist es nützlich oder nur schön anzusehen?

- Kann der Bedarf vielleicht auch durch ein anderes Produkt (vielleicht von der Konkurrenz) viel besser/einfacher/billiger gedeckt werden? Wenn ja, welche Vorteile hat mein Produkt im Vergleich zu dem anderen? Wenn nein, welche Vorteile bietet mein Produkt im Allgemeinen?

- Wer benötigt das Produkt? Ist die Zielgruppe groß genug?

Darüber hinaus sollten Sie sich überlegen, wie oft es gebraucht wird, also in welchen Abständen ein Käufer sich ein gleiches oder ähnliches Produkt ggf. erneut kauft. Hier besonders von Interesse sind Verbrauchsgüter, also Waren, die regelmäßig nachgekauft werden. Beispiele sind etwa Lebensmittel, Kosmetika oder Druckerpatronen. Bei diesen Artikeln liegt der Vorteil darin, dass Verbraucher eher selten Produkte wechseln, die sie für gut empfunden haben, und damit häufiger bei Ihnen kaufen und nicht zur Konkurrenz abwandern.

Eine zweite interessante Gruppe sind Artikel, bei denen der Bedarf im Sammeln ebendieser Produkte besteht (etwa Klassiker wie Briefmarken, Zinnsoldaten oder Porzellanfigürchen). Auch hier besteht für den Käufer ebenso wie bei Verbrauchsgütern ein gehobenes Interesse daran, weitere Objekte zu erwerben – was er hoffentlich bei Ihnen im Shop tun wird.

Anschaffungskosten

Die Kosten sind gerade bei neu eröffneten Shops ein wichtiger Faktor, schließlich muss ausreichend Ware vorrätig sein, um sie dem Kunden bei Bestellung schnell liefern zu können. Viele Vorräte bedeuten aber eine größere Investition, insbesondere wenn es sich um sehr teure Produkte handelt. Gerade wer mit einem kleinen Budget einen Shop eröffnen will, sollte seine Wahl daher eher auf günstige Produktpaletten lenken.

Lagerung

Ebenfalls wichtig: Die Ware muss lagerfähig sein. Je breiter die Produktpalette ist, umso mehr einzelne Artikel müssen Sie vorrätig haben, um bei einer Bestellung schnell reagieren zu können. Dazu brauchen Sie Platz. Günstig sind daher Produkte, die möglichst klein sind. In der Anfangsphase könnte es noch ausreichen, das ungenutzte Gästeschlafzimmer oder die Besenkammer in ein Lager zu verwandeln, anstatt in ein echtes Lager zu investieren.

Das Thema Lagerung ist mit dem Platzaufwand natürlich nicht beendet. Darüber hinaus gibt es Anforderungen, die nicht immer problemlos zu erfüllen sind. Bei den meisten Produkten dürfte sich der Aufwand zwar in Grenzen halten, sieht man mal vom Staubwischen ab. Verkaufen Sie aber z. B. Lebensmittel, müssen diese unter Umständen gekühlt werden, um haltbar zu bleiben, und verursachen damit zusätzliche (Strom-) Kosten. Ein ähnliches Beispiel ist der Verkauf von Pflanzen – sie wollen regelmäßig gegossen werden –, bestimmten Materialien oder frei verkäuflichen Chemikalien, die oft besonders kühl, dunkel oder trocken gehalten werden müssen.

Verfügbarkeiten & Beschaffung

In dem zuvor genannten Punkt Lagerung spielt auch die Verfügbarkeit bzw. die Beschaffung mit hinein: Habe ich ein Produkt, das ich von meinem Lieferanten von heute auf morgen geliefert bekomme, um es sofort an meinen Kunden weiterzusenden, spart dies unnötige Lagerung und Vorratshaltung und hält das Budget klein. Gleichzeitig sollten Sie darauf achten, dass das Produkt auch weiterhin verfügbar bleibt – schließlich möchten Sie es auch noch in einem Jahr Ihren Kunden verkaufen können.

Preis & Marge

Zu den wichtigsten Punkten zählen der Preis und die Gewinnmarge, die sich daraus ergibt (also das, was von den Einnahmen abzüglich der Kosten übrig bleibt). Je nach Produktbereich kann die Marge nur 2 % oder auch ganze 90 % betragen, wobei insbesondere in umkämpfteren Märkten, wie etwa der Unterhaltungselektronik, die Margen oft deutlich geringer sind als in weniger umkämpften Märkten oder solchen mit Preisbindung (etwa Bücher).

Darüber hinaus sollte der mögliche Verkaufspreis immer noch so gewählt sein, dass ausreichend Spielraum für Rabatte und Sonderaktionen möglich ist – oder einfach nur, um günstiger zu sein als die Konkurrenz, wobei Letzteres auch zweitrangig sein kann (siehe Abschnitt »Konkurrenzsituation«).

Variation & Produktpalette

Grundsätzlich ist es empfehlenswert, auf eine möglichst breite Produktpalette zu setzen, also etwa zu einem »Thema« möglichst viele Artikel anzubieten. Der Hintergrund liegt hierbei in der höheren Risikoabsicherung: Verkauft sich ein Produkt deutlich schlechter als die anderen, kann es leicht aus dem Sortiment genommen und durch ein besseres ersetzt werden – besteht das Sortiment allerdings nur aus einem Produkt oder sehr wenigen Artikeln, fällt der Austausch schon schwerer.

Konkurrenzsituation

Wie bei allen Geschäften sollte natürlich auch die Konkurrenzsituation sehr genau bedacht werden, wenn diese auch oft viel zu hoch bewertet wird. Denn letztlich ist es im Internet auch nicht anders als auf dem Wochenmarkt in der Altstadt: Der Händler, der am lautesten schreit, verkauft – oft – am meisten. Auf das Internet übertragen bedeutet das nichts anderes, als dass vor allem die Werbung für den Erfolg oder Misserfolg von Verkäufen verantwortlich ist. Aus eigener Erfahrung kann ich sagen, dass es teilweise nicht mal wichtig ist, wer den niedrigeren Preis hat, sondern lediglich, wer das größte Werbebudget aufweisen kann. Wie ließe es sich sonst erklären, dass es in Deutschland über 40 Mobilfunkfirmen mit zum Teil sehr unterschiedlichen Preisen gibt, die aber alle mehr oder minder das gleiche Produkt verkaufen, und dennoch alle Mobilfunkanbieter weiterhin erfolgreich Kunden finden?

Bild 6.3: call-magazin.de listet auf seiner Webseite derzeit 43 Mobilfunkanbieter auf, ebenso wie 86 Telefonanbieter und 14 DSL-Anbieter.

Wer aber nicht gerade auf große Marketingbudgets zugreifen kann, für den ist eine gute Beobachtung und Beurteilung der Konkurrenz unerlässlich. Beantworten Sie sich hier unbedingt die Frage: Was biete ich, was die anderen nicht haben? Denn nur mit einem klaren Vorteil (besserer Preis, höhere Qualität, Erster am Markt, gute Vermarktungsstrategie, …) können Sie auf Dauer gegen die Konkurrenz bestehen! Einfach nur ein weiterer Shop, der die gleichen Produkte bietet, die es woanders auch schon gibt, wird weniger Erfolg haben als ein durchdachter Shop mit innovativen Produkten und günstigen Preisen.

Aktualität

Je nach Branche kann die Aktualität eines Produkts eine größere oder kleinere Rolle spielen. Für einen Zeitungsverkäufer kommt es z. B. ausschließlich auf Aktualität an: Hat er nur die Zeitung von gestern zu bieten, wird er nichts verkaufen. Dahingegen kann einem Antiquitätenhändler die Ware nicht inaktuell genug sein – bei ihm macht gerade das Alter den Reiz des Produkts aus. Irgendwo dazwischen bewegen sich dann alle anderen Branchen. Warum ist die Aktualität so wichtig? Ganz einfach: Jedes Produkt, das Sie am Lager haben, verliert täglich an Wert – wie viel das ist, hängt vom Produkt ab. Ein Problem bekommen Sie immer dann, wenn es zu alt geworden ist – im schlimmsten Fall müssten Sie es dann unter dem Einkaufspreis verkaufen, um überhaupt noch etwas dafür zu bekommen. Dementsprechend ist es sinnvoll, gerade zu Anfang auf Produkte zu setzen, die eine vergleichsweise lange Lebensdauer haben – also die Sie ggf. auch noch in einem Jahr aus dem Lager holen und zum heutigen Preis verkaufen könnten. Beispiele für solche Produkte wären etwa Stifte, Handtücher das Leuchten – sofern sie nicht gerade auf ein bestimmtes Design festgelegt sind, welches nächstes Jahr vielleicht nicht mehr in Mode ist.

Einen Sonderfall bilden Lebensmittel und Getränke – also Produkte mit vom Hersteller fest definiertem Verfallsdatum. In diesen Bereichen ist die Aktualität ein besonders heikles Thema, da die Ware, je mehr das Haltbarkeitsdatum abläuft, rapide an Wert verliert und dann bei null landet. Sofern Sie mit Lebensmitteln handeln wollen, ist es für den Anfang daher ratsam, sich auf solche zu konzentrieren, die sehr lange haltbar sind – etwa Bonbons, Konserven oder getrocknete Früchte.

Versand

Natürlich spielt auch der Versand eine wichtige Rolle. Hier sollten Sie Produkte auswählen, die besonders leicht zu versenden sind und von denen optimalerweise gleich mehrere in einen Karton passen. Hinzu kommt, dass Kunden es nicht sehr gern haben, wenn sie ein Produkt billig kaufen und während des Kaufprozesses mit hohen Versandkosten konfrontiert werden. Daher sind Produkte zu bevorzugen, die kostengünstig verschickt werden können, d. h. möglichst nicht sperrig oder besonders schwer sind. Fahrräder lassen sich z. B. relativ schwierig versenden – wenngleich dies z. B. bei fahrrad.de sehr erfolgreich praktiziert wird.

Bild 6.4: fahrrad.de löst das Problem des Versands von sperrigen Produkten durch clevere Verpackungstechnik.

Rückgaberecht & Fehlerhäufigkeit

Ein Punkt, der oft nicht bedacht wird, ist das Rückgaberecht und die Fehleranfälligkeit von einzelnen Produkten. Da in Deutschland ein Widerrufs- bzw. Rückgaberecht für die meisten via Internet bestellten Waren gilt, sollte darauf geachtet werden, Produkte mit möglichst niedriger Rückgabequote auszuwählen. Weil sich genaue Werte kaum im Vorfeld ermitteln lassen, kann hier nur geschätzt werden, ob ein bestimmtes Produkt eventuell öfter oder weniger oft zurückgegeben wird als ein anderes. So ist z. B. anzunehmen, dass Artikel mit höherem Erklärungsbedarf häufiger die Rückreise antreten als diejenigen, die einfacher zu beschreiben sind, da hierbei aufseiten des Käufers weniger Missverständnisse bei der Beurteilung entstehen können. Darüber hinaus werden Artikel, bei denen das Preis-Leistungs-Verhältnis stimmt, möglicherweise seltener zurückgegeben als Produkte, von denen der Käufer sich eventuell mehr versprochen hat.

Als Zweites kommt die Fehleranfälligkeit hinzu. Defekte Artikel sind lästig, missfallen dem Kunden und verursachen viel Arbeit durch Rücknahme, Reparatur und Rücksendungen an den Kunden. Zudem gilt in den meisten Fällen ein zweijähriges Gewährleistungsrecht, in dem der Verkäufer bei mangelhafter Ware ggf. für Ausbesserung, Reparatur oder Rücknahme aufkommen muss. Insbesondere bei neuen oder hochentwickelten Produkten mit hohem Technikanteil ist die Möglichkeit, dass etwas irgendwann nicht mehr richtig funktioniert, häufiger gegeben als bei einfachen Produkten oder solchen, die schon sehr lange am Markt und daher weitgehend von allen Kinderkrankheiten befreit sind. Hinzu kommt die Verarbeitung: Auch wenn es vielleicht wie ein Klischee klingt, aber der Satz »Made in Germany« steht nicht ohne Grund für einen hohen Qualitätsanspruch. Sollten Sie also die Wahl zwischen zwei ähnlichen Produkten haben, sollten Sie die Qualität nicht außer Acht lassen.

6.4   Herstellung und Beschaffung von Produkten

Der Shop ist geplant, die Produktpalette ausgewählt, aber wo kommen jetzt die Waren her?

Herstellung von Produkten

Zum einen können einfache Waren natürlich selbst hergestellt werden. Was jetzt nach Omas selbst gestrickten Pullovern klingt, ist in der Tat so gemeint: Mit ausreichend Wissen um die Herstellung, gutem Material und genügend Übung lässt sich erstaunlich viel auch selbst herstellen. Darüber hinaus boomt zurzeit die Öko-Kultur – Handarbeit ist wieder en vogue, insbesondere wenn sie sich natürlicher Materialien oder umweltverträglicher Werkstoffe bedient. Waren, für die klassischerweise eine eigene Herstellung infrage käme, wären etwa selbst gemalte Bilder auf Leinwand, selbst gebackenes Brot, getrocknetes Obst und Gemüse aus eigenem Anbau, Schmuck oder Schnitzereien. Außerdem lassen sich Dinge wie Essig, natürliche Cremes oder eben die vorgenannten Strickwaren selbst herstellen. Darüber hinaus lassen sich auch eine ganze Reihe von Waren mit ein wenig externer Hilfe ebenfalls selbst erzeugen: Bücher und Broschüren bei einem Verlag, gestaltete T-Shirts in der Druckerei oder Töpferwaren und Keramiken in der Töpferei (sofern man nicht gerade einen Brennofen zu Hause hat).

Kauf von Produkten

Als zweiter und für die allermeisten Produkte geeigneter Weg bleibt schließlich noch die Beschaffung der Produkte durch den Einkauf beim Hersteller, Großhändler oder anderen Verkäufern.

Mögliche Wege, um an einen Hersteller oder (Groß-)Händler zu gelangen, gibt es viele:

- direkter Kontakt
- Messen und Veranstaltungen
- Branchenbücher
- Verbände und Handelskammern
- Internet

Je nachdem, wie gut die Gemeinde oder die Region organisiert ist, bekommt man auch bei Rathäusern, Gewerbe- oder Gemeindeämtern Auskunft über Unternehmen, die für den Bezug von Produkten infrage kommen, sowie deren Kontaktdaten. Bei allem sollte allerdings bedacht werden, dass gerade Großhändler sich meist ungern mit kleinen Mengen beschäftigen. Sie sollten sich also neben Produktinformationen und Preisen auch nach Mindestabnahmemengen erkundigen.

Grundsätzlich ist es sinnvoll, ein Produkt auf direktem Wege vom Produzenten zu ordern, da so Kosten für Zwischenhändler entfallen. Nicht immer muss das aber der günstigste Weg sein: Teilweise erhalten Großhändler deutlich günstigere Preise vom Hersteller, als man selbst bekommen würde. So lässt sich ggf. beim Großhändler – selbst mit geringem Preisaufschlag – manchmal günstiger einkaufen als direkt beim Hersteller. Es lohnt sich also, viele Angebote einzuholen.

Produktkooperationen

Der dritte Weg, an Produkte zu gelangen, führt über Kooperationen. Hierbei gibt es vor allem zwei Arten.

Die erste Art ist die Kooperation direkt mit dem Hersteller. Dies ist besonders für Hersteller interessant, die einen eher regionalen Bezug haben und nicht im Internet tätig sind. So könnte hier etwa mit dem Tischler oder Gärtner von nebenan eine Vereinbarung geschlossen werden, nach der dieser weiterhin sein (Offline-)Geschäft normal betreibt, Ihnen aber exklusiv die Onlinevermarktung seiner Produkte gestattet. Dies bringt dem Geschäft zusätzliche Einnahmen durch den bisher noch ungenutzten Kanal Internet und ermöglicht Ihnen gleichzeitig, einen Onlineshop aufzubauen, ohne dazu eigene Waren erwerben oder ein Lager betreiben zu müssen (bei Bestellungen holen Sie die Waren einfach vom Kooperationspartner ab). Darüber hinaus können Sie mit weiteren ähnlichen Unternehmen der Region kooperieren und so leicht eine breite Angebotspalette bieten.

Die zweite Art von Kooperationen ist das weitverbreitete Franchising-System, das offline z. B. bei der Fast-Food-Kette McDonalds, bei der Bäckerei Kamps oder dem Baumarkt OBI zum Einsatz kommt. In der Offlinewelt erhält man hierbei von einem Franchise-Geber die Erlaubnis, in einer bestimmten Region dessen Produkte zu verkaufen – in der Onlinewelt wird dies meist dadurch umgesetzt, indem man eine eigene Marke erfindet (also die gleichen Produkte unter anderem Namen verkauft).

Bild 6.5: Die Webseite franchiseportal.de bietet eine virtuelle Messe zum Thema Franchise mit aktuell über 250 »Ausstellern«.

Die Vorteile von Franchising liegen insbesondere in der Erfahrung mit dem bereits bekannten Produkt: Es gibt erprobte Warenmuster, Marketingstrategien und Geschäftsabläufe, die Sie übernehmen. Dem Franchise-Nehmer (Ihnen) wird dabei außerdem oft ein wesentlicher Teil der Vorarbeit abgenommen, und Sie bekommen alle wichtigen Informationen und Daten zur Verfügung gestellt. Gleichzeitig ergeben sich daraus allerdings auch einige Nachteile, etwa die oft vergleichsweise harten Verträge und Vorschriften, an die es sich zu halten gilt, sowie monatliche Konzessionen oder Umsatzbeteiligungen des Franchise-Gebers an Ihren Umsätzen.

Wie bei allen Geschäften tummeln sich auch beim Franchising einige Betrüger. Bevor Sie Verträge abschließen, die oftmals Verpflichtungen über Jahre beinhalten, sollten Sie daher die Seriosität des Anbieters genau prüfen, damit Sie wissen, womit Sie es zukünftig zu tun haben werden.

6.5 Lagerung und Versand

Die Lagerung von Waren und Produkten wird vor allem in der Anfangsphase der Gründung eines Shops oft zu sehr vernachlässigt. Insbesondere bei größeren oder sperrigen Artikeln ist es nicht immer möglich, diese zu Hause noch in einer kleinen Abstellkammer unterzubringen. In Bezug auf die Lagerung sind daher einige Dinge zu bedenken.

Größe

Das Lager muss natürlich ausreichend groß sein, um alle Waren unterzubringen und auch für zukünftige Geschäftsentwicklungen gewappnet zu sein, wenn mal mehr Bestellungen kommen und entsprechend mehr Waren vorgehalten werden müssen. Es sollte allerdings nicht von vornherein eine riesige Halle gemietet werden in der Hoffnung, dass eventuell in der Zukunft mal mehr Dinge gelagert werden müssen. Hier spielen insbesondere die Lagerkosten die entscheidende Rolle: Jeder Quadratmeter Fläche kostet Geld – da ist es natürlich sinnvoll, nur so viel Fläche anzumieten, wie zunächst gebraucht wird. Empfehlenswert sind in diesem Zusammenhang besonders Lagermöglichkeiten, die sich ggf. bei Bedarf schnell erweitern lassen, sodass man zu Anfang nur eine kleine Fläche besetzt, aber später z. B. weitere Räume oder Hallen mieten kann.

Lagerhaltung

Ist die Artikelauswahl anfangs noch überschaubar, mag der Punkt Lagerhaltung erst mal nicht ins Gewicht fallen. Aber wenn es später mehr Produkte werden und die vor-zuhaltenden Stückzahlen steigen, wird es zunehmend wichtiger, eine effiziente Lager-haltung zu haben. Wichtig in diesem Zusammenhang ist zum einen der Überblick über die Produkte sowie deren Auffindbarkeit – nur wer weiß, wie viel Stück eines Artikels er noch am Lager hat und wo er diesen findet, kann seine Kunden bestmöglich bedienen.

Zum anderen ist es wichtig, die Lagerhaltung so aufzubauen, dass immer ausreichend viele Artikel vorhanden sind, aber gleichzeitig nicht übermäßig viel eingelagert werden muss. Hierbei spielt es eine Rolle, welche Menge eines Artikels im Schnitt pro Tag bestellt werden und wie lange es dauert, den Bestand wieder aufzufüllen (also wie lange die Lieferzeiten des Herstellers oder Großhändlers für ein Produkt sind). Gute Warenwirtschaftssysteme führen hierzu teils selbstständig Berechnungen durch und informieren darüber, wann und wie viel nachbestellt werden muss, damit immer ausreichende Stückzahlen vorhanden sind. Wer nicht auf eine solche Software zurückgreifen kann, kann den Zeitpunkt jedoch recht einfach für sich selbst abschätzen:

$$\text{Meldebestand} = (\text{Tagesbedarf} * \text{Beschaffungszeit}) + \text{Mindestbestand}$$

In Worten ausgedrückt bedeutet dies: Um zu ermitteln, ab welcher Stückzahl neue Artikel nachbestellt werden sollten (Meldebestand), multiplizieren Sie die Anzahl der durchschnittlich pro Tag verkauften Artikel eines Produkts mit der Anzahl der Tage, die der Händler durchschnittlich für die Lieferung benötigt. Anschließend addieren Sie die Mindestanzahl hinzu, also die Zahl an Artikeln, die immer mindestens im Lager vorrätig sein sollten (diese Zahl sollte gewählt werden, um z. B. bei Lieferschwierigkeiten des Herstellers oder sonstigen besonderen Umständen einen kleinen Puffer zu haben). Werden z. B. durchschnittlich 3 Stück pro Tag bestellt und der Hersteller benötigt in der Regel 14 Tage zur Lieferung, sollten Sie bei mindestens 42 bis 50 Artikeln (je nach Größe des Mindestbestands) nachbestellen, da davon auszugehen ist, dass diese Artikel aufgebraucht sind, bis die nächste Lieferung bei Ihnen eintrifft.

Versand

Sofern man nicht gerade mit großem Marketingaufwand loslegt, ist bei vielleicht ein oder zwei Bestellungen am Tag der Versand noch gut allein zu bewerkstelligen. Wird der Shop jedoch größer und die Pakete pro Tag werden mehr, wird es langsam Zeit für professionellere Lösungen. Die gängigen Paketdienstleister wie Deutsche Post, DPD, GLS, UPS, FedEx oder Hermes bieten hierzu quasi alle einen Abholservice an, der einmal täglich die angefallenen Pakete bei Ihnen abholt und verschickt. Darüber hinaus sind derartige Firmenlösungen in der Regel aufgrund der größeren Paketmenge häufig günstiger als der »manuelle« Weg zur Post.

6.6 Der Shop

Nach all den vorangegangenen Informationen rund um Produktauswahl, Herstellung, Lagerung und Versand spielt letztlich natürlich ein Thema die Hauptrolle: Ihr Onlineshop. Doch was zeichnet eigentlich einen guten Shop aus? Hier eine kleine Auswahl dazu, was Sie bei der Shopwahl und späteren Gestaltung bedenken sollten:

Design

Bei der Auswahl der geeigneten Shopsoftware sollten Sie als einen der wichtigen Punkte auf das Design des Shops achtgeben. Ebenso wie in einem wirklichen Laden sollen sich die Besucher bei Ihnen sofort wohlfühlen und als willkommen erachten – Sie würden schließlich auch im realen Leben nicht in einem Laden einkaufen wollen, der schmutzig und unaufgeräumt ist.

In diesem Zusammenhang wichtig ist vor allem das Gesamtdesign des Shops bzw. die Anpassbarkeit der Gestaltung an Ihre individuellen Vorstellungen. Was das angeht, gibt es leider allzu viele Softwarelösungen, die den Shopbetreiber in ein mehr oder weniger enges Designkorsett zwängen, an dem, abgesehen von ein paar Farben und dem Logo, nicht viel geändert werden kann. Gute Shoplösungen sollten es jedoch ermöglichen, das Design nahezu komplett individuell zu gestalten – auch oder gerade um sich von der breiten Masse der Onlineshops abzuheben.

Produktpräsentation

Ebenfalls zum Punkt Design gehörend, aber eigentlich so wichtig, dass sie hier besondere Erwähnung finden sollte, ist die Produktpräsentation des Shops. Hier sollten Sie dem Kunden in jedem Fall zu jedem Produkt mindestens ein Foto präsentieren – bei komplexeren Produkten am besten gleich mehrere. Neben den Fotos zählt natürlich eine treffende Produktbezeichnung. Sollte Ihr Shop nur eine Sorte an Produkten enthalten (z. B. nur Rasierer, nur Fotoapparate, nur Teller usw.), ist es sinnvoll, diese, abgesehen vom offensichtlichen Namen, schon im Produktnamen näher zu bezeichnen (»Braun Rasierer E650 für Männer«, »Canon Digital Fotokamera XYZ360«, »Mittagsteller ‚Sonnenschein' aus Meißner Porzellan«). Und natürlich das Wichtigste: Beschreiben Sie jedes Produkt ausführlich! Ausführlich bedeutet, selbst zu einfachsten Artikeln wie einer Tafel Schokolade fünf bis zehn sinnvolle Sätze zu schreiben. Noch praktischer: Stellen Sie zusätzlich zu einem Beschreibungstext dem Kunden weitere Informationen z. B. in Form einer Übersichtstabelle zur Verfügung oder beantworten Sie die wichtigsten Fragen kurz und knapp in einer Stichpunktliste für den Kunden:

- Was für ein Produkt ist das?

- Für wen ist das Produkt geeignet?

- Was mache ich damit? Was kann es?

- Wie sieht es aus? Wie groß ist es?

- Aus was für Materialien besteht es?

- Wie ist es zu bedienen?

- Was sind die Vorteile gegenüber anderen ähnlichen Produkten?

- Gibt es das Produkt vielleicht noch in anderen Varianten? Gibt es Zusatzprodukte, oder benötige ich weitergehende Produkte, um dieses zu verwenden?

- Wie kann ich das Produkt ggf. in Kombination mit anderen Dingen einsetzen? Brauche ich Vorkenntnisse, um es verwenden zu können?

- Ist das Produkt TÜV-geprüft oder hat es andere wichtige Sicherheits- oder Umweltmerkmale?

Wichtig dabei: Seien Sie aufrichtig. Kein Kunde möchte Lobeshymnen auf ein Produkt lesen und anschließend eine Enttäuschung erleben. Hat das Produkt geringe Defizite, die aber vielleicht durch andere wichtige Dinge wieder kompensiert werden? Nennen Sie sie! Die Kunden werden es Ihnen danken, vorher darüber informiert worden zu sein.

Suche

Ebenfalls wichtig für einen guten Shop ist der Komfort, durch den sich der Besucher zurechtfinden kann. Dazu gehört in erster Linie eine gute Suchfunktion. Gut heißt hierbei vor allem eines: einfach zu bedienen und möglichst clever. Wird nach einem Wort gesucht, sollte in der Ergebnisliste das gesuchte Produkt an erster Position stehen. Sucht man nach mehreren Wörtern sollte die Suche so intelligent gestaltet sein, dass sie auch nur Produkte zeigt, für die alle Wörter explizit zutreffen und nicht alle Artikel auflistet, in denen eines der Wörter vorkommt. Darüber hinaus sollte die Suche unterscheiden können, ob ein Wort im Produktnamen auftaucht oder im Beschreibungstext: Die Eingabe »Braun 650« bei einem Rasierershop sollte also in erster Linie Produkte der Firma Braun ausspucken und erst auf den hinteren Trefferplätzen die Farbe Braun berücksichtigen.

Warenkorb

Eigentlich sollte man denken, bei einem Warenkorb könne man nicht viel falsch machen. Falsch gedacht! Immer wieder stolpert man über Shops, aus denen man einfach nicht schlau wird. Dabei wäre es doch so einfach, die gröbsten Fehler zu vermeiden. Hier deshalb die inoffizielle Top Ten der schlimmsten Warenkorbfehler:

- Warenkorb nicht auffindbar:
  Sorgen Sie dafür, dass ein Kunde von jeder Seite des Shops aus zum Warenkorb gelangen kann! Eingebürgert hat sich hierzu ein Warenkorbsymbol in der oberen rechten Ecke der Webseite.

- Einproduktwarenkorb:
  In diesem Sinne nicht existierender Warenkorb: Shops, bei denen maximal ein Produkt in einem Vorgang bestellt werden kann. Möchte man ein weiteres Produkt bestellen, muss der gesamte Bestellvorgang mit dem nächsten Produkt nochmals komplett durchschritten werden. So etwas sollten man seinen Kunden nicht zumuten: Ein Warenkorb sollte also wirklich ein Korb sein und nicht nur eine kleine Tüte.

- Der »vergessliche« Warenkorb:
  Sie haben gerade die drei lange gesuchten Produkte in den Warenkorb getan, bekommen einen Anruf, telefonieren eine halbe Stunde, und als Sie weiter shoppen wollen, begrüßt Sie ein leerer Warenkorb oder, schlimmer noch, eine kryptische Fehlermeldung über abgelaufene Benutzersitzungen oder dergleichen? Sofern Sie das an Ihren Shop erinnert: Unbedingt beseitigen!

- Hoher Mindestbestellwert:
  Der Mindestbestellwert ist für den Shopbetreiber ein gutes Mittel, um die Einnahmen indirekt zu steigern und gleichzeitig den Kostenaufwand per verschicktem Paket zu minimieren – schließlich ist es effizienter, ein 100-Euro-Paket zu schnüren als ein 5-Euro-Paket, wenn in beiden Fällen der gleiche Zeitaufwand damit verbunden ist. Jedoch: Der Mindestbestellwert muss dem Produktsortiment angemessen sein. Wenn Ihr Shop vor allem niedrigpreisige Produkte verkauft, sollte der Mindestbestellwert nicht über 20 Euro hinausgehen – verkaufen Sie eher teurere Produkte, können es auch mal 40 oder 50 Euro Mindestbestellwert sein, aber auch nicht mehr.

- Anzahl nicht veränderbar:
  Leider ebenfalls oft zu sehen: Warenkörbe, bei denen man die Stückzahl des Produkts nicht einstellen kann oder Produkte sich nicht entfernen lassen.

- Verfügbarkeit nicht angezeigt:
  Das Produkt ist nicht so schnell lieferbar wie die anderen? Sagen Sie es dem Kunden. Der Kunde sollte noch vor der Bestellauslösung im Warenkorb erkennen können, wann die Ware in etwa bei ihm eintrifft. Falls eine Lieferverzögerung eintritt, sollte eine Alternative angeboten werden.

- Kein Gesamtpreis angegeben:
  Kaum etwas hält Kunden mehr davon ab, eine Bestellung abzuschließen, als in letzter Sekunde auftauchende Kosten für Verpackung, Versand oder Mehrwertsteuer präsentiert zu bekommen. Zeigen Sie dem Kunden deshalb bereits im Warenkorb den kompletten Gesamtpreis inklusive aller weiteren Kosten an.

Nutzerkonto vorausgesetzt:
Sie haben gerade Langeweile und möchten mal schnell einen neuen Dosenöffner bestellen. Und jetzt verlangt der Shop von Ihnen, ein Benutzerkonto anzulegen, das an die Beantwortung von unzähligen Fragen gebunden ist, die dem Shop helfen sollen, einen späteren Einkauf zu erleichtern? Nur wenige Kunden finden so etwas praktisch. Wichtig ist, dass der Kunde möglichst schnell und einfach das bekommt, was er möchte – die wenigsten Kunden haben daran Interesse, erst noch ein Konto anzulegen – insbesondere dann, wenn der nähere Nutzen nicht wirklich schlüssig wird (»Wieso brauche ich ein Benutzerkonto – ich bestelle hier doch nur einmal im Leben einen Dosenöffner!?«). Kundenbindung in Form von Benutzerkonten ist zwar gut und wichtig, übertreiben Sie es aber nicht und ermöglichen Sie den Kunden, auch ohne Benutzerkonto etwas zu bestellen.

Langsamer Warenkorb:
Natürlich ist es für jeden Shopbetreiber ein gutes Zeichen, wenn der Warenkorb extrem langsam lädt, weil gerade Tausende Käufer auf den Shop zugreifen – wunderbar, das Geschäft floriert. Für die Kunden jedoch eher misslich: Ein Warenkorb, der zu lange zum Anzeigen benötigt oder gar Fehlermeldungen produziert, hat kaum etwas mit Kaufvergnügen zu tun und wird den einen oder anderen Besucher vom Kauf abhalten. In solchen Fällen also: Unbedingt das System aufrüsten und den Shop fit machen für den Besucheransturm!

Unzureichende Bezahlmöglichkeiten:
Alle Produkte gefunden, Warenkorb hat funktioniert, Bestellvorgang wird eingeleitet und dann das: Als Bezahlmethode wird einzig und allein die Bezahlung per Kreditkarte angeboten, die Deutschland aber nur etwa jeder Dritte besitzt. Wie bezahlen also die anderen zwei Drittel der Kunden? Bieten Sie also unbedingt ausreichend Zahlungsmethoden an.

 Eine Übersicht über die wichtigsten Zahlungsmethoden und deren Präferenzen beim Kunden haben wir für Sie in einem späteren Kapitel gesondert bereitgestellt.

Warensysteme

Weniger für den Besucher, dafür umso wichtiger für Sie als Shopbetreiber ist ein gutes Warensystem im Shop. Gängige Shoplösungen zeigen Ihnen an, wie viele Produkte noch verfügbar sind, welche Produkte häufig bestellt werden und bei welchen es sich um Ladenhüter handelt.

6.7 Praxistest – die wichtigsten Shopsysteme im Schnelltest

Um Ihnen bei der Auswahl der richtigen Shoplösung ein wenig unter die Arme zu greifen, haben wir uns einige der wichtigsten Systeme genauer angesehen. Die im Folgenden gezeigten Shopsysteme sind grundsätzlich alle empfehlenswert, wenn auch nicht für jeden Webseitenbetreiber gleichermaßen gut geeignet. Ein eigenes Urteil ist also jedem dennoch anzuraten.

Open Source oder kostenpflichtig?

Bevor Sie sich für einen Shop entscheiden, sollten Sie überlegen, ob Sie ein Open-Source-System verwenden möchten oder lieber zu einer kostenpflichtigen Lösung eines der diversen Anbieter greifen. Grundsätzlich kann hier weder zum einen noch zum anderen geraten oder davon abgeraten werden – es hängt eben immer vom Einzelfall ab. Da beide Ansätze sowohl Vor- als auch Nachteile aufweisen, sollten Sie am besten selbst abwägen, was in Ihrem Fall Priorität hat und ob vielleicht der eine oder andere Nachteil nicht so schwerwiegend ist.

Die Vorteile von Open Source:

- Kostenlos.
- Teilweise sehr weit entwickelte und ausgereifte Systeme.
- Arbeiten oft sehr gut mit anderen Open-Source-Systemen wie CMS, CRM, Warenwirtschaft usw. zusammen.
- Oftmals tausendfach im Einsatz und daher sehr erprobt und praxisgerecht.
- Meist sind viele Add-ons, Plug-ins und andere Zusatzmodule erhältlich, mit denen sich das System an die eigenen Bedürfnisse anpassen lässt.

Die Nachteile von Open Source:

- In der Regel kein professioneller Support, Hilfe existiert meist nur in Form von Foren oder Chats auf freiwilliger Basis der anderen Nutzer.
- Es werden häufig gute bis sehr gute Programmierkenntnisse vorausgesetzt, um das System zum Laufen zu bringen bzw. anzupassen.
- Aufgrund des offenen Quellcodes ist es für Angreifer leichter, mögliche Schwachstellen zu finden.
- Einige Systeme befinden sich oft noch im Betastadium und haben teilweise noch erhebliche Fehler.

Insbesondere die meist nötigen Technik- und Programmiervorkenntnisse könnten für viele angehende Shopbetreiber eine ernst zu nehmende Hürde darstellen – es ist daher empfehlenswert, derartige Software einfach mal testweise auf dem PC zu installieren, um zu sehen, ob man mit den Feinheiten des Systems zurechtkommt.

Die Vorteile von kostenpflichtigen Shoplösungen:

- Oft sehr guter Support.

- Änderungen und Anpassung des Shops an das eigene Design und eigene Wünsche werden meist sehr zügig und professionell durchgeführt.

- Teilweise sehr ausgereifte Systeme vorhanden, die insbesondere für große Shops entsprechende Lösungen bereits parat haben.

- Oftmals sehr gute Vernetzung in andere Systeme, etwa Warenwirtschaft oder CRM.

- Kaum bis keine Programmierkenntnisse erforderlich.

- Hosting und Betrieb der Webserver bzw. der gesamten Infrastruktur wird teilweise vom Softwareanbieter mit übernommen.

Die Nachteile von kostenpflichtigen Shoplösungen:

- Teils sehr teure Lizenz- bzw. Betriebsgebühren und Kosten.

- Anpassungen, zusätzlicher Support, Mitarbeiterschulung usw. kosten häufig extra.

- Abhängigkeit von einem Anbieter – meist lassen sich z. B. Shopsysteme nur mit CRM- oder Warenwirtschaftssystemen des gleichen Anbieters kombinieren.

- Teilweise lange Vertragslaufzeit, die einen möglichen schnellen Wechsel zu einem anderen Anbieter von vornherein ausbremst.

Insbesondere der Punkt der Abhängigkeit von einem einzelnen Anbieter sowie ggf. spätere Folgekosten für Anpassungen oder Support sollten bei der Bewertung besonders berücksichtigt werden.

osCommerce (Open Source)

URL: *www.oscommerce.de*

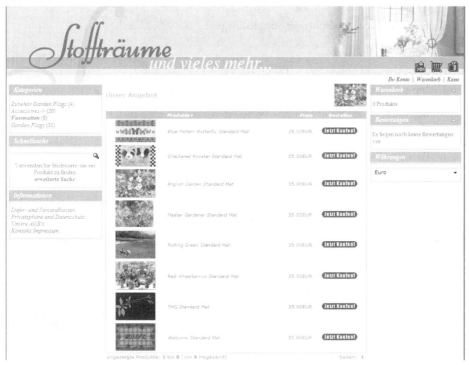

Bild 6.6: Beispielshop stofftraeume.de setzt osCommerce ein.

osCommerce ist wahrscheinlich das am weitesten verbreitete Open-Source-Shopsystem. Entsprechend seiner weiten Verbreitung ist das System optimal entwickelt und besitzt einen sehr großen Funktionsumfang. Das Design ist mithilfe von Templates vollständig anpassbar. Gleichzeitig ist das System aber auch so umfangreich, dass gerade Neulinge oft Probleme mit dem Einstieg haben und lange Einarbeitungszeiten benötigen. Einen Pferdefuß bildet die beiliegende Dokumentation, die gerade von Einsteigern als zu wenig ausführlich angesehen wird. Häufig hilft hier nur ein Fachbuch zum Thema wirklich weiter.

xt:Commerce (Open Source)

URL: *www.xt-commerce.com*

Bild 6.7: mindfactory.de setzt xt:Commerce ein.

Wem osCommerce zu kompliziert ist, der sollte sich xt:Commerce ansehen, das von vielen Benutzern als deutlich bedienerfreundlicher angesehen wird. Ähnlich wie osCommerce lassen sich auch hier nahezu alle Designelemente anpassen; der Funktionsumfang ist riesig. Dazu kommen zahlreiche Module, die hinzugefügt werden können. Darüber hinaus bietet der Entwickler der Software (xt:Commerce GmbH) selbst weitere (kostenpflichtige) Dienste wie etwa Premium-Support, Datenportierung oder das Shophosting an.

FWPshop (Open Source)

URL: *www.fwpshop.org*

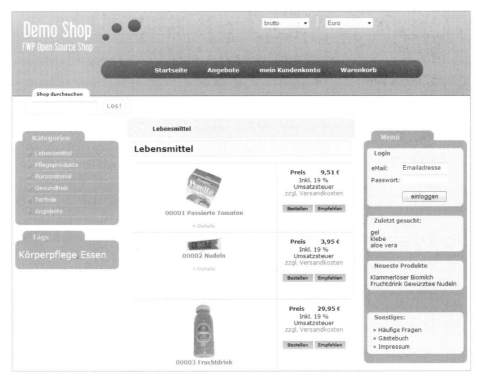

Bild 6.8: Eher schlicht: die Demo-Umsetzung von FWPshop.

Von den Open-Source-Varianten ebenfalls empfehlenswert, wenngleich auch nicht annähernd so umfangreich und weit verbreitet wie die zwei vorgenannten, ist FWPshop. Auch hierbei handelt es sich um eine Open-Source-Software, die aber von der FWP Systems GmbH weiterentwickelt wird und bei der man zusätzliche Leistungen, wie etwa Webdesign, Hosting, individuelle Programmierung oder Support bei Bedarf zukaufen kann.

Intershop (kostenpflichtig)

URL: *www.intershop.de*

Bild 6.9: Der Shop bei otto.de wird von Intershop umgesetzt.

Intershop zählt weltweit zu den führenden Anbietern von Shoplösungen. Entsprechend prominent gestaltet sich die Kundenliste: Von Baur, BMW, HP, Otto, Plus bis hin zu Quelle oder Tchibo – alle setzen sie auf Intershop. Entsprechend breit ist das Funktionsspektrum der Shoppingsoftware (Produktname »Enfinity Suite«), die im Normalfall quasi jeden Shop abbilden kann und zusätzlich auch Einkauf, CRM, ERP, Kundenverwaltung, Warenwirtschaft und alle möglichen anderen Softwarekomponenten nahtlos mit einbeziehen kann. Die Möglichkeiten sind so vielfältig, dass sie kaum mit denen der oben gezeigten Open-Source-Lösungen vergleichbar sind.

Dieser Funktionsumfang von Intershop kostet jedoch einiges, auch wenn man Preise auf der Intershop-Webseite vergeblich sucht – jeder Kunde wird individuell betreut, was entsprechende Kosten nach sich zieht. Gerade für den Neuling dürfte dies bereits Grund genug sein, nicht zu Intershop zu gehen, sondern zur günstigeren Pauschalkonkurrenz. Wer jedoch hoch hinaus will, ist hier an der richtigen Stelle.

1&1 Shop/Strato Shop (kostenpflichtig)

URL: *www.1und1.de/www.strato.de*

Bild 6.10: elchcomshop.de setzt die Shoplösung von Strato ein.

Die Firmen Strato und 1&1 sind in Deutschland die führenden Anbieter für Webhosting. Als solche bieten beide Firmen ihren Kunden neben Domains, Webspace und Webservern auch Onlineshops an. Diese sind vergleichsweise günstig (zwischen 9,90 und 69,99 Euro/Monat), bieten aber im Vergleich zu den oben genannten Open-Source-Lösungen einen deutlich eingeschränkteren Funktionsumfang und einen relativ kleinen Grad an Individualisierung. Gleichzeitig ist positiv anzumerken, dass der Shopbetreiber kaum über Fachwissen oder Programmierkenntnisse verfügen muss: Mietet man eines der Shoppakete, erhält man den Shop vorkonfiguriert und funktionsbereit auf einer eigenen Webdomain; Speicherplatz ist also im Paket inbegriffen und muss nicht hinzugemietet werden. Insbesondere für den Neuling ohne viel Fachwissen sind diese Angebote daher voraussichtlich die einfachste Lösung. Für ambitionierte Shopbetreiber könnten jedoch der geringe Funktionsumfang und die Begrenzung auf eine maximale Artikelzahl potenziell zum Problem werden.

Sage (kostenpflichtig)

URL: *www.sage.de*

Bild 6.11: heku-pack.de verwendet Sages Shoplösung.

Sage ist in Deutschland besonders für Buchhaltungssoftware, Warenwirtschaft und CRM bekannt – was liegt da näher, als ebenfalls eine Shoplösung anzubieten? Der Funktionsumfang ist gut. Insbesondere das Handling stellt sich deutlich einfacher dar als etwa das der Open-Source-Lösungen, da im Fall von Sage die Administration des Shops nicht in einer Weboberfläche erfolgt, sondern lokal in einem normalen Windows-Programm, das anschließend die Änderungen per Internet an den Shop sendet. Ebenfalls sehr gut gelöst ist die Integration weiterer Sage-Produkte, etwa zu Warenwirtschaft oder CRM.

Den Shop gibt es zur Zeit der Drucklegung als Client- und Serverversion jeweils zum Preis von aktuell 439,00 Euro zzgl. MwSt.

Oxid (kostenpflichtig)

URL: *www.oxid-esales.com*

Bild 6.12: leo-und-lilly.de setzt Oxids Shopsoftware ein.

Wer nicht auf Open Source setzen möchte, wer Intershop zu teuer findet und wem 1&1, Strato und Sage nicht genügend Funktionen bieten, der sollte sich die Shopsoftware von Oxid ansehen. Die Software ist relativ weit verbreitet, gut durchdacht und kann durch zahlreiche Module erweitert werden.

Preislich bewegt sich Oxid im Mittelfeld: Die kleinste Version (»Professional Edition«) kostet aktuell 490,00 Euro zzgl. MwSt. Hinzu kommen ggf. Kosten für Zusatzmodule. Daneben gibt es eine Mittelstandsversion (»Enterprise Edition«), die ab 9.900,00 Euro zzgl. MwSt. zu haben ist und weitergehende Funktionen bietet. Auch hier kommen wieder ggf. weitere Kosten für Zusatzmodule hinzu, wobei sich der Preis letztlich auf rund 35.000 Euro erhöhen kann.

6.8   Vertriebsketten

Bei einer Vertriebskette geht es darum, ein Produkt so gut es geht wirtschaftlich aus-zuschlachten, d. h. es auf alle möglichen Arten irgendwie an den Konsumenten zu bringen, um die vormals in das Produkt investierten Entwicklungskosten besser hereinholen zu können.

Exkurs – Vertriebsketten aus Hollywood

Wer sich unter einer Vertriebskette immer noch nichts vorstellen kann, dem soll das Beispiel Hollywood zeigen, wie so etwas in großem Maßstab funktionieren kann. Wird in Hollywood ein Film produziert, geschieht das meist mit großem Aufwand, und selbst ein mittelmäßig guter Film kostet da schon mal einige Millionen Dollar. Warum aber kann man für einen Film so viel Geld ausgeben? Aus einem guten Grund: Die Pro-duzenten nutzen sämtliche Vertriebsmöglichkeiten gekonnt aus, die sich ihnen bieten, und können so auf lange Sicht die Produktionskosten wieder hereinholen.

Alles beginnt schon, bevor der Film überhaupt gedreht wird. Da werden Fördergelder bei Universitäten, Kunstinstitutionen oder Ländern (allein in Deutschland waren es im Jahr 2000 rund 190 Mio. Euro) beantragt und Sponsoren ins Boot geholt, deren Produkte im Gegenzug gut sichtbar in die Handlung des Films einfließen. Ist der Film dann fertig, beginnt die Vertriebskette erst so richtig zu arbeiten: Als Erstes kommt der Film ins Kino und spielt dort die ersten Millionen wieder ein. Gleichzeitig wird mit Merchandising, also dem Verkauf von Fanartikeln zum Film, zusätzlich Kasse gemacht (man denke nur an Star-Wars-Actionfiguren oder Harry-Potter-Zauberhüte). Sobald sich die Kinosäle leeren, wird der Film an Pay-TV-Sender verkauft und dort via Einnahmen der Kunden finanziert. Lief der Film auch dort, erscheint er anschließend auf DVD, Bluray, HD-DVD und/oder Video für den Verkauf und wird außerdem an Videotheken (mittlerweile auch online als Video-on-Demand) lizenziert und spült weiteres Geld in die Kassen der Produzenten. Sinken auch im Verkauf letztlich irgend-wann die Absatzzahlen, bekommt der Film sein Gnadenbrot und darf nun auch ins freie Fernsehen, wo er über Werbung finanziert wird. Ein solcher Film durchläuft im besten Fall also gleich eine ganze Reihe von Vertriebsstufen – wohlgemerkt, auch gleich noch in möglichst vielen Ländern. Eine so gut durchorganisierte Vertriebskette gibt es sonst nur selten.

Bild 6.13: Früher oder später landen die meisten Hollywood-Filme in einer (virtuellen) Videothek, wie hier bei videoload.de.

Vertriebsketten aufbauen

Wenn es natürlich schwer ist, auch nur annähernd an die komplexe Welt eines Hollywood-Films heranzukommen – im kleinen Maßstab lassen sich oft schon recht einfach kleine Ketten aufbauen, um die Produkte des eigenen Onlineshops besser oder einfach nur in größerer Anzahl absetzen zu können. Insbesondere bei Produkten, die sich als »Ladenhüter« herausgestellt haben und nun nur noch Platz im Lager verschwenden, statt Einnahmen zu bringen, kann so oftmals noch ein wenig dazuverdient werden. Einige Beispiele, wie eine Stufe einer solchen Kette aussehen kann:

▲ Bündelung

Verkaufen sich Produkte schlechter, wird häufig damit begonnen, diese mit anderen Produkten zu bündeln und im Paket zu einem leicht günstigeren Preis anzubieten. Zwar fällt der Gewinn pro Produkt dann nicht mehr ganz so hoch aus wie beim normalen Verkauf, dafür steigt aber der Gesamtumsatz (es werden eben gleich zwei oder drei Produkte anstelle von einem gekauft). Hierbei ebenfalls wirksam sein kann die

Bündelung von guten mit weniger guten Produkten – etwa einem neuen und einem etwas älteren, das vielleicht nicht mehr ganz auf der Höhe der Zeit ist. Im Fall unseres vorangegangenen Hollywood-Beispiels werden z. B. mehrere Filme eines Schauspielers im Paket angeboten. Ältere Filme, die man vielleicht schon fünfmal im Fernsehen gesehen hat, werden da gleich mitverkauft, weil sie eben die Serie komplettieren.

▲ Wandlung

Bei vielen Produkten kann zudem das Produkt selbst in seiner Ausprägung gewandelt werden, um damit neue Käuferschichten anzusprechen oder für die bisherigen Nicht-Käufer interessanter zu erscheinen. Bei Softwareprodukten kann z. B. aus einer Software-CD ein Download gemacht werden oder aus Büchern ein E-Book. Freilich lässt sich das aber auch nicht mit allen Produkten gleichermaßen umsetzen – ein Tisch bleibt eben ein Tisch.

▲ Partnerschaften

Um Produkte weiter wandeln zu können, helfen in manchen Fällen nur Partnerschaften mit anderen Unternehmen, die ihrerseits Produkte anbieten. Ein gutes Beispiel dafür ist etwa Spielesoftware, die am Ende der Vertriebskette häufig an entsprechende Zeitschriftenverlage veräußert wird, um diese als Beilage zu einem PC-Magazin zu platzieren und damit den Abverkauf des Magazins zu fördern.

▲ Verramschung

Sind alle erdenklichen Punkte der Vermarktung eines Produkts abgeschritten, bleibt im letzten Schritt nur noch die Verramschung der übrig gebliebenen Produkte an Restpostenunternehmen. Bei derartigen Verkäufen geht es eigentlich nicht mehr darum, Gewinne zu erzielen, sondern diese zumindest noch irgendwie zu Geld zu machen, um die für die verbleibenden Stückzahlen entstandenen Herstellungs- und Beschaffungskosten – zumindest ansatzweise – wieder einzuspielen.

Bild 6.14: Verramschung von Technikprodukten: Der Anbieter Pearl.de kauft Restposten günstig auf und räumt den Kunden teilweise deutliche Rabatte gegenüber dem regulären Ladenpreis ein.

Bezahlverfahren

Egal ob Paid Content, Paid Services oder eigener Shop – nicht selten entscheidet das Angebot an möglichen Bezahlverfahren darüber, ob ein Kunde den Bestellvorgang abschließt oder nicht noch im letzten Moment abbricht.

7.1　Welche Bezahlverfahren gibt es?

Bezahlverfahren und -systeme gibt es eine ganze Menge, die gängigsten wollen wir Ihnen folgend kurz vorstellen. Grundsätzlich lassen sich die Verfahren danach unterscheiden, in welcher Reihenfolge Wareneingang und Zahlung erfolgen. Hier gibt es zum einen die Prepaid-Verfahren, also all jene, bei denen zunächst bezahlt werden muss und die Ware erst bei Zahlungsausführung oder -eingang übergeben wird. Beispiele hierfür sind Prepaid-Guthaben wie bei Handys oder in Form von Guthabenkonten, etwa auf der Geldkarte. Als Zweites gibt es z. B. Systeme, bei denen die Warenübergabe unmittelbar beim Kauf erfolgt, also Geld und Ware quasi gleichzeitig den Besitzer wechseln. Hierzu zählen in der Regel die Barzahlung (auch als Nachnahme bekannt) oder die Lastschrift. Als Drittes bleiben dann noch jene Systeme, bei denen zunächst die Ware beim Kunden eingeht und die eigentliche Zahlung erst später erfolgt. Beispiele hierfür sind die Zahlung auf Rechnung, per Kreditkarte oder die Abrechnung via Telefonrechnung.

Barzahlung

Was in der Offlinewelt gang und gäbe ist, gestaltet sich in der Onlinewelt zumeist schwierig. Trotzdem kommt auch die Barzahlung in einigen Fällen durchaus in Betracht für Onlinetransaktionen – üblicherweise verbunden mit der Selbstabholung der bestellten Ware, was gleichzeitig auch noch Versandkosten spart. Wer seinen Onlineshop von zu Hause aus betreibt, sollte darauf jedoch eher verzichten – es macht selten einen professionellen Eindruck auf den Kunden, wenn der Verkäufer in einer kleinen Plattenbauwohnung lebt, in der die Kinder umhertoben.

Bargeldtransfer

Wenig bekannt und entsprechend wenig eingesetzt wird der Bargeldtransfer. Dabei übernehmen Geldkuriere den Transport des Geldes vom Kunden zum Verkäufer und garantieren für die Überbringung. Eigentlich eine praktische Sache, allerdings mit vergleichsweise hohen Gebühren von teilweise bis zu 14 % und mehr behaftet.

Vorauskasse/Überweisung

Die Vorauskasse gilt aufseiten der Händler als eine der sichersten und zugleich beliebtesten Zahlungsmethoden. Hierbei erhält der Käufer nach seiner Bestellung zunächst eine Zahlungsaufforderung. Trifft das Geld dann auf dem Konto des Händlers ein, schickt dieser die bestellte Ware raus. Zahlungsausfälle werden damit im Prinzip komplett vermieden.

Ein kleiner Sonderfall ist dabei die Onlineüberweisung. Hierbei wird das Überweisungsformular der Bank in die Shopwebseite eingebunden und dort vom Kunden direkt ausgefüllt und mit einer PIN bestätigt – ganz so, wie er es auch via Onlinebanking tun würde. Der Vorteil für den Kunden liegt hier darin, den Zahlungsvorgang unmittelbar abschließen zu können, ohne sich gesondert in die Onlinebanking-Webseite einloggen zu müssen. Gleichzeitig bekommt der Verkäufer vom Zahlungssystem eine direkte Bestätigung, dass die Zahlung ausgeführt wurde, und kann entsprechend die Ware sofort versenden.

Lastschrift

Das Lastschriftverfahren entspricht im Grunde der Vorauskasse per Überweisung, nur mit dem Unterschied, dass in diesem Fall die Zahlung nicht vom Käufer beauftragt, sondern vom Verkäufer eingezogen wird. Der Vorteil für den Käufer besteht also darin, keinen Aufwand mit der Überweisung zu haben, während der Verkäufer gleichzeitig eine vergleichsweise schnelle Zahlungsabwicklung durchführen kann. Bei Verkäufern ist dieses Bezahlverfahren jedoch nicht unumstritten, da dem Käufer seitens der Bank bei Lastschriftabbuchungen die Möglichkeit eingeräumt wird, diese nachträglich zu stornieren und das Geld von der Bank zurückbuchen zu lassen. Im schlimmsten Fall wäre die Zahlung also erfolgt, die Ware an den Kunden geschickt, und dieser lässt den Betrag anschließend wieder zurückbuchen. Daraus kann dem Verkäufer ein nicht unerheblicher Schaden entstehen.

Rechnung

Die Zahlung per Rechnung gehört bei Käufern zur beliebtesten Zahlvariante, da hier die Sicherheit für den Käufer am höchsten ist: Er zahlt erst nach Erhalt der Ware, geht also nicht das Risiko ein, vom Verkäufer übers Ohr gehauen zu werden und eventuell die Ware nicht zu bekommen. Außerdem hat er die Möglichkeit, bei Nichtgefallen der Ware diese zurückzusenden, ohne dass dazu nochmals Geldtransaktionen für Rückbuchungen oder dergleichen nötig wären.

Aus Sicht der Verkäufer ist dieses Bezahlverfahren jedoch äußerst unbeliebt, da es ein hohes Risiko für Zahlungsausfälle birgt und ggf. zusätzliche Kosten für Rechnungsversand, Mahnwesen und Inkasso verursacht.

Nachnahme

Die Nachnahme gehört in Deutschland ebenfalls zu den sehr etablierten Bezahlverfahren. Hierbei wird die Ware in den Versand gebracht und mit einer Rechnung bestückt. Der Briefträger kassiert das Geld und gibt auch nur dann die Ware an den Käufer heraus, wenn dieser gezahlt hat. Das Geld wird anschließend vom Postunternehmen an den Verkäufer weiterüberwiesen.

Das Verfahren gilt für Käufer und Verkäufer als sicherstes Verfahren, da es der Barzahlung gleichkommt. Es hat jedoch den Nachteil, dass es sich häufig nur für kleinere Kaufsummen eignet, da ein Käufer eher selten größere Geldbeträge zu Hause liegen hat.

Kreditkarte

Die Kreditkarte (nicht zu verwechseln mit der EC-Karte) galt in den Anfangsjahren des Internets als *das* Zahlungsmittel für Internettransaktionen schlechthin. Allerdings findet die Kreditkarte in Deutschland im Vergleich zu anderen Ländern wie den USA eher geringe Verbreitung. Die Vorteile für den Käufer liegen hierbei zum einen in der vergleichsweise hohen Sicherheit, zum anderen im Kreditkartenprinzip selbst, bei dem die eigentliche Zahlung (also der Geldtransfer zwischen Kreditinstitut und Kunde) ggf. herausgeschoben oder gestaffelt werden kann (eben in Form eines Kredits). Für den Verkäufer gilt sie ebenfalls als vergleichsweise sicher, da die Kartenunternehmen teilweise Zahlungssicherheit garantieren.

PayPal

PayPal gehört zu den modernen Internetbezahlmethoden und steht hier als Marktführer in diesem Bereich beispielhaft für ähnliche Verfahren. Das Prinzip ist recht einfach: Käufer und Verkäufer benötigen zunächst ein Konto bei PayPal. Möchte der Käufer eine Transaktion durchführen, lädt er zunächst sein PayPal-Konto via Überweisung oder Lastschrift auf und kann dann den Kaufbetrag an den Verkäufer senden, indem er dessen Nutzernamen und Geldbetrag angibt. Im Grunde entspricht das Verfahren also der normalen Überweisung von Girokonto zu Girokonto, lediglich mit dem Unterschied, dass die Konten hierbei etwas besser an das Medium Internet angepasst sind und z. B. statt einer Kontonummer die E-Mail-Adresse angegeben wird.

Telefonrechnung/Handy/Dialer

Die Zahlung per Telefonrechnung ist verhältnismäßig wenig verbreitet, für Käufer und Verkäufer jedoch vergleichsweise sicher. Der Kaufbetrag wird dem Käufer dabei einfach auf seiner nächsten Telefonrechnung mit in Rechnung gestellt und mit abgebucht sowie anschließend an das Konto des Verkäufers überwiesen. Voraussetzung hierfür ist entweder, dass der Käufer zum Telefon greift, eine spezielle Nummer anruft und einen Code eingibt oder selbst Kunde des Telefonunternehmens ist, das das Bezahlverfahren abrechnet. In letzterem Fall erkennt das Telefonunternehmen in der Regel, dass der Käufer, der gerade etwas auf der Webseite bestellt, zu seinen Kunden gehört. Der Netzbetreiber identifiziert ihn anhand seines Anschlusses und stellt den Betrag in Rechnung.

Ähnlich verhält es sich bei der Zahlung per Handy: Hierbei wird einfach statt der Telefonrechnung die Handyrechnung bzw. das Handyguthaben belastet.

Aus früheren Zeiten stammt außerdem noch die Bezahlung per Dialer. Hierzu lädt der Käufer ein Dienstprogramm (den Dialer) auf seinen PC herunter und führt das Programm aus. Um die Zahlung durchzuführen, wählt sich das Programm nun per Modemverbindung in das Internet über eine spezielle Nummer ein. Der »Anruf« wird dann dem Käufer durch seine Telefongesellschaft in Rechnung gestellt, die wiederum dem Verkäufer diesen Anruf als einen sogenannten Mehrwertdienst gutschreibt. Aufgrund der weiten Verbreitung von DSL und anderen Internetverbindungen mit dem damit verbundenen Rückgang von Modems wird diese Bezahlform jedoch nur noch wenig genutzt. Sie ist zudem durch Dialer in Verruf geraten, die sich zum Teil ohne Wissen des Benutzers auf dem PC installierten und aktivierten, was horrende Telefonrechnungen nach sich zog.

Geldkarte

Die Geldkarte erscheint in Form einer Chipkarte ähnlich der normalen EC-Karte bzw. als Kombination aus EC- und Geldkarte. Die Geldkarte muss zur Bezahlung zunächst an einem Geldautomaten oder einem Schalter aufgeladen werden und kann dann wie Bargeld eingesetzt werden. Der Vorteil liegt für den Kunden darin, bargeldlos zahlen zu können, ohne dazu wie bei einer EC-Karte jedes Mal eine PIN eingeben zu müssen. Für die Bezahlung ist jedoch ein Kartenlesegerät notwendig, was die Bezahlung via Internet erschwert, da nur wenige Kunden ein solches Gerät besitzen.

Micropayment

Micropayment bezeichnet Anbieter, die sich explizit auf die Zahlungsabwicklung im Internet spezialisiert haben. Hintergrund sind die insbesondere im Bereich Paid Content oft sehr kleinen Beträge, für die normale Bezahlverfahren zu aufwendig wären. Die Micropayment-Anbieter fungieren hierbei sozusagen als Sammelstelle: Der Kunde richtet einen Account beim Anbieter ein und hinterlässt seine Zahlungsinformationen. Jedes Mal, wenn der Kunde nun etwas im Internet kaufen möchte, verwendet er dazu den Micropayment-Anbieter zur Zahlungsabwicklung. Dieser sammelt die (Kleinst-) Beträge und stellt diese dem Kunden regelmäßig, z. B. im Monatsrhythmus oder bei Erreichen einer bestimmten Summe, in Rechnung bzw. zieht diese per Lastschrift ein. Damit werden aus vielen kleinen Beträgen dann handlichere Summen, womit der Aufwand einer Überweisung oder Lastschrift deutlich sinnvoller erscheint.

Für Käufer und Verkäufer gelten diese Systeme in der Regel als sicher; sie sind aber vergleichsweise neu und daher bei vielen Kunden relativ unbekannt.

Treuhandservice

Eine weitere Möglichkeit der Bezahlung besteht in sogenannten Treuhandservices. Hierbei überweist der Käufer nicht direkt an den Verkäufer, sondern auf das Konto eines solchen Treuhänders. Dieser teilt dem Verkäufer den Eingang des Geldes mit, sodass dieser die Ware absenden kann, und bewahrt das Geld auf, bis die Transaktion abgeschlossen ist. Trifft die Ware nun beim Käufer ein und ist dieser zufrieden, teilt er dies dem Treuhänder mit, der wiederum das Geld an den Verkäufer weiterleitet.

Das Verfahren wird häufig bei Privatverkäufen, etwa bei eBay, eingesetzt, wo sich Käufer und Verkäufer nicht kennen und daher das Risiko deutlich höher eingeschätzt wird. Um dies zu mindern, wird der Treuhänder eingesetzt. Allerdings hat das Verfahren auch Nachteile: Die Warenauslieferung und der Geldeingang beim Verkäufer werden dadurch zeitlich verzögert.

7.2　Kundenpräferenzen

Um es klar auszudrücken: Den Kunden interessieren effektiv nur zwei Dinge: Sicherheit und Geschwindigkeit! Einer Studie von EuPD Research im Auftrag der Deutschen Bank zufolge erachten rund 30 % der Webshopper diese beiden Faktoren als wichtig. Zusätzlich, aber als weniger wichtig bewertet, spielen Kriterien wie die Handhabung (rund 24 %) oder eine breite Auswahl an Bezahlverfahren (nur rund 3 %) eine Rolle.

Sicherheit

Das Thema Sicherheit hat für die meisten Käufer die höchste Priorität. Hierzu zählt sowohl die Sicherheit vor Betrug (bezahlte Ware kommt nicht) als auch die Sicherheit der eigenen Daten vor Missbrauch (z. B. Ausspähen von Passwörtern). Ob ein Bezahlverfahren wirklich sicher ist, können jedoch nur die wenigsten Käufer wirklich einschätzen. Deshalb verlassen sie sich gern auf bekannte Symbole und als seriös geltende Bürgen. So kann bereits ein Symbol mit dem Text »Dieser Shop verwendet geprüfte Sicherheitstechnik« (Beispiel) zu einem erhöhten Sicherheitsgefühl und damit ggf. höheren Kaufquoten beitragen, ebenso wie Prüfsiegel von TÜV, Trusted Shops oder anderen Prüforganisationen. Darüber hinaus gilt die SSL-Verschlüsselung (Secure Sockets Layer) heutzutage als Standard für jeden Internetshop und sollte dringend eingesetzt werden.

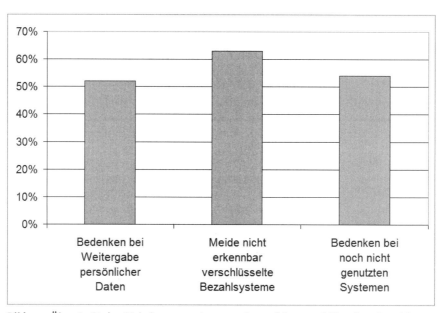

Bild 7.1: Über 60 % der Webshopper geben an, einen nicht verschlüsselten Bezahlvorgang zu meiden (Quelle: EuPD Research, 2006).

Bei der Auswahl des Bezahlverfahrens entscheiden sich Käufer aus Gründen der höheren Sicherheit häufiger für Systeme, bei denen der Geldfluss zum Verkäufer erst nach Erhalt der Ware erfolgt. Als sicherste Methoden werden hierbei Barzahlung, PayPal, Nachnahme, Treuhandservice sowie die Überweisung nach Rechnungseingang und Kreditkarte empfunden (in dieser Reihenfolge). Als eher weniger sicher bewerten Kunden die Vorauskasse, den Bargeldtransfer, die Abrechnung per Telefonrechnung oder das Lastschriftverfahren. Hierbei ist jedoch zu sagen, dass auch diese tendenziell nicht als unsicher angesehen werden. Allerdings wird die Vorauskasse im Vergleich zur Barzahlung als nur etwa halb so gut eingeschätzt.

Darüber hinaus haben insbesondere technisch unerfahrene Nutzer Schwierigkeiten bei der Einschätzung der Sicherheit neuerer und entsprechend weniger genutzter Bezahlverfahren. So stößt das Verfahren der vergleichsweise sicheren Onlineüberweisung (Überweisungsformular direkt in die Webseite eingebunden) teils auf harten Widerspruch bei einigen Käufern, da diese befürchten, bei Eingabe der PIN vom Verkäufer abgezockt zu werden. Der teilweise unzureichende Informationsstand der Kunden lässt sich jedoch in den seltensten Fällen von der Webseite aus klären, da der Käufer dem Webseitenbetreiber bereits grundsätzlich misstraut.

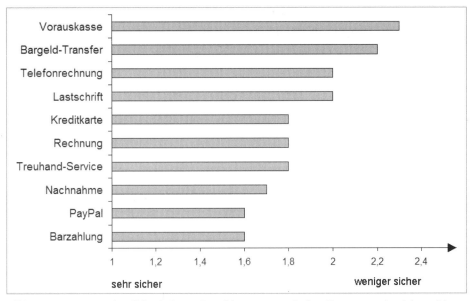

Bild 7.2: Bewertung der Sicherheit von Bezahlsystemen mit den Noten 1 – sehr sicher – bis 4 – sehr unsicher (Quelle: EuPD Research 2006).

Geschwindigkeit

Der Punkt Geschwindigkeit betrifft in Bezug auf die Wahl des Bezahlverfahrens sowohl die eigentliche Abwicklung des Bezahlvorgangs als auch den bis zum Erhalt der Ware verstrichenen Zeitraum. In beiden Fällen wünschen die Kunden eine schnelle Bearbeitung – am besten sofort. Anhand dieses Faktors bevorzugen Kunden vor allem die Bezahlsysteme, bei denen für den Käufer kein größerer Aufwand entsteht und die Ware im besten Fall sofort abgeschickt werden kann – wie etwa bei der Kreditkarte, PayPal oder der Lastschrift. Als eher langsamer werden dagegen Treuhandservice, Nachnahme, Rechnung und Vorauskasse sowie der Bargeldtransfer eingeschätzt – wobei hier insbesondere bei der Nachnahme als zusätzlicher Faktor der Aufwand des Käufers für die Bezahlung in die Bewertung mit einfließt (Geld von der Bank holen, um den Briefträger bezahlen zu können).

Handhabung

In Sachen Handhabung eines Shops gilt eine einfache Regel: je einfacher, umso besser! Die Kundenpräferenzen entsprechen hier weitestgehend den Präferenzen in Sachen Geschwindigkeit. Grundsätzlich eher unbeliebt sind daher Zahlverfahren, die eine Anmeldung voraussetzen, etwa PayPal oder einige Micropayment-Anbieter.

7.3   Welche Zahlungsmittel sollte ich anbieten?

Ganz einfach gesagt: So viele wie möglich – aber bitte übertreiben Sie es nicht (eine zu große Auswahl verursacht wiederum Kaufabbrüche bei Kunden, die sich unsicher sind). Ein guter Shop sollte etwa drei bis fünf Zahlungsmethoden anbieten, wobei allerdings die Auswahl der Systeme teils wichtiger als die bloße Anzahl ist.

In jedem Fall sollten Sie die Bezahlung per Rechnung einräumen. Manche werden nun sagen: »Aber das ist doch für mich als Shopbetreiber unsicher, und alle Kunden werden mich übers Ohr hauen und nicht bezahlen!« Die klare Antwort dazu: Nein, werden sie nicht! Abgesehen von ein paar Branchen und Produkten, die notorisch eher höhere Mahnungsquoten haben, liegt branchenübergreifend die Quote bei etwa 1 bis 5 % – d. h., im Schnitt werden nur 1 bis 5 von 100 Bestellungen nicht sofort bezahlt. Davon wiederum werden im Schnitt 30 bis 50 % nach Mahnung beglichen, sodass letztlich nur noch ein relativ kleiner Teil wirklich unbezahlt übrig bleibt. Allerdings, und deshalb sollten Sie Rechnung unbedingt anbieten, reagieren Käufer teilweise äußerst skeptisch, wenn die Rechnung nicht als Bezahlverfahren angeboten wird. Das Praxisbeispiel eines Webshops, dem ich selbst beratend zur Seite stand, zeigt etwa, dass die Bestellquote allein dadurch verdoppelt (!) werden konnte, dass neben der Vorabüberweisung die Rechnung als Zahlmethode eingeführt wurde. Die zusätzlich durch Rechnungsversand, Mahnungswesen und ggf. Forderungsausfällen entstandenen Kosten wurden also wesentlich durch die erhöhte Kaufbereitschaft der Kunden ausgeglichen und deutlich übertroffen.

Neben der Zahlung per Rechnung bietet es sich an, die Vorabüberweisung und/oder Lastschrift zur Verfügung zu stellen, da diese den meisten Käufern weithin bekannt sind und gleichzeitig einen vergleichsweise schnellen Warenerhalt bieten. Zudem gelten diese aus Sicht der Verkäufer als relativ sicher und werden daher gern angeboten.

Zusätzlich können Sie alternative Zahlungsmethoden wie Kreditkarte, Micropayment oder Nachnahme anbieten.

Eher weniger vom Kunden genutzt und daher (noch) eher ungeeignet sind die Bezahlverfahren per Bargeldtransfer, Treuhandservice, Telefonrechnung oder PayPal, wobei aber bei PayPal der Anteil stetig steigt.

Teil 2 – SEO

Einführung Suchmaschinenoptimierung

Die Webseite ist gestaltet, der Shop steht, alle Produkte sind eingepflegt, es wurde viel Zeit, Geld und Arbeit investiert, die Webseite oder den Shop zu einem Schmuckstück zu machen. Ein Besucherzähler wurde ebenfalls auf der Seite installiert – doch dieser zeigt weiterhin nur die Zahl 3, nämlich Ihren eigenen Besuch und den der zwei Freunde, die Sie von Ihrer neuen Webseite unterrichtet haben.

Kommt Ihnen das bekannt vor? Dann sind Sie hier richtig: Sie brauchen Besucher – und Suchmaschinenoptimierung kann Ihnen diese bringen. Was nützt schließlich der beste Shop, wenn niemand die tollen Produkte sieht?

8.1   Was ist Suchmaschinenoptimierung?

Sehr einfach ausgedrückt, ist Suchmaschinenoptimierung – abgekürzt SEO vom englischen »search engine optimization« – nichts anderes, als die eigene Webseite so zu gestalten, dass die Suchmaschinen diese mehr bevorzugen als vielleicht die Seite der Konkurrenz und Ihre deshalb bei einer Suche in den Trefferlisten (auch SERPs von »search engine result pages« genannt) weiter vorn anzeigt.

Das klingt zwar sehr schön und einfach. Der Suchmaschine zu gefallen will jedoch gelernt sein. Es erfordert Zeit, Wissen und Erfahrung, ggf. Geld und manchmal auch den richtigen Riecher für die Suchmaschine. Um die Suchmaschinenoptimierung umzusetzen, gibt es zahlreiche Methoden, das Ranking (englisch: Platzierung innerhalb der Trefferlisten) zu beeinflussen. Diese reichen von wirksamen Formulierungen auf der Webseite über die Ausgestaltung des Webseitencodes bis hin zu externen Faktoren wie Links, die von anderen Seiten auf Ihre Webseite verweisen. Hinzu kommt, dass sich verschiedene Webseiten natürlich gegenseitig beeinflussen – jeder will schließlich der Erste sein –, womit es gerade bei gefragten Suchbegriffen oftmals auch auf diesen einen Tick ankommt, den man schneller, kreativer oder besser ist als die Konkurrenz.

8.2 Warum Suchmaschinenoptimierung?

Auf diese Frage gibt es eine schlichte Antwort: Richtig angewandt, ist Suchmaschinen-optimierung das preiswerteste Mittel, langfristig und in größerer Zahl Besucher auf die eigene Webseite zu locken. Seit das WWW Anfang der 90er-Jahre aufkam, sind die User darauf angewiesen, durch Kataloge oder Suchmaschinen die Webseiten zu suchen, auf denen sich die erhofften Informationen befinden. Schließlich kann sich keiner die Adressen von ein paar Milliarden internationalen Webseiten oder allein die rund 10 Millionen deutschen Webadressen merken. Jede Webseite, die von interessierten Usern in großer Zahl besucht werden will, sollte also in den gängigen Suchmaschinen präsent sein. Oder anders formuliert: Wer nicht von den großen Suchmaschinen gelistet wird oder nur auf den hinteren Rängen rangiert, ist faktisch unzugänglich und wird vom normalen User nicht angesteuert.

Gerade der Faktor Geld dürfte für die meisten Suchmaschinenoptimierer dabei ein wichtiger Punkt sein. Schließlich lassen sich die meisten Webseiten auf recht einfache Weise und ohne große Kosten optimieren und in den Trefferlisten nach vorn bringen. Erfolgreich optimierte Seiten lassen sich zudem in der Regel mit relativ geringem Aufwand an der einmal eroberten Position halten, bringen aber täglich neue, zielge-richtete und vor allem kostenlose Besucher auf die Webseite. Wenn man die Ausgaben dagegenstellt, die für klassisches Onlinemarketing nötig wären, um genau den gleichen Besucherstrom zu erzielen, dann ist Onlinemarketing mitunter um einige hundert und sogar bis tausend Prozent teurer als die Suchmaschinenoptimierung.

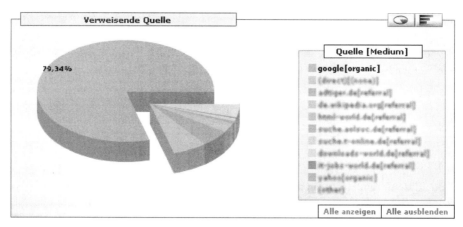

Bild 8.1: Bei Webseiten wie dieser kommt der überwiegende Teil der Besucher über Google (Quelle Google Analytics).

8.3   Welche Suchmaschinen gibt es und welche sind wichtig?

Suchmaschinen gibt es wie Sand am Meer. Vor ein paar Jahren, als der Google-Boom einsetzte, hatte man das Gefühl, dass jeder, der auch nur ein wenig programmieren konnte, eine eigene Suchmaschine entwickelte, um damit schnell so erfolgreich und vermögend zu werden wie die großen Vorbilder. Da es aber nicht ganz so einfach ist, eine Suchmaschine zu programmieren – dabei handelt es sich schließlich um komplexe Algorithmen und einen riesigen Berg an Technik –, beschränkt sich die Zahl der aktuell relevanten Suchmaschinen international auf geschätzte 2.000 bis 3.000. Relevanz bedeutet dabei, dass diese Suchmaschinen es geschafft haben, sich am Markt zumindest insoweit durchzusetzen, dass sie eine einigermaßen große Verbreitung bei den Nutzern erreichen. Von diesen international rund 2.000 bis 3.000 Suchmaschinen sind in Deutschland allerdings wiederum nur etwa 50 bis 100 vertreten. Darunter finden sich neben bekannten Namen wie google.de, yahoo.de oder msn.de auch weniger bekannte wie abacho.de, fireball.de oder altavista.de sowie diverse Spezialsuchmaschinen, die nur bestimmte Themenbereiche abdecken, sowie sogenannte Meta-Suchmaschinen, die wiederum andere Suchmaschinen durchforsten und deren Ergebnisse kombinieren.

Bild 8.2: Nur eine kleine Auswahl an Suchmaschinen in Deutschland ...

Diese Zahlen klingen zunächst recht hoch, und so mancher wird sich jetzt fragen, wie man denn eine Webseite für all diese Suchmaschinen optimieren soll. Aber so schlimm ist es gar nicht: Betrachtet man die Zugriffszahlen der einzelnen Suchmaschinen und filtert diejenigen heraus, die weniger als ein Prozent aller Suchanfragen verarbeiten, bleibt nur noch ein gutes Dutzend übrig. Hinzu kommt, dass viele angebliche Suchmaschinen in Wirklichkeit gar nicht selbst suchen, sondern wiederum nur von anderen Suchmaschinen suchen lassen. Zum Beispiel gehört die Suchmaschine fireball.de, die ehemals einzige deutsche Spitzensuchmaschine, mittlerweile zum Konzern Lycos Europe und nutzt die gleiche Technik wie lycos.de. Damit reduziert sich der Kreis der relevanten Suchmaschinen auf einige wenige.

In Deutschland liegt google.de mit derzeit rund 90,1 % aller beantworteten Suchanfragen unangefochten auf Platz 1 (siehe folgende Abbildung), gefolgt von yahoo.de (rund 2,9 %) und msn.de (die mittlerweile als live.com firmiert; rund 1,7 %). Die einzigen Suchmaschinen, die weiterhin einen zumindest annähernd wichtigen Marktanteil aufweisen, sind diejenigen von T-Online (rund 2 %) und AOL (rund 0,8 %), die allerdings beide wiederum die Technik von Google benutzen. Alle weiteren Suchmaschinen verzeichnen jeweils deutlich unter einem Prozent und zusammen nicht mehr als 2,5 % Marktanteil.

International betrachtet, wechselt die Verteilung je nach Land in die eine oder andere Richtung. Wie in Deutschland beherrschen jedoch auch in den meisten anderen Ländern nur einige wenige Suchmaschinen den Markt, während alle anderen unter »ferner liefen« zu finden sind. Grundsätzlich hat Google weltweit meist die Nase vorn, wobei gerade in den USA die Marktanteile deutlich härter von Yahoo, MSN und anderen Suchmaschinen wie etwa Ask.com umkämpft werden. Auf dem Heimatmarkt USA liegt Google mit etwa 60 % weniger deutlich als in Deutschland vor Yahoo mit etwa 21 % und MSN mit rund 9 %.

Ein wenig anders sieht es dagegen beispielsweise in China aus: Hier hat seit Langem die Suchmaschine baidu.com die Nase vorn – aktuell mit rund 74 % gegenüber 26 % von Google und etwa 10 % von Yahoo.

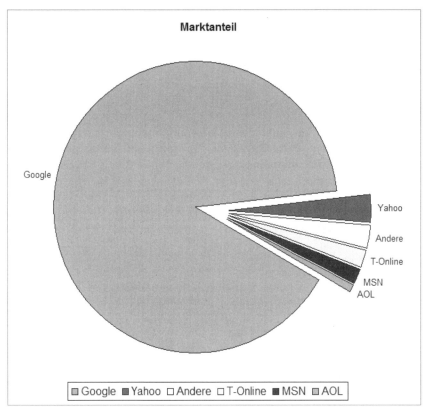

Bild 8.3: Marktanteile der Suchmaschinen in Deutschland.

Bei der Auswahl der geeigneten Suchmaschinen kommt Optimierern ein weiterer Aspekt entgegen: In der Regel unterscheiden sich zwar die Kriterien, nach denen eine Suchmaschine ihre Trefferlisten sortiert, jedoch sind diese Unterschiede besonders bei den vielen kleinen Suchmaschinen meist nur gering. Die Folge: Mit der Optimierung für eine der großen drei Suchmaschinen wird man meist automatisch auch bei den kleineren Suchmaschinen besser platziert. Deshalb werden wir uns in diesem Buch auch auf die Optimierung bei Google, Yahoo und MSN beschränken.

Im Einzelfall kann bei bestimmten Seiten auch eine Optimierung für eine andere Suchmaschine sinnvoll sein – z. B. dann, wenn sich herausstellt, dass die Nutzergruppe, die man mit der Webseite erreichen möchte, vornehmlich nicht die großen Suchmaschinen, sondern eben kleine Spezialsuchmaschinen nutzt. So kann es z. B. für die Webseite eines Anwalts deutlich effektiver sein, an erster Stelle in einer Anwaltssuche gefunden zu werden statt an Stelle 25 bei Google.

8.4 Wie funktionieren Suchmaschinen und wonach erfolgt das Ranking?

Die Funktionsweise einer Suchmaschine ist recht einfach und fast immer gleich – die Funktionsweise des Rankings hingegen ist zuweilen hoch komplex und wird von jedem Betreiber wie ein Staatsgeheimnis gehütet.

Grundsätzlich arbeitet eine Suchmaschine so, dass sie ein kleines Programm, Robot, Crawler oder Spider genannt, losschickt, das zunächst alle infrage kommenden Dokumente scannt und zwischenspeichert. Dabei besucht der Robot wie ein normaler Besucher (nur eben automatisch) eine Webseite, liest diese ein und durchsucht sie nach Links zu anderen Dokumenten oder anderen Webseiten. Die abgerufene Seite wird gespeichert, und die gefundenen Links werden anschließend weiterverfolgt. Mit dem nächsten Dokument verfährt der Robot ebenso und kämpft sich auf diese Weise einmal durch die gesamte Webseite, bis es keine neuen Links mehr zu besuchen gibt und zur nächsten Webseite gewechselt werden kann.

Hat der Robot die Webseite gespeichert, man sagt indiziert bzw. in den Index aufgenommen, beginnt der schwierige Teil: die Auswertung. Die Suchmaschine versucht hierbei, die gefundenen Daten in einen logischen Zusammenhang zu setzen und die Webseite nach den darauf gefundenen Wörtern und Wortgruppen zu gewichten. Wie diese Gewichtung erfolgt, ist von Suchmaschine zu Suchmaschine größtenteils verschieden. Es gibt jedoch einige Kriterien wie etwa die Adresse oder den Titel einer Seite, die bei den meisten Suchmaschinen bei der Gewichtung einen größeren Stellenwert einnehmen. In Kapitel 11 »Webseitenoptimierung« werden wir noch genauer auf die einzelnen Kriterien eingehen – das Grundprinzip ist jedoch weitestgehend ähnlich:

Ausschlaggebende Faktoren sind der Seiteninhalt, hier insbesondere der Titel und Überschriften sowie die Links, die andere Seiten auf die jeweilige Webseite gesetzt haben. Die Annahme hierbei ist: Je mehr Menschen eine bestimmte Webseite empfehlen (also einen Link von ihrer eigenen Homepage zu der empfohlenen Webseite setzen), umso höher ist die Wahrscheinlichkeit, dass die betreffende Seite wirklich wichtig ist.

8.5 Wie funktioniert Suchmaschinenoptimierung?

Suchmaschinenoptimierung ist ein relativ komplexes Thema. Dabei lässt sich die Vorgehensweise grundsätzlich in mehrere Schritte aufteilen, nach denen auch die nächsten Kapitel dieses Buches gegliedert sind:

- Ziele definieren – wo will ich hin?
- Bestandsanalyse – wo stehe ich?

- Optimierung der Webseite – die eigentliche Arbeit an der Seite

- Optimierung der Links – die Arbeit mit anderen Seiten

- Anmeldung bei den Suchmaschinen und Kontrolle der Ergebnisse

Zusätzlich gibt es als weiteren Schritt noch die »verbotenen Tricks«, die aber – wie der Name schon sagt – eigentlich nicht zum Einsatz kommen sollten und nur der Vollständigkeit halber in diesem Buch erwähnt werden.

Die obigen Schritte sind bereits in der Reihenfolge verfasst, in der Sie diese als Suchmaschinenoptimierer später auch abarbeiten sollten. Wenn Sie etwas erfahrener sind und vielleicht schon einige Sites erfolgreich optimiert haben, können Sie einzelne Teilschritte natürlich auch weglassen oder eine andere Reihenfolge wählen. Hinzu kommt, dass nicht grundsätzlich bei jeder Webseite alle Schritte notwendig oder sinnvoll sind, da die Seite eventuell schon vornherein bestimmte Kriterien erfüllt, die es überflüssig machen, diese nochmals zu optimieren.

▲ Kleiner Blick in die Vergangenheit ...

In der Vergangenheit war die Optimierung von Webseiten noch ein einfaches Spiel. Bevor es Google gab, funktionierte das Ranking der meisten Suchmaschinen nach dem simplen Prinzip »Wer mehr hat, kommt höher« – oder anders ausgedrückt: Je öfter das betreffende Suchwort in der Seite, im Titel, der URL oder der Seitenbeschreibung auftrat, desto besser wurde die Seite in den Trefferlisten positioniert. Erst mit dem Auftreten von Google und seinem damals völlig neuen Sortierschema wurden auch die anderen Suchmaschinen zum Umdenken gezwungen. Nun versuchen sie, mit immer ausgefeilteren Techniken die Relevanz der Ergebnisse zu verbessern.

Bild 8.4: AltaVista galt lange Zeit als die beste Suchmaschine, wurde dann aber von Google überholt und fristet nunmehr ein Schattendasein.

▲ Kleiner Blick in die Zukunft ...

Schaut man in die Zukunft bzw. das, was uns die Suchmaschinenbetreiber an aktuellen Planungen und Entwicklungen zeigen, dürfte es immer schwerer werden, an die begehrten oberen Positionen zu kommen. Bei den betreffenden Kriterien geht es immer mehr um Relevanz und Klasse und immer weniger um die bloße Masse. Aufstrebende Suchmaschinen wie Ask.com versuchen etwa, die Ergebnisse nicht mehr primär danach zu ordnen, wie viele »Empfehlungen« (Links von anderen Webseiten) eine Webseite bekommt, sondern was bestimmte Experten dazu sagen. Gleichzeitig erprobt Wikipedia-Gründer Jimmy Wales eine nutzergenerierte Suchmaschine unter dem Namen »Wikiasari«, bei der die (Such-)Erfahrungen von vielen einzelnen Nutzern einfließen sollen, um einen Maßstab dafür zu liefern, ob und wie relevant eine Webseite für ein bestimmtes Suchwort ist. Somit lässt sich eine Webseite künftig also nicht mehr einfach dadurch pushen, dass man der Maschine vorgaukelt, viele andere Webseiten würden die zu optimierende Webseite für gut halten. Vielmehr müssen zukünftig neue Wege gefunden werden, um auch die neuen Mechanismen für eine Webseite zu beeindrucken.

8.6   Welche Hilfsmittel sind nötig?

Außer einem normalen PC mit Internetzugang brauchen Sie eigentlich keine besonderen Hilfsmittel. Wichtig ist, dass Sie einen HTML-Editor oder ein entsprechendes Programm besitzen, das Sie auch gut beherrschen. Da es wichtig ist, den Code der Webseite zu manipulieren, reichen die sogenannten WYSIWYG[1]-Programme oft nicht aus, mit denen eine Webseite auf einer grafischen Oberfläche zusammengeklickt werden kann und das Programm dann den notwendigen Code erzeugt. Darüber hinaus benötigen Sie eine seriöse E-Mail-Adresse, denn kostenlose Adressen von MSN/Hotmail, Web.de und Co. werden gern als Spam missverstanden und ungelesen gelöscht. Und natürlich ist in diesem Zusammenhang ein E-Mail-Programm nützlich.

Bild 8.5: Umfangreich, aber recht teuer ist IBP der Axandra GmbH.

---

[1]   WYSIWYG steht für das englische »What You See Is What You Get«. Gemeint sind Programme, die eine Webseite bereits beim Erstellen so anzeigen, wie sie sich später auch im Web präsentieren wird. Beispiele hierfür sind Dreamweaver oder FrontPage.

Hilfreich sind hier insbesondere Programme, die es ermöglichen, ähnliche Mails an mehrere Empfänger zu versenden und diese automatisiert an den Empfänger anzupassen. Darüber hinaus gibt es eine ganze Reihe von Tools, die Ihnen einen Teil der Arbeit abnehmen können. Dazu gehören zum einen Webseitentools, also kleine Dienste einzelner Webseiten, die für Sie einen bestimmten Wert berechnen oder etwas analysieren. Zum anderen gibt es aber auch ein paar Softwaretools, mit deren Hilfe sich teilweise ganze Projekte managen lassen und die alle wichtigen Daten stets im Auge behalten.

8.7   Was muss ein Suchmaschinenoptimierer können?

Auf diese einfache Frage gibt es eine einfache Antwort: Prinzipiell muss ein Suchmaschinenoptimierer nicht viel können, dieses wenige dafür aber recht gut. Oberste Voraussetzung ist ein umfangreicher Wissensschatz in Sachen HTML. Sofern Sie Ihre Homepages bisher mit Dreamweaver, FrontPage oder ähnlichen Programmen und mehr oder minder ohne HTML-Kenntnisse erstellt haben, ist es jetzt an der Zeit, sich mit entsprechenden Fachbüchern und Internet-Workshops zu beschäftigen. Alternativ tut es allerdings auch einfach eine Suche bei Google mit dem Begriff »HTML«. Sofern Sie HTML gut beherrschen und sich auch ohne einschlägige Fachliteratur in der Lage fühlen, eine Homepage zu erstellen, haben Sie die nötigen Voraussetzungen erfüllt.

Als Zweites sollten Sie neben HTML-Kenntnissen Grundkenntnisse über das Internet im Allgemeinen und über Suchmaschinen im Speziellen aufweisen. Sie sollten wissen, was Suchmaschinen sind und wie diese arbeiten (siehe vorangegangene Abschnitte). Außerdem sollten Sie vor allem eines können: im Web suchen! Bei der Optimierung werden Sie öfter in die Lage kommen, nach Konkurrenten, passenden Partnern oder anderen Webseiten zu suchen. Hierfür sind Kenntnisse der jeweiligen Suchmethoden, der einzusetzenden Parameter und Filtermöglichkeiten von Vorteil. Einige davon werden wir in diesem Buch beschreiben. Da es aber letztlich viele verschiedene Techniken und Suchmaschinen gibt, ist es nicht möglich, alle in einem Buch unterzubringen.

Abgesehen von diesen beiden Punkten sind alle weiteren Fähigkeiten für den Optimierer zwar keine Pflicht, aber ein deutliches Plus bei der Arbeit. Insbesondere gilt das für weitere Websprachen wie CSS, JavaScript oder PHP, Designfähigkeiten sowie gute Deutschkenntnisse. Wer die Keywords aufgrund mangelnder Rechtschreibkenntnisse falsch schreibt, braucht sich nicht zu wundern, wenn er zwar auf Platz 1 für dieses Keyword landet, aber nur drei Besucher mehr auf seiner Homepage hat ;-)

8.8   Was kostet Suchmaschinenoptimierung?

Je nach Marktsegment, in dem sich die Webseite befindet bzw. in das sie hineinsoll, kann der Aufwand für die Suchmaschinenoptimierung von wenigen Stunden eigener Arbeit bis hin zu mehreren Tausend Euro pro Monat betragen. Grundsätzlich sollte man davon ausgehen, dass es in den meisten Fällen nicht nur mit der Änderung der Webseite getan ist und man daher den einen oder anderen Euro investieren muss, um entsprechende Leistungen einzukaufen. Wofür man Geld ausgibt, kann dabei von Seite zu Seite und von Optimierer zu Optimierer grundverschieden sein. Das kann z. B. das neueste Webmaster-Werkzeug sein, mit dem man einiges an Zeit bei der Optimierung spart. Das kann aber auch ein Link von einer anderen Webseite sein, den man sich erkauft, oder es ist der Mitarbeiter, den man bezahlt, damit er einem unter die Arme greift.

Professionelle Suchmaschinenoptimierung erhalten Sie daher in den seltensten Fällen als Pauschalpaket. Sollten Sie trotzdem auf solche Pakete stoßen, kann man eigentlich davon ausgehen, dass das Bündel wenig spezifisch und daher nur bedingt zu gebrauchen ist. Von derartigen Angeboten sollten Sie sich also fernhalten oder diese zumindest vor der Buchung genau prüfen.

Was kostet Suchmaschinenoptimierung nun effektiv? Nun, sofern Sie sich in einem hart umkämpften Feld befinden, wie etwa Kreditvergabe, Flirt oder private Krankenversicherungen, können Sie davon ausgehen, dass das Erreichen von Seite 1 (also Plätze 1 bis 10) der Trefferlisten wohl gut und gerne ein paar Tausend Euro kosten wird (wenn man die eigene Arbeitsleistung mit berücksichtigt). Bei mittelschweren und weniger gefragten Begriffen dürfte man allerdings auch mit ein paar Hundert Euro auskommen. Und bei noch weniger gefragten Suchbegriffen kommt man teilweise ohne jegliches Budget und mit nur ein paar Stunden eigener Arbeit pro Monat aus.

8.9   Wie lange dauert Suchmaschinenoptimierung?

Suchmaschinen arbeiten recht schnell. Allerdings wird das Internet immer umfangreicher und damit der Zeitraum immer größer, in dem eine Suchmaschine einmal alle Webseiten durchsucht bzw. aktualisiert hat und dies dann in ihre Ergebnisse eingeflochten hat. In der Regel geht man daher davon aus, dass Suchmaschinenoptimierung mindestens sechs bis neun Monate Zeit in Anspruch nimmt, in schwierigen Fällen gern auch mal ein Jahr, bis dann endlich das Ziel erreicht ist.

Die eigentliche Optimierung kostet dabei im günstigsten Fall nur einige Tage Arbeit – je nach Seite muss eben mehr oder weniger geändert und angepasst werden. Die anschließende Optimierung der einzelnen Links dauert meistens etwas länger. Je nach Geschäftsfeld ist hier mindestens mit einer Woche bis einem Monat Arbeit (sofern man durchgehend arbeitet) zu rechnen, wenn man es auf Anhieb richtig machen will.

Was letztlich die Zeit von mehreren Monaten ausmacht, ist die kontinuierliche Analyse und Optimierung und nicht zuletzt das Warten darauf, dass die erhofften Ergebnisse eintreten. Denn letztlich bedeutet die Suchmaschinenoptimierung vor allem eines: enorme Abhängigkeit von den jeweiligen Suchmaschinen. Schließlich ist man als Optimierer darauf angewiesen, dass die Suchmaschine die Webseite besucht und ihren Index (also ihre Datenbank) erneuert, damit die Änderungen, die man seit dem letzten Mal getätigt hat, sich auch in den Trefferlisten widerspiegeln.

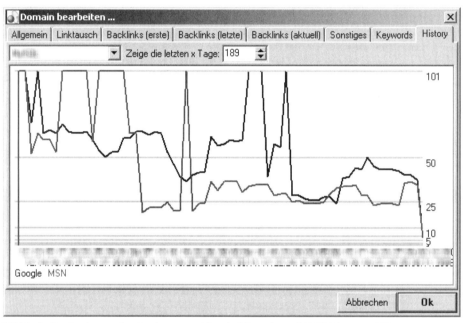

Bild 8.6: Beobachtung der Suchwortposition bei Google und MSN über ca. 6 Monate.

Wie der obige Original-Screenshot aus einem Optimierungstool zeigt, geht es mitunter auf und ab, bevor man es letztlich unter die Top Ten schafft. Der Screenshot zeigt die Beobachtung eines Keywords in den Trefferlisten von Google und MSN über 189 Tage (etwas über sechs Monate). Eingestiegen war die Seite bei beiden Suchmaschinen etwa an Position 350 bis 400 (in dem Programm, aus dem der Screenshot stammt, wird alles größer als Position 100 als »101« zusammengefasst). Nach sechs Monaten Optimierung befindet sich die Seite schließlich bei beiden Suchmaschinen für diesen Begriff unter den Top Ten.

8.10 Folgen von falscher Optimierung

Eine falsche Optimierung kann auf mehrere Gründe zurückzuführen sein: zum einen auf eine fehlerhafte Planung, zum anderen auf eine mangelhafte Umsetzung und zum dritten auf eine fahrlässig bis betrügerisch Optimierung.

Die Folgen der ersten beiden Varianten sind eher minder schwer. Denn im Regelfall führen sie nur dazu, dass trotz einer gewissen Arbeitsleistung kein Wechsel in den Positionen innerhalb der Trefferlisten erfolgt. Die Arbeitsleistung ist also verschenkt – ärgerlich, mehr ist aber nicht passiert. Es gibt aber auch einzelne Erfahrungen, dass eine falsch geplante oder falsch durchgeführte Optimierung zur Herabstufung der betreffenden Seite führen kann. Grundsätzlich gilt jedoch, dass die meisten Techniken das Ranking einer Seite bei der jeweiligen Suchmaschine eher verbessern als verschlechtern – sonst würde man es schließlich gar nicht erst versuchen.

Die Folgen von betrügerischer Suchmaschinenoptimierung durften in der Vergangenheit bereits einige namhafte Webseiten erfahren – darunter teilweise auch solche, die durch ausgewiesene Optimierungsagenturen betreut wurden, von denen man eigentlich annehmen sollte, dass sie es besser wissen müssten. Prominentestes Beispiel ist dabei die Homepage des Autobauers BMW: Die Agentur, von der die Seite optimiert wurde, hatte im Laufe ihrer Tätigkeit sogenannte Doorwaypages erstellt und es damit offenbar übertrieben. Von einem Tag auf den anderen war die Webseite – bei Google vorher auf den ersten Plätzen bei den relevanten Begriffen gelistet – nicht mehr zu finden. Erst nach einigen Tagen und Protesten seitens des Konzerns war die Seite wieder auffindbar. Kleinere Seiten, die nicht auf ein großes Medienecho hoffen können, sind in solch einem Fall jedoch so gut wie verloren und dürften es reichlich schwer haben, bei Google auf offene Ohren oder gar Gnade zu stoßen.

Diese zwielichtigen Tricks werden wir Ihnen in diesem Buch der Vollständigkeit halber ebenfalls beibringen (Kapitel 14 »Verbotene Tricks«). Es ist jedoch anzuraten, diese nur anzuwenden, wenn nichts anderes mehr funktioniert, und auch dann nur sehr bedacht und vorsichtig. Die meisten dieser Tricks sind zwar unheimlich effizient, bergen jedoch die Gefahr – wie am Beispiel BMW gezeigt –, von Google und Co. gänzlich aus den Trefferlisten verbannt zu werden.

8.11 Die wichtigsten Begriffe

Bevor wir tiefer in die Materie eindringen, ist es wichtig, einige Begriffe zu erläutern, die Sie im Zusammenhang mit Suchmaschinenoptimierung immer wieder finden und hören werden.

Keywords, Phrasen, Suchbegriffe usw.

Unter diesen Begriffen versteht man allgemein ein Wort oder eine Wortgruppe, die ein Besucher bei der Suche verwendet, um eine passende Webseite (im optimalen Fall Ihre Webseite) zu finden. Im eigentlichen Sinn ist ein Keyword dabei nur ein einzelnes Wort. Um es einfacher zu halten, werden wir im Laufe dieses Buches jedoch das Wort »Keyword« so verwenden, dass es sowohl einzelne Wörter als auch Wortgruppen bezeichnet.

Was sind Backlinks?

Unter Backlinks versteht man alle Links von anderen Seiten, die auf eine bestimmte Seite zeigen (verweisen/linken). Existieren beispielsweise drei Seiten A, B und C, die jeweils einen Link enthalten, der zur Seite D führt, besitzt die Seite D drei Backlinks. Wichtig hierbei ist, dass es sich um Links von fremden Webseiten handelt und nicht nur um Links, die innerhalb der eigenen Seite zwischen den Dokumenten hin- und herzeigen. Ein Link, der von *www.domain1.de* auf *www.domain2.de* führt, ist also ein Backlink, wohingegen ein Link von *www.domain.de/infos.html* zu *www.domain.de/kontakt.html* kein echter Backlink ist.

Was sind Indexseiten?

Die Indexseiten einer Webseite sind alle Seiten (Dokumente), die eine bestimmte Suchmaschine gespeichert hat, die sich also in deren Index befinden. Dabei ist nicht grundsätzlich jede Seite eine Indexseite. Es kommt vielmehr auf die Betrachtungsweise und damit auf die jeweilige Suchmaschine an. Hat Google beispielsweise eine bestimmte Seite gespeichert, ist diese Seite für Google eine Indexseite – Yahoo hingegen hat dieses Dokument aber vielleicht nicht gespeichert, womit die Seite für Yahoo keine Indexseite ist.

Ob eine Seite im Index einer Suchmaschine auftaucht oder nicht, ist deshalb so wichtig, weil nur Seiten gefunden werden können, die von der Suchmaschine vorher indexiert wurden. Außerdem können natürlich auch nur Seiten zur Optimierung der gesamten Webseite beitragen, die sich ebenfalls im Index befinden – alle anderen Dokumente werden schlicht ignoriert.

Was ist der PageRank?

Der PageRank ist eine imaginäre Maßeinheit, die von Google eingeführt wurde und ursprünglich eine Aussage zum Ranking einer Webseite geben sollte oder konnte. Jedes Dokument erhält hierbei eine Zahl zwischen 0 und 10 zugeordnet, wobei 0 der schlechteste und 10 der beste Wert ist. Populär wurde der PageRank dadurch, dass man sich den PageRank einer Seite in der Google Toolbar (einer Browsererweiterung, mit der man von überall aus direkt bei Google suchen kann, ohne vorher zu google.de wechseln zu müssen) anzeigen lassen und dadurch jeder sofort erkennen konnte, ob eine Seite gut oder schlecht ist. Der PageRank-Algorithmus ist mathematisch verhältnismäßig simpel und wird anhand der Zahl der auf eine Seite verweisenden Seiten (Backlinks + interne Links) errechnet. Je mehr andere Seiten auf eine Webseite zeigen (d. h. einen Link gesetzt haben), umso mehr Punkte bekommt die verlinkte Seite. Hinzu kommt, dass Seiten, die bereits einen hohen PageRank-Wert besitzen, diesen an die verlinkten Seiten vererben, sodass nicht nur die reine Anzahl der Links, sondern auch die Qualität von entscheidender Wichtigkeit für die Erlangung eines hohen PageRank-Werts ist.

Zwischenzeitlich uferte die PageRank-Manie so weit aus, dass teilweise horrende Summen dafür gezahlt wurden, einen Link von einer Webseite mit einem hohen Page-Rank zu bekommen. Mittlerweile ist anhand der Trefferlisten jedoch zu erkennen, dass die Bedeutung des PageRank für die Trefferlisten von Google deutlich abgenommen hat und stattdessen andere Faktoren wichtiger geworden sind. Trotzdem ist der PageRank weiterhin ein, wenn auch kleiner, Einflussfaktor für das Ranking bei Google und spiegelt zugleich wider, wie gut der Optimierer seine Arbeit gemacht hat – denn selbst wenn der PageRank nicht für die Trefferreihenfolge herangezogen werden sollte, ist er ein Indiz dafür, ob ausreichend viele und ausreichend hochwertig eingestufte Links von anderen Webseiten vorliegen.

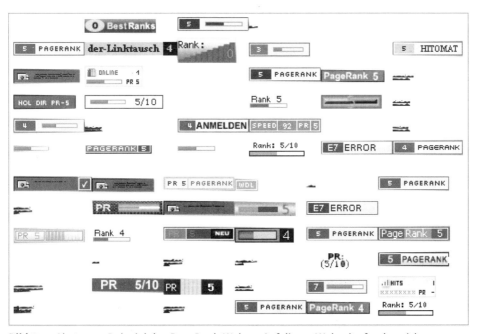

Bild 8.7: Abstruses Beispiel des PageRank-Wahns: Auf dieser Webseite fanden sich insgesamt mehr als 50 PageRank-Anzeigen von unterschiedlichen Anbietern.

Was ist der BadRank?

Der BadRank ist weithin nur ein Gerücht, wurde vor Kurzem aber indirekt von Google bestätigt. Die Funktionsweise des BadRank soll im Prinzip ein umgekehrter PageRank sein. Die Annahme besagt hier, dass neben dem PageRank ein zweiter Wert existiert, der dadurch gebildet wird, dass eine Seite auf eine andere Webseite verlinkt, die bereits einen BadRank besitzt. Der BadRank ist hierbei als eine Art Negativkriterium anzusehen, das – laut Vermutung – an hinterlistige Seiten vergeben wird, die durch viele Links versuchen, sich einen guten PageRank zu erschleichen. Besitzt eine Seite einen BadRank, ist es eigentlich aus mit der Platzierung unter den ersten 100 Treffern, und die Webseite ist quasi nicht mehr über Google auffindbar. Wichtig dabei: Den BadRank erhält nicht die Seite, auf die der Link zeigt, sondern die Seite, die einen Link zu einer Seite mit einem BadRank gesetzt hat. Es sollten daher grundsätzlich keine Links zu den Seiten des folgenden Typs gesetzt werden:

- FFA (Free For All; in Deutschland schlicht Linklisten genannt)
- Linkfarmen (teils automatisch generierte Seiten mit Unmengen an unqualifizierten Links)
- ausgewiesene Spammer

Darüber hinaus können einer Seite auch Links zu nicht mehr existierenden Seiten (HTTP-Fehler 404 usw.) einen schlechten Ruf einbringen – kontrollieren Sie also regelmäßig Ihre Seite auf kaputte Links.

Was ist der WebRank (Yahoo)?

Der WebRank ist Yahoos Antwort auf den PageRank. Nachdem der Google-Ansatz sehr populär war, versuchte man bei Yahoo mit etwas Eigenem zu kontern. Es wird vermutet, dass das Verfahren zur Berechnung des WebRank ähnlich wie das des PageRank von Google gestaltet ist, jedoch dass hier mehr Faktoren mit einbezogen werden. Für das Ranking bei Yahoo scheint der WebRank ebenfalls nur eine untergeordnete Rolle zu spielen – schaden kann ein guter WebRank allerdings auch nicht.

Ebenfalls wird vermutet, dass auch MSN einen ähnlichen Wert einführen bzw. veröffentlichen wird – schon aus Prestigegründen. Bisher hat das Haus Microsoft diesbezüglich allerdings noch nichts verlauten lassen.

Bild 8.8: Anzeige des WebRank in Yahoos Toolbar.

Was ist der TrustRank?

... und wieder ein imaginärer Wert, um den sich Suchmaschinenoptimierer kümmern müssen. Wie schon der BadRank – wenn auch bisher unbestätigt und kaum zu beweisen –, beschreibt der TrustRank ein Glaubwürdigkeitsniveau, das die Suchmaschine einer bestimmten Seite zumisst. Dabei gilt: je höher, desto besser. Die Glaubwürdigkeit bemisst sich dabei zum einen am Alter einer Webseite – ältere Seiten sind deutlich im Vorteil, wobei alt »lange im Netz« bedeutet und nicht zwangsläufig »inaktuell« heißen muss – und zum anderen ähnlich dem PageRank an der Qualität der Backlinks. Seiten mit einem höheren TrustRank haben es oftmals leichter, die vorderen Plätze in den Trefferlisten zu erreichen.

Was ist Linkpopularität?

Die Linkpopularität ist ein weiterer Wert, der wiederum keinen offiziellen Charakter wie etwa der PageRank besitzt. Es gibt also nirgends eine Toolbar oder dergleichen von einem Suchmaschinenhersteller, in der dieser Wert explizit abzulesen wäre. Insofern gibt es hier nur Vergleichswerte mit anderen Seiten.

Ermittelt wird der Wert anhand der Links, die auf eine Seite zeigen. Gewichtet werden hierbei die Anzahl externer Links (Links von anderen Webseiten), interner Links (Links von Dokumenten innerhalb der gleichen Webseite) und die Qualität der Links. Die Anzahl der Links lässt sich hier noch relativ einfach ermitteln – die meisten Suchmaschinen verfügen über die Möglichkeit, alle Seiten direkt suchen zu lassen, die einen bestimmten Link enthalten. Bei der Einschätzung der Qualität der Links ist es jedoch um einiges schwerer. Jeder Optimierer und Suchmaschinenguru hat hier sein eigenes Maß, wie die Qualität eines Links einzuschätzen ist – in der Regel beruht dieses jedoch meist mehr auf dem Bauchgefühl und der Beobachtungsgabe als auf wirklichem Wissen. Grundsätzlich bemisst sich die Qualität eines Links jedoch daran, wo er steht und welchen Linktext er besitzt.

Allgemein wird angenommen, dass die Linkpopularität heutzutage eines der entscheidenden Faktoren für das Ranking einer Webseite ist und daher den Links besondere Aufmerksamkeit geschenkt werden sollte.

Was ist IP- und Domainpopularität?

Die IP- und Domainpopularität sind ebenfalls, wie sollte es anders sein, zwei imaginäre Werte, die sich jedoch vergleichsweise relativ genau bestimmen lassen. Die Domainpopularität ist hierbei die Anzahl der unterschiedlichen Domains (darunter wird der Hostname der Webadresse verstanden; z. B. »*www.html-world.de*« aus der Adresse »*http://www.html-world.de/artikel/index.php*«), die einen Link auf eine bestimmte Seite gesetzt haben. Mehrere Links von ein und derselben Domain werden dabei also nur einmal gezählt.

Die IP-Popularität geht hier noch einen Schritt weiter: Dieser Wert misst die Anzahl der Links von unterschiedlichen IP-Adressen. Da jeder Domain auch eine IP zugeordnet ist, sich aber der Regel unter einer IP mehrere (meist zusammengehörende) Domains befinden, lässt sich anhand der beiden Werte von IP- und Domainpopularität erkennen, ob die gesetzten Links absichtlich gesetzt wurden oder natürlichen Ursprungs sind. Sofern ein großer Unterschied zwischen den zwei Zahlen besteht, ist anzunehmen, dass ein einzelner Webmaster viele Links von seinen gesammelten Projekten (die sich alle auf dem gleichen Server und damit unter der gleichen IP befinden) auf die Zielseite gesetzt hat, um die Linkpopularität in die Höhe zu treiben. Bei keiner oder nur geringer Abweichung der zwei Werte ist dagegen davon auszugehen, dass viele verschiedene Webmaster einen Link auf die Seite gesetzt haben und die Linkpopularität damit wahrscheinlich natürlichen Ursprungs ist.

Was ist der Google Dance?

Der Google Dance ist im Grunde nichts Interessantes, sorgte allerdings in regelmäßigen Abständen für Aufregung in der SEO-Gemeinde. Unter Google Dance versteht man das Update des Google-Index, bestimmter Algorithmen oder Datenbanken. Da Google mehrere Millionen Anfragen pro Tag bearbeiten muss, sind die Server, die diese Anfragen bearbeiten, über die gesamte Welt verstreut. Besucht nun ein Robot eine Webseite und findet dort neues Material, wäre es insgesamt zu aufwendig und nicht unbedingt effizient, wenn jede kleine Änderung sofort an alle Server übertragen werden würde. Aus diesem Grund werden alle Änderungen zunächst an zentralen Stellen gesammelt und dann insgesamt mit einem Rutsch auf die verschiedenen Server übertragen.

Dieser Vorgang sorgte in der Vergangenheit häufig dafür, dass es bestimmte Zeitpunkte (etwa einmal im Monat) gab, an denen sich die Trefferlisten teilweise grundlegend änderten und auf einen Schlag sichtbar wurde, welcher Optimierer erfolgreich gearbeitet hat und welche Seite stattdessen in den Ergebnissen heruntergerutscht ist. Im Laufe von Google Dance wurde zudem meist auch der PageRank-Wert neu berechnet, was für zusätzlichen Wirbel sorgte, sofern man einen besseren Wert als vorher erhielt.

Mittlerweile haben Google Dance und PageRank allerdings an Bedeutung verloren, da Google nun häufiger und kontinuierlicher auch kleine Updates vornimmt und kein großer Radikalschlag mehr vorkommt. Zwar gibt es noch ab und zu größere und grundlegendere Updates. Diese sind nun aber weniger spürbar, da meist bereits vorgearbeitet wurde und eine Seite beispielsweise schon vorher um ein paar Plätze gestiegen ist, sodass der Sprung nun nicht so groß ausfällt. Darüber hinaus haben sich auch die Zeitabstände verlängert, wodurch die Bedeutung von Google Dance weiter abgenommen hat.

▲ **Google Dance Nr. 2**

Da man bei Google nicht völlig frei von Humor ist, ließ es sich Google nicht nehmen, die alljährliche Tanzveranstaltung des Unternehmens (sozusagen den Firmenball) ebenfalls »Google Dance« zu nennen.

Was ist die Sandbox?

Die Sandbox ist sozusagen der nicht öffentliche Teil der Trefferlisten. Es gibt hierzu – im Gegensatz zu vielen anderen Gerüchten – sogar eine mehr oder minder offizielle Bestätigung eines Google-Mitarbeiters, der erklärte, dass ein solches Verfahren für bestimmte Branchen existiert. Welche Branchen das sind, bleibt zwar offen – es wird jedoch angenommen, dass dies insbesondere Branchen wie Finanzen, Flirt/Communites oder neue Technologien sind – also Branchen, die heiß begehrt und daher grundsätzlich stärker von Suchmaschinenspam betroffen sind.

Ziel der Sandbox ist es, all jene Webseiten herauszufischen, die allein durch Optimierung und weniger durch Qualität nach vorn gekommen sind. Gerade bei neuen Webseiten lässt sich daher ein interessanter Effekt beobachten: Kurz nachdem die Webseite erstmals überhaupt in den Trefferlisten auftaucht, verschwindet sie wieder für eine ganze Weile (teilweise sechs Monate oder mehr). Die Seite wird dabei nicht völlig blockiert, sondern nur anders bewertet, hier erhalten insbesondere die Backlinks deutlich weniger Gewicht, als es bei anderen Internetauftritten der Fall wäre. Damit wird erreicht, dass Suchmaschinenoptimierer nicht einfach unzählige Links kaufen können, um schnell ans Ziel zu kommen.

Ziele definieren

9

Als erster Schritt zu einer optimierten Webseite sollte erst einmal festgelegt werden, wo man eigentlich hin will – um später nicht das Ziel aus den Augen zu verlieren. Einen besonderen Schwerpunkt bei der Zieldefinition nimmt die Suche und Auswahl der richtigen Keywords ein. Schlecht gewählte Keywords sorgen unter Umständen für viel Arbeit und bringen nur wenige relevante Besucher. Gut gewählte Suchbegriffe sind leicht zu optimieren, sorgen schnell für gute Platzierungen und holen möglichst viele und qualifizierte Besucher auf die Webseite.

9.1   Welche Platzierung ist realistisch?

Bevor Sie sich ans Werk machen, sollten Sie sich über die Aussichtschancen einer Optimierung im Klaren sein. Suchmaschinenoptimierung ist keine Hexerei, die Ihre Seite mal eben auf Platz 1 befördert, sondern vielmehr harte Arbeit. Hinzu kommt, dass prinzipiell nicht jede Seite die gleichen Chancen auf einen der vorderen Plätze hat und Sie sich daher ggf. auch über einen Platz 10, 20 oder 30 freuen dürfen. Doch wie lässt sich eine realistische Platzierung einschätzen?

Ein erster Anhaltspunkt dazu ist grundsätzlich die vorherrschende Konkurrenz: Bei den meisten technischen oder generischen (= allgemeine Begriffen) Begriffen steht bei Google beispielsweise die Seite wikipedia.de auf den ersten Plätzen. Für Nachrichten und aktuelle Inhalte sind es oftmals die großen Zeitschriften und Tageszeitungen wie stern.de, spiegel.de oder faz.net. Bei Musikthemen stehen Musikportale wie musicload.de vorn, bei Büchern ist es amazon.de, und bei Familienthemen sind es ebenfalls die großen Portale wie eltern.de oder baby.dc. Wozu diese Aufzählung? Nun, all diese Seiten haben eines gemeinsam: Sie haben umfangreiche Datenbanken mit Tonnen an relevanten Inhalten, tausende Backlinks, die auf die Webseite verweisen, und einen PageRank von 5, 6, 7 oder mehr. Soll heißen: Wenn Ihre Seite nicht Ähnliches aufweisen kann oder sich nicht gerade auf bestimmte Begriffe eingeschossen hat wie sonst kein anderer Mitbewerber, ist für Ihre Optimierungschancen in der Regel bei den Platzierungen dieser Seiten Schluss – d. h., höher werden Sie nur mit sehr viel Aufwand und weiteren Kosten kommen.

Neben diesen großen Namen gibt es eine zweite Fraktion, die Ihnen das Leben schwer machen wird: andere Suchmaschinenoptimierer. Gerade bei Begriffen, die sehr gefragt sind, wie Kredit, Flirt, SMS, PKV (private Krankenversicherung), Handy usw., ist das Drängeln der anderen Webseiten derart stark, dass dort nur schwer hineinzukommen ist. Bei diesen Begriffen dürfte es zum Teil sogar schwer sein, unter die Top 100 oder Top 50 zu kommen – einfach weil alle Seiten, die bereits dort stehen, sich nicht durch Zufall dort befinden, sondern weil sie selbst schon Optimierungen vorgenommen haben. Schätzen Sie Ihre eigenen Fähigkeiten und Chancen also nicht übertrieben hoch ein. Es ist zwar alles möglich, aber nicht jede Webseite ist gleichermaßen für hohe Positionen geeignet.

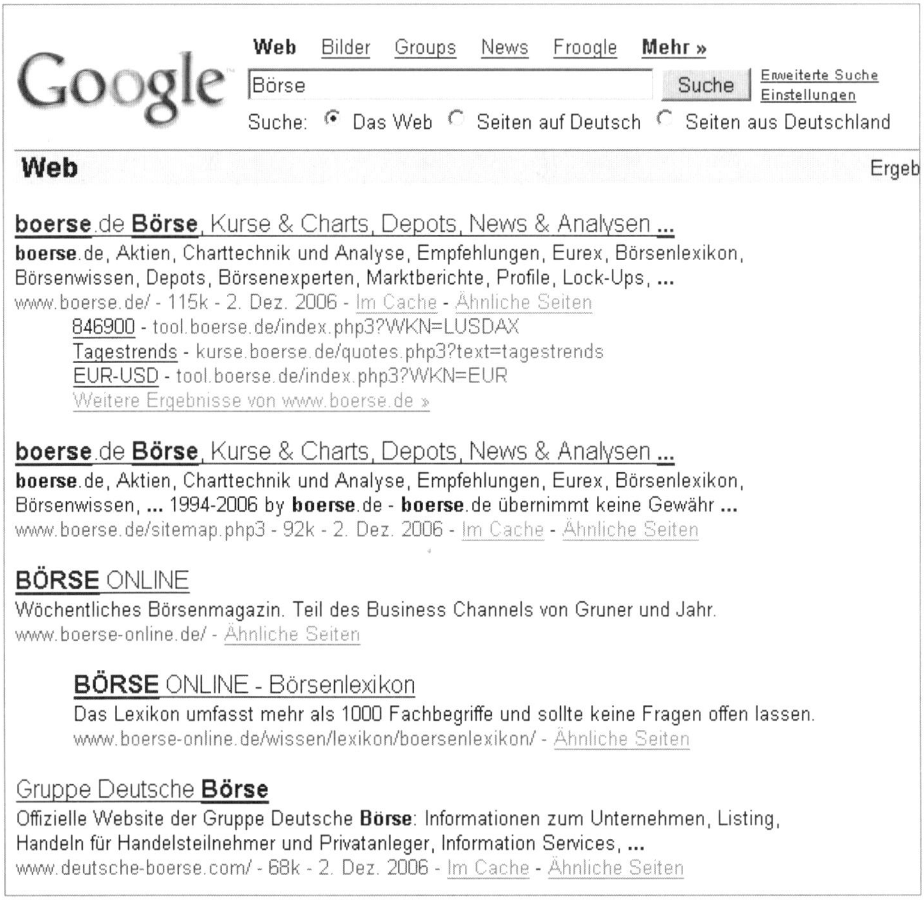

Bild 9.1: Ziel der Begierde: Die bei Google auf Platz 1 notierte Website wird – je nach Suchbegriff – pro Tag bis zu 10.000-mal angeklickt.

Auf welche Position will ich eigentlich?

»Platz 1 oder zumindest Seite 1, das ist doch klar!«, werden viele denken. Allerdings ist es nicht zwangsläufig besser, auf Platz 8 anstatt auf Platz 11 oder 12 zu stehen. Grundsätzlich ist klar: Platz 1 ist das Maß aller Dinge – wer dort steht, kann sich auf die meisten Besucher freuen. Ebenfalls dürfte einleuchten, dass alle Plätze ab Position 20 so gut wie nicht angeklickt werden – die Zahl der Besucher dürfte sich im Vergleich zu Position 1 im Promillebereich bewegen. Alle Zwischenplatzierungen muss man dagegen etwas differenzierter betrachten.

Einer Studie zufolge, bei der die Augenbewegungen der User gemessen und ausgewertet wurden, besitzen die Plätze 1 bis 3 in etwa die gleiche Aufmerksamkeit bei den Besuchern und damit annähernd die gleiche Wahrscheinlichkeit, angeklickt zu werden. Ob oder ob nicht geklickt wird, hängt bei diesen Positionen oftmals eher davon ab, wie der Seitentext und/oder die Beschreibung (bzw. der Text, der stattdessen angezeigt wird) gestaltet sind, und weniger davon, ob die Seite an Position 2 oder 3 steht. Nach Position 3 geht es mit der Aufmerksamkeit allerdings schon rapide bergab:

Eye-Track-Studie: Nur 20 % der Suchenden nehmen den Treffer an Position 10 überhaupt wahr.

Position	Aufmerksamkeit der Besucher
1	100 %
2	100 %
3	100 %
4	85 %
5	60 %
6	50 %
7	50 %
8	30 %
9	30 %
10	20 %

Ein interessanter Effekt ist hierbei der Sprung zwischen Seite 1 (Position 1 bis 10) und Seite 2 (Position 11 bis 20). Viele Webmaster berichten, dass deutlich mehr Besucher auf die Seite gelangten, als diese auf Position 11 oder 12 zu finden war, im Vergleich zu der Anzahl, als diese Seite auf Position 7 bis 10 gelistet war. Hintergrund hierfür dürfte sein, dass viele Besucher die weiter unten auf einer Seite stehenden Treffer für weniger wichtig erachten als oben gelistete. Deshalb würden die Positionen 7 bis 10 öfter überblättert. Den Positionen 11 bis 13 schenkt man hingegen gleich wieder ein wenig mehr Aufmerksamkeit, schließlich hat man ja auch darauf gewartet, dass die Seite geladen wird.

Was bedeutet das für die Suchmaschinenoptimierung? Nun, es bedeutet mehrere Dinge:

- Optimieren Sie die Webseite nicht auf Biegen oder Brechen für Platz 1. In den meisten Fällen dürften es die Plätze 2 bis 5 ebenso tun.

- Sofern Sie bereits eine gute Position auf Seite 2 einnehmen und die Plätze vor Ihnen mit schwer zu überwindenden Seiten belegt sind, sollten Sie überlegen, ob Sie die Seiten bei diesem Status belassen möchten. Wie oben beschrieben, könnte es effektiver sein, auf einem viel beachteten Platz 11 statt auf einem oft übergangenen Platz 10 zu stehen.

- Rechnen Sie die Positionen in Ihre Optimierungsplanungen mit ein. Oftmals ist es nur mit hohen Kosten und großem Zeitaufwand möglich, etwa den Sprung von Platz 5 auf Platz 3 zu schaffen. An dieser Stelle sollten Sie sich sehr gut überlegen, ob eventuell ein Besucherplus von 10 bis 30 % diesen (finanziellen) Aufwand wirklich wert ist. Oftmals lohnt es sich mehr, die bestehende Position weiter zu festigen. Denken Sie auch an Keyword-Kombinationen – hier sind ebenfalls Steigerungen möglich.

9.2   Keyword-Suche – die richtigen Wörter finden

Die Keyword-Auswahl ist der wichtigste Punkt, der vor der eigentlichen Optimierung zu überprüfen ist. Sie sollte deshalb sehr gut durchdacht werden. Folgendes werden wir hier nacheinander ausprobieren:

- Zunächst werden wir einfach blind alle Keywords heraussuchen, die einigermaßen zur Webseite passen. Egal ob relevant oder nicht – hier interessiert uns zunächst nur die Masse, um nachher nicht ein Keyword zu vergessen, das vielleicht interessant gewesen wäre.

- Alle Keywords werden wir anschließend analysieren, auf Relevanz und Tauglichkeit prüfen und diejenigen aus der Liste entfernen, die nicht oder nur schlecht zu Ihrer Webseite passen.

- Unter den zum Schluss übrig bleibenden Keywords werden wir letztlich diejenigen ermitteln, die einerseits viele Besucher bringen können und andererseits leicht zu optimieren sind.

Warum gerade diese Vorgehensweise? Nun, eines ist sicher: Eine Seite lässt sich nicht auf 100, 50 und auch nicht auf 20 Keywords optimieren. Im Idealfall findet sich ein Keyword, das zu 100 % auf die Webseite und deren Inhalt passt. Gleichzeitig nützt es allerdings natürlich nur wenig, wenn wir ein Keyword heraussuchen, das zwar wunderbar zur Seite passt, aber nur wenige Besucher anlockt.

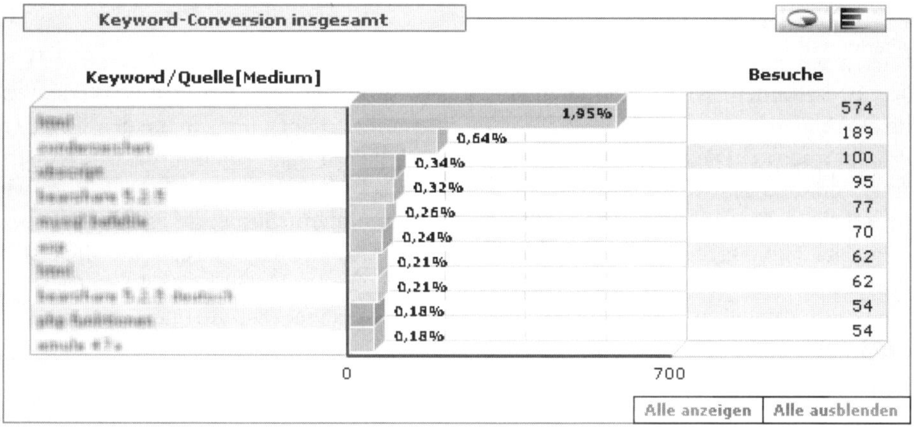

Bild 9.2: Gut gewählte Keywords bringen täglich mehrere hundert bis tausend Besucher auf die Webseite (Quelle Google Analytics).

Nach wie vielen Keywords suche ich eigentlich?

Da nicht alle Webseiten mit dem Glück gesegnet sind, sich nur mit einem einzigen Thema zu beschäftigen, bleibt es oftmals nicht aus, dass eine Seite für mehrere Keywords optimiert wird. Sofern dies der Fall ist, sollte die Anzahl der Keywords jedoch im einstelligen Bereich liegen; und zwar sollten es möglichst weniger als fünf sein. Warum nur so wenige Keywords? Der Hintergrund ist recht einfach: Optimiert man eine Webseite für Keyword A, nimmt die Relevanz der Webseite für Keyword B ab, optimiert man für B, schwindet wiederum die Relevanz für A. Noch schwieriger und komplexer wird es für eine Webseite, die für noch mehr Keywords optimiert werden soll – eine normale Webseite für mehr als fünf Keywords zu optimieren und auch unter die vorderen Plätze in den Trefferlisten zu bringen ist daher äußerst schwierig.

Etwas anders sieht es bei großen und umfangreichen Webseiten aus. Haben Sie eine Webseite, die sich beispielsweise mit 20 Themen beschäftigt und bei 15 dieser Themen das Nonplusultra im deutschsprachigen Web ist oder die umfangreichsten, neusten oder relevantesten Informationen enthält, kann es durchaus sinnvoll sein, die Seite für alle 15 Themen bzw. für ein Keyword aus jeweils einem dieser 15 Bereiche zu optimieren. Hier sollte die Optimierung an sich jedoch nicht für die gesamte Seite angestrebt werden. Das Ziel sollte sein, die einzelnen Teilbereiche für das jeweilige Keyword zu optimieren.

Beachten Sie jedoch: Jeder Webmaster hält natürlich seine Seite für die beste, tollste, informativste und was es sonst noch für Adjektive gibt. Suchmaschinen interessieren sich allerdings in der Regel herzlich wenig dafür, was der Webmaster denkt. Insofern sollten Sie bei der Einschätzung Ihrer eigenen Seite und damit auch bei der Auswahl der Keywords realistisch sein und lieber ein Keyword weniger verwenden, anstatt sich mit zwei Dutzend Keywords herumzuschlagen.

Die Keyword-Suche

Fangen wir an mit der Suche. Den Anfang machen die Wörter, mit denen die Seite bereits gefunden wird. Hierzu nehmen wir eine Auswertung der Serverlogfiles (Protokolldatei, in der der Server die Zugriffe mitschreibt) mit einem der gängigen Programme vor. Die meisten Analyseprogramme liefern dazu einen umfassenden Berg an Daten zu Besuchern, abgerufenen Dokumenten, Herkunft und – das wollten wir eigentlich – Suchmaschinen und Suchbegriffen. Sofern Sie noch nicht über ein derartiges Tool verfügen, wäre jetzt der Zeitpunkt, sich eins zu besorgen. Für die ersten Prüfungen reichen dazu die kostenlosen Tools bzw. Demoversionen kommerzieller Programme völlig aus, also einfach mal »Logfile Analyse« bei Google eingeben und herunterladen.

Wurde das Logfile durch das Analysetool gejagt, sollte nun im besten Fall zweierlei vorliegen: zum einen eine Liste der Suchmaschinen, bei denen die Seite bereits gefunden wird, und wie oft welche Suchmaschine vertreten ist, zum anderen eine Liste der Suchbegriffe, die die Besucher bei den Suchmaschinen dazu verwendet haben, die zu optimierende Seite zu finden.

Anhand der Daten lässt sich nun erkennen, wie die Besucher bisher zur Webseite gefunden haben. Grundsätzlich kann dies schon als erstes Indiz für die spätere Optimierung für eine bestimmte Suchmaschine gewertet werden: Ist beispielsweise den Logfile-Auswertungen zu entnehmen, dass viele Besucher über Yahoo auf die Webseite finden, empfiehlt sich, die Optimierung stark an Google anzupassen, um dort den Besucheranteil zu erhöhen. Andersherum kann das vermehrte Auftreten von Besuchern, die über eine Spezialsuchmaschine die Webseite gefunden haben, darauf hindeuten, dass eben diese Nutzerschicht sich weniger auf Google, Yahoo und MSN verlässt und dafür mehrheitlich Suchmaschinen bevorzugt, die ein bestimmtes Thema oder Themengebiet tiefer abdecken.

So gehen Sie hier im Einzelnen vor:

- Sofern Sie keine passendes Software haben, laden Sie sich am besten eine der kostenlosen Versionen bzw. ein Demo eines kommerziellen Programms herunter und installieren es.

- Laden Sie die Logfiles von Ihrem Server herunter. Je nach Webhoster (also die Firma, die Ihren Server betreibt) und Konfiguration können die Logfiles entweder per FTP direkt heruntergeladen oder müssen aus einer Konfigurationsoberfläche bezogen werden. In beiden Fällen legen Sie die Dateien auf Ihrem PC ab.

- Starten Sie das Programm und füttern Sie es mit den heruntergeladenen Logfiles. Wenn möglich, wählen Sie unbedingt die Auswertung der Suchmaschinen und Suchbegriffe aus.

Anhand der Ergebnisse der Auswertung können Sie nun sehen, für welche Keywords die Webseite bereits gefunden wird. Alle Keywords, die hier gelistet werden, notieren Sie in Ihrer Keyword-Liste für die spätere Verwendung.

Weitere Keywords finden

Als Nächstes sollten Sie sich nun hinsetzen und alle Keywords aufschreiben, die Ihnen zu Ihrer Seite in den Sinn kommen. Ein Keyword muss dabei nicht zwangsläufig ein einzelnes Wort sein, sondern kann auch aus mehreren Wörtern bestehen. Beispielsweise wäre für ein Spielzeugladen ein Keyword »Brettspiel«, aber auch »Brettspiel kaufen«, »Brettspiel Dame« oder »Brettspiel Mühle« zu notieren. Auch die umgedrehte Reihenfolge bei mehreren Wörtern ist ein Keyword: Neben »Brettspiel Dame« ist also ebenfalls »Dame Brettspiel« ein Keyword, das Sie in diesem Beispiel auf Ihrer Liste haben sollten.

Sofern Sie nicht mehr weiterkommen, Ihre Keyword-Liste aber noch nicht wirklich lang ist, können Ihnen vielleicht Freunde und Bekannte dabei helfen:

- Schicken Sie an fünf oder zehn Freunde eine E-Mail und bitten Sie darum, die Zielwebseite zu besuchen.

- Schreiben Sie in die Mail deutlich hinein, dass der Empfänger zehn Suchwörter oder Wortgruppen nennen soll, die er in eine Suchmaschine eingeben würde, um die von Ihnen zu optimierende Seite zu finden.

- Nummerieren Sie die zehn Zeilen vor! (Einfach zehn Zeilen anlegen und 1. ..., 2. ... 3. ... usw. davor schreiben.) Die meisten Menschen fühlen sich bei vorgefertigten Antwortmöglichkeiten eher dazu geneigt, diese auch wirklich vollständig auszufüllen. Bei Mails, die nicht vornummeriert sind, kommen oft nur drei oder fünf Antworten zurück, obwohl Sie explizit um zehn Antworten gebeten hatten.

Wenn das immer noch nicht weiterhilft, können Sie auch eine der gängigen Keyword-Datenbanken hinzuziehen. Im Internet gibt es dazu einige kostenlose wie auch kostenpflichtige Datenbanken – für die erste Suche reichen die kostenlosen allerdings erst mal völlig aus. Geeignete Webseiten sind im Verzeichnis im letzten Kapitel aufgelistet.

Results: 285	Page: **1** 2 3 4 5 6 7 8 9 10 Next
Query	**Searches** ❓
☐ sydney hotel	5,927
☐ hotel sydney	2,308
☐ sydney hotel accommodation	1,368
☐ hotel in sydney	1,336
☐ hotel accommodation sydney australia	1,032
☐ hotel accommodation in sydney	878
☐ grace hotel sydney	553
☐ sydney australia hotel	406
☐ ana hotel sydney	388
☐ w hotel sydney	381

Bild 9.3: Zahlreiche Tools und Webseiten helfen bei der Keyword-Suche.

Von der Konkurrenz lernen

Schritt 2 der Keyword-Suche: Abschreiben bei der Konkurrenz. Jeder Webmaster kennt ja in etwa so seine Konkurrenten und weiß, mit wem er um Kunden kämpft. Nun ist es an der Zeit, die Liste hervorzuholen und die Seiten der Konkurrenz genauer zu begutachten. Warum gerade bei der Konkurrenz abschreiben? Ganz einfach: Da hat sich in der Regel ja schon jemand Gedanken über die zu verwendenden Keywords gemacht, also nehmen wir die Informationen gern dankend an und gebrauchen sie für unsere Zwecke.

Besonderes Interesse gilt dabei dem HTML-Code unserer Mitstreiter. Besuchen Sie also die jeweilige Webseite und lassen Sie sich den Quelltext anzeigen. Insbesondere interessiert uns hier der `<head>...</head>`-Bereich und hier wiederum die Meta-Angaben, also alle `<meta ...>`-Tags. Die HTML-»Sprache« bietet dem Webdesigner hier die Möglichkeit, durch `<meta name="Keywords" content="...">` eine Reihe von Keywords zu notieren, die er für die Suchmaschine als wichtig erachtet. Sofern hier Keywords vorhanden sind, notieren Sie diese zu den bisherigen hinzu. Gleiches gilt für `<meta name="Description" content="...">`, was normalerweise die Beschreibung der Seite enthält. Sofern hier interessante Begriffe oder Kombinationen enthalten sind, die noch nicht auf der Liste stehen, übernehmen Sie auch diese.

Als Zweites fällt unser Blick auf den Seitentitel, also alles zwischen `<title>` und `</title>`. Hier finden sich unter Umständen interessante und wichtige Keywords, der Optiker Fielmann notiert z. B.: »Brillen – Kontaktlinsen – Sonnenbrillen – Optiker – Brille Fielmann«. Ist Fielmann einer unserer Konkurrenten, notieren wir also »Brillen«, »Kontaktlinsen«, »Sonnenbrillen«, »Optiker« und »Brille« zu unserer Keyword-Liste, sofern diese nicht schon dort erscheinen.

Außerdem empfiehlt sich an dieser Stelle auch ein Blick auf die Seite selbst. Manchmal finden sich interessante Keywords, an die man selbst noch nicht gedacht hatte – im Text, einer Überschrift oder einem Link auf der Seite eines Konkurrenten. Verbringen Sie dort ruhig einige Zeit und schauen Sie auch, was der Konkurrent inhaltlich bietet, was auf Ihrer Seite noch nicht vorhanden ist (bei der späteren Optimierung der Seite wird es u. a. auch darum gehen, den Inhalt der eigenen Webseite auszubauen – da können gute Ideen von der Konkurrenz nicht schaden).

Unentdeckte Keywords finden

Am interessantesten sind meist diejenigen Keywords, an die man selbst noch nicht gedacht hat, die aber eventuell von anderen Menschen verwendet werden. Besonders aufschlussreich sind diese Keywords natürlich, wenn auch die Konkurrenz noch nicht an diese Keywords gedacht hat und zugleich viele Benutzer eben genau diese Keywords bei der Suche verwenden.

Wie findet man aber Keywords, an die noch keiner gedacht hat? Nun, ganz einfach: Fragen Sie das Internet. Im Internet gibt es zu quasi allem eine Webseite, eine Datenbank oder zumindest eine kleine Seite mit einer interessanten Tabelle. Und wonach soll ich suchen, wenn ich nicht weiß, wie ein Begriff noch heißen könnte? Ebenfalls ganz einfach: nach der Definition des Begriffs.

Der erste Schritt bei der Suche nach neuen, ungenutzten Keywords sollte wikipedia.de oder ein ähnliches Lexikon bzw. eine vergleichbare Enzyklopädie sein. Hier gibt es zu quasi jedem Begriff, egal wie interessant oder unwichtig er ist, eine eigene Seite mit teilweise überaus umfangreichen Informationen. In der Regel werden in diesem Zusammenhang auch weitere Begriffe, weiterführende Informationen oder ähnliche Bezeichnungen genannt, die sich ggf. als Keyword für die zu optimierende Seite verwenden lassen.

Außerdem lohnt ein Blick in den Duden oder ein anderes Wörterbuch. Dort sind meist alternative Schreibweisen, ähnliche Begriffe oder dergleichen abgedruckt. Ebenfalls empfehlenswert: Synonymwörterbücher. Wer keines zur Hand hat, verwendet einfach Microsofts Textprogramm »Word«:

- Öffnen Sie Word auf Ihrem PC.
- Tippen Sie in die leere Seite einen bekannten Begriff ein, z. B. »Sport«.
- Markieren Sie den Begriff.
- Drücken Sie die `Umschalt`-Taste und `F7` gleichzeitig.

Der sogenannte Thesaurus zeigt Ihnen jetzt zum markierten Wort ähnliche Wörter und Synonyme an, die eventuell für die Keyword-Liste interessant sein könnten.

▲ Regionale Unterschiede

Bei der Suche nach geeigneten Keywords sollten Sie insbesondere auch ein Augenmerk auf regionale Ausprägungen einzelner Begriffe legen. Vor allem bei Wörtern, die einen älteren Ursprung haben, gibt es oftmals unterschiedliche Bezeichnungen. Besonders deutlich wird das auf der Speisekarte:

Einem Berliner ist z. B. der Begriff »Boulette« durchaus sehr geläufig, während ein Bayer eher »Fleischpflanzerl« sagen würde. Statt »Pfannkuchen« wird in manchen Regionen auch »Eierkuchen« gesagt. Und die »Bockwurst« heißt beispielsweise in Österreich nur »Knacker«, während der Schweizer »Cervelat« oder »Klöpfer« sagt.

Aber auch über die Speisekarte hinaus gibt es eine ganze Reihe von Dingen und Gegenständen, die regional unterschiedlich benannt werden. Dies gilt insbesondere für die ost- und westdeutsche, nord- und süddeutsche sowie deutsche, schweizerische und österreichische Namensgebung. Beispiele hierfür finden sich in jeder Wohnung: Wohnzimmer (»Stube«), Supermarkt (»Kaufhalle«), Sofa (»Couch«) oder »Teppichboden« (»Auslegeware«).

Sofern Sie ein lokales Geschäft betreiben, sind die lokal gebräuchlichen Namen natürlich die erste Wahl, wenn es um Keywords geht. Da das Internet und damit auch Ihre Webseite allerdings nicht nur den Menschen in Ihrem Ort zur Verfügung steht oder man gerade durch das Internet neue Kundenschichten erschließen möchte, sollte man auf derartige Unterschiede besonders achten. Gerade bei Webseiten, die auf ein breites Publikum abzielen, ist deshalb grundsätzlich zu den Begriffen zu raten, die von der Mehrheit gesprochen und verstanden (und damit auch gesucht) werden.

▲ Schreibweise

Ein weiterer Punkt bei der Keyword-Wahl ist die Schreibweise einzelner Keywords. Einfachstes Beispiel ist das Wort »Tipp« bzw. »Tip« oder das Wort »Stop« bzw. »Stopp«. Darüber hinaus gibt es noch eine ganze Reihe von weiteren Wörtern, die mehrere Schreibweisen beinhalten: Coupon und Kupon, Geografie und Geographie, Nikotin und Nicotin und noch viele weitere. Sofern es für ein Wort mehrere Schreibweisen gibt, notieren Sie diese ebenfalls zu Ihrer Keyword-Liste.

▲ Fehlerbegriffe

Ebenfalls nicht außer Acht gelassen werden sollten falsch geschriebene Begriffe, da diese teilweise recht weit verbreitet sind. Beispielsweise suchen etwa 10 % der User nicht nach »Pfannkuchen«, sondern nach »Pfannekuchen« und etwa 5 % nach »fernsehn« statt »fernsehen«. Es muss sich dabei nicht einmal zwangsläufig um wirkliche Rechtschreibfehler handeln – auch Vertipper kommen oft vor: Immerhin rund 3 % der User geben statt »Ärzte« auch schon mal »Ärtze« ein.

9.3   Welche Keywords sind sinnvoll?

Nachdem die Liste möglicher Keywords nun einigen Umfang angenommen haben dürfte, geht es an die Auswahl der geeignetsten und aussichtsreichsten Keywords. Stück für Stück wird die Liste nun kürzer und kürzer, bis nur noch die wichtigsten übrig bleiben. Damit haben wir die gefunden, die für die Optimierung relevant sind.

Passt das Keyword zur Seite?

Zunächst sollten wir alle Keywords aus der Liste werfen, die nicht oder nur teilweise zur Webseite passen. Dies sind alle Begriffe, die zu allgemein sind, etwa »kaufen« oder »bestellen« – sie dürften zwar auf quasi jeden Shop zutreffen, sind aber eben auch so allgemein, dass sie auf zu viele Shops passen. Ebenfalls unpassend sind Begriffe, die vordergründig zu wenig Zusammenhang zum Hauptinhalt der Seite haben. Die Seite ard.de hat beispielsweise eine Hörfunkrubrik, jedoch werden nur wenige Besucher auf die Idee kommen, die ARD vorrangig mit dem Radio in Verbindung zu bringen statt mit dem Fernsehen.

Zielgruppenfokus

Als Zweites schauen wir uns die verbleibenden Keywords genauer an und überprüfen, inwieweit sie mit der Zielgruppe der zu optimierenden Webseite übereinstimmen. Würden die bisherigen Besucher auch nach den verbleibenden Begriffen suchen? Gerade bei Wortkombinationen ist dies oft nicht sehr eindeutig, da Zusammenhänge variieren können. Auch wenn z. B. das Wort »bestellen« für die meisten Webseiten, die etwas verkaufen möchten, recht einleuchtend erscheint, so ist das Wort manchmal jedoch nicht das, wonach gesucht wird. Wichtig ist es hier, einen Zusammenhang zum Produkt bzw. der Webseite herzustellen. Verkaufen Sie auf der Webseite Bücher, ist »Buch bestellen« die richtige Wahl. Betreiben Sie jedoch eine Künstleragentur, dann sollte Ihre Wortwahl wohl eher auf »Künstler buchen« fallen – schließlich bucht man einen Künstler und bestellt ihn nicht. Bei anderen Produkten ist das ähnlich: Möbel kauft man, Wohnungen mietet man, Aktien ordert man usw.

Zwei Wörter, drei Wörter, vier Wörter ...

Zuletzt werden nun all jene Keywords von der Liste entfernt, die zu lang sind oder aus zu vielen Begriffen bestehen. Grundsätzlich lässt sich zwar eine Seite auch für ein Keyword optimieren, das aus drei oder mehr Wörtern besteht. Allerdings sinkt mit jedem Wort die Zahl der Suchenden und damit das Potenzial, das sich hinter der Optimierung der Webseite für dieses Keyword verbirgt. Suchten bei Yahoo beispielsweise etwa eine halbe Million User nach »DVD«, sind es für den Suchbegriff »DVD Player« nur noch etwa 130.000 und bei »DVD Player portabel« nur noch etwa 19.000. Steht man bei dem

Begriff »DVD« also z. B. auf Platz 8, wird man im Endeffekt mehr Besucher erhalten als eine Webseite, die beim Begriff »DVD Player« auf Platz 3 oder »DVD Player portabel« auf Platz 1 steht. Ähnlich ist es bei langen Begriffen. Beispielsweise suchen zehnmal so viele User nach »WLAN« als nach »wireless LAN«.

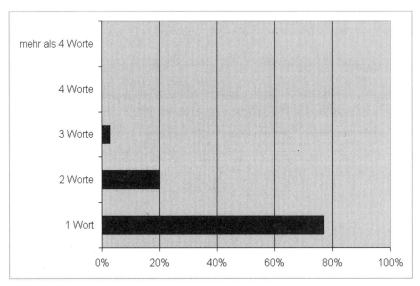

Bild 9.4: Suchanfragen nach Wortanzahl – je mehr Wörter eine Anfrage umfasst, umso weniger wird danach gesucht.

Nischen finden

Letzter und ebenfalls wichtiger Punkt bei der Keyword-Suche ist es, bestimmte Nischen zu finden und am besten – sofern noch nicht von einem Konkurrenten gebraucht – auch zu belegen. Stürzen Sie sich also nicht zwangsläufig auf die beliebtesten Suchbegriffe. Diese werden von vielen Webseiten verwendet, und entsprechend umfangreich sind die Suchergebnisse. Um sich von der Menge abzuheben und Aufmerksamkeit zu erzielen, ist die geschickte Kombination von Begriffen zu Wortgruppen entscheidend – gerade bei starker Konkurrenz. Gleiches gilt im Besonderen bei regionalen Angeboten wie etwa Städteportalen oder Geschäften (realen). Hier wäre es schließlich zwar nett, viele Besucher zu haben. Aber was nützen Ihnen viele Besucher, wenn Sie nur in einem bestimmten Umkreis aktiv werden können und viele der Besucher Ihre Seite genauso schnell verlassen, wie sie gekommen sind?

Noch ein Beispiel für die Auswahl der Keywords: Betreiben Sie beispielsweise eine Webseite zum Thema »Spiele für Familienfeste«, sollten Sie nicht »Spiel« oder »Spiele« als Haupt-Keyword wählen, sondern diese Wörter konkretisieren. Geeignet wären z. B. Keywords wie »Hochzeitsspiele«, »Partyspiele«, »Familienspiele« u. Ä. So heben Sie sich von der Masse ab und belegen gleichzeitig genau die Nische, in der auch Kunden die Seite erwarten würden.

Was hält Google von meinen Keywords?

Bei der Keyword-Auswahl ist es für jeden Webmaster natürlich eine gute Sache, wenn er nur wüsste, wie die Suchmaschine über seine Seite »denk!« bzw. welche Keywords diese für seine Seite als wichtig erachtet. Google macht diese Informationen nun öffentlich und ermöglicht im Rahmen von Google Webmasters (*www.google.com/webmasters/*) die Einsicht in die Listen der Keywords, die Google für eine Seite wichtig hält anhand der in der Seite gefundenen Wörter und der in externen Links gefundenen Wörter. Es ist in jedem Fall empfehlenswert, sich diese beiden Listen anzuschauen und mit der eigenen Keyword-Liste zu vergleichen.

Bild 9.5: Ausschnitt aus Googles Webmaster-Tool. Wenn die Keywords der externen Links mit den Keywords der Seite weitgehend übereinstimmen, kann das ein Zeichen dafür sein, dass man mit diesen Suchbegriffen auf dem richtigen Weg ist.

Besonderheit – Stopwords

Bei der Keyword-Wahl gibt es einige Wörter, die Sie unbedingt vermeiden bzw. nicht mit einbeziehen sollten. Das tritt auf alle Wörter zu, die derart oft im deutschen Sprachgebrauch vorkommen, dass sich eine Suche danach nicht lohnen würde. Zu diesen Wörtern gehören unter anderem Wörter wie »und«, »oder«, »der«, »die«, »das«, »er«, »sie« und so weiter. Sofern Ihre Keyword-Liste also Wortkombinationen enthält, die aus solchen Wörtern besteht, sollten Sie diese umgehend streichen.

9.4   Welche Keywords bringen mir die meisten Besucher?

Nachdem die Liste nun wieder überschaubar sein sollte, geht es an die eigentliche Auswahl. Hierzu versuchen wir, aus den verbleibenden Keywords die wenigen herauszufiltern, die einerseits mit realistischen Mitteln für die vorderen Plätze optimierbar sind und andererseits noch ausreichend viele Suchanfragen auf sich vereinen.

Hierzu sollte man sich eventuell eine Kalkulationstabelle in Excel oder dergleichen anlegen und die Keywords in die erste Spalte eintragen. In die zweite und dritte Spalte kommen dann die Potenziale der einzelnen Keywords und in die vierte, fünfte und sechste Spalte der zu betreibende Aufwand bzw. die bestehende Konkurrenz. Alles zusammen ermöglicht es, auf einfache Weise die Tabelle so zu sortieren, dass diejenigen Keywords ganz oben stehen, die gleichzeitig viele Besucher bei geringem Aufwand auf sich vereinen.

Um die Potenzialanalyse eines Keywords beispielhaft vorzustellen, gehen wir von einem kleinen Praxisbeispiel aus, das 2005 vom Autor dieses Buches realisiert wurde. Inhalt war, die private Webseite eines Ferienhauses an der Ostseeküste, genauer im Dorf Kühlungsborn, zu optimieren. In der Praxis ist der hier gezeigte Weg zwar etwas arbeitsreich, fußt dafür aber auf mehr oder minder harten Fakten, nämlich Suchhäufigkeit, PageRank, Backlinks und Indexseiten, und ist damit durchaus aussagekräftig.

Folgende Schritte werden wir dann bei der Analyse der Keywords nacheinander durchgehen:

- Potenziale der Keywords ermitteln: Welches Keyword bringt die meisten Besucher?
- Aufwand der Optimierung: Wie stark ist die Konkurrenz und damit der Aufwand bei den einzelnen Keywords?
- Auswahl der Keywords: Potenziale und Aufwand werden gegenübergestellt und die günstigsten Keywords herausgesucht.

Schritt 1 – die Potenzialanalyse

In unserem Beispiel »Ferienhaus an der Ostsee« wurden in der ersten Keyword-Suchphase viele Keywords gefunden, die anschließend durch unsere Filter auf folgende 10 wieder minimiert wurden:

- Ostsee
- Ostsee Ferienhaus
- Ostsee Ferienhaus Kühlungsborn
- Ferienhaus Kühlungsborn

- Ostsee Ferien

- Ostsee Ferien Haus

- Ostsee Ferien Kühlungsborn

- Ostsee Urlaub

- Ostsee Urlaub Kühlungsborn

- Ostsee Urlaub Ferienhaus

Um zunächst die Potenziale der einzelnen Keywords herauszufinden, empfiehlt es sich, die Keyword-Datenbanken zurate zu ziehen – die Links dazu haben wir für Sie im letzten Kapitel aufbereitet. Am besten für deutschsprachige Webseiten eignet sich hierfür z. B. die Datenbank von Overture, die zu einem Suchbegriff die Anzahl der Suchvorgänge im zurückliegenden Monat sowie weitere verwandte Suchbegriffe anzeigt. Die Overture-Zahlen spiegeln hierbei die Suchvorgänge im Overture-Netzwerk wider, d. h., es werden vor allem die Suchanfragen von Yahoo ausgewertet. Es geht dabei weniger um die exakte Anzahl als mehr um das Verhältnis der einzelnen Keywords zueinander.

Die Keywords schreiben wir in unsere Kalkulationstabelle. In die dritte Spalte notieren wir außerdem noch die Zahlen einer weiteren Keyword-Datenbank, quasi um eine zweite Meinung einzuholen.

Sind alle Keywords abgefragt und in eine Tabelle eingegeben, ergibt sich zum Entstehungszeitpunkt dieses Buches folgendes Resultat:

Keywords mit Suchhäufigkeiten aus zwei Datenbanken

Keyword	DB 1	DB 2
Ostsee	6753	18953
Ostsee Ferienhaus	6376	1013
Ostsee Ferienhaus Kühlungsborn	0	0
Ferienhaus Kühlungsborn	49	73
Ostsee Ferien	410	796
Ostsee Ferien Haus	9	0
Ostsee Ferien Kühlungsborn	0	0
Ostsee Urlaub	4275	2221
Ostsee Urlaub Kühlungsborn	0	0
Ostsee Urlaub Ferienhaus	10	29

Mit den so gewonnenen Daten können wir leicht abschätzen, dass ein Platz 1 beim Keyword »Ostsee« etwa 10-mal mehr Besucher bringt als der gleiche Platz beim Begriff »Ostsee Ferien«. Alle Keywords, die jetzt schon eine 0 bzw. eine besonders kleine Zahl aufweisen, werfen wir ebenfalls gleich aus der Liste. Für diese Keywords lohnt es sich nicht zu optimieren, da hiernach kaum jemand sucht. Es bleiben also nur noch sechs Keywords übrig, unter denen es sich entscheidet.

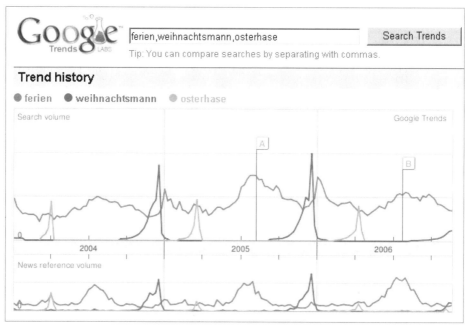

Bild 9.6: Hilfreich – Google Trends zeigt grafisch, wonach gesucht wird. Hier sind auch zeitliche Unterschiede deutlich sichtbar, etwa zu Weihnachten oder Ostern.

▲ Tipp: Der Trick mit den AdWords

Ein kleiner Trick, mit dem man recht gut die Suchhäufigkeit bestimmter Keywords herausfinden kann, besteht darin, für ein paar Tage Google AdWords zu schalten. Dabei handelt es sich um die bezahlten Suchergebnisse, die bei der Google rechts neben den eigentlichen Ergebnissen erscheinen. Man legt einfach eine kleine Kampagne an, die die betreffenden Keywords enthält, und lässt diese für ein paar Tage laufen. Anschließend lässt sich anhand der Einblendungszahlen gut ablesen, ob ein bestimmtes Keyword häufig oder eher selten nachgefragt wird. Aber Vorsicht: Nur weil Ihre Anzeigen bei einem Keyword wenig angezeigt werden, bedeutet dies noch nicht, dass nicht danach gesucht wird. Es könnte durchaus auch der Fall sein, dass es Mitbewerber gibt, die bei diesem Keyword mehr bezahlen und deshalb öfter und vor Ihnen erscheinen.

Schritt 2 – die Aufwandsanalyse

Um aus den verbleibenden sechs Keywords die besten herauszufinden, schauen wir uns an, wie hoch die Messlatte bei den einzelnen Keywords bereits liegt, indem wir die Konkurrenz analysieren. Hierzu gehen wir einfach alle Keywords nacheinander durch und bilden von den ersten fünf Webseiten, die bei der jeweiligen Trefferliste oben stehen, die Summe des PageRanks, die Summe der Backlinks und die Summe der Indexseiten. Sollten Seiten doppelt erscheinen (Google zeigt etwa Unterseiten eingerückt als eigenständigen Eintrag an), werden diese nur einmal gezählt. Alle drei Summen notieren wir dann in unserer Tabelle in der Zeile des jeweiligen Keywords in der Spalte 4, 5 bzw. 6. Beim Keyword »Ostsee« z. B. ist die PageRank-Summe der ersten fünf Webseiten gleich 26 (5 + 6 + 5 + 5 + 5), die Backlinksumme ist 703, und die Summe der Indexseiten beträgt 583.976 (darunter allein rund 560.000 von wikipedia.de). Um die Arbeit zu beschleunigen, empfiehlt sich hier ein Tool zu verwenden, das die entsprechenden Daten automatisch auswertet, sodass man nacheinander nur die URLs der ersten fünf Treffer eingeben und die Zahlen zusammenzählen muss.

Haben wir alle Daten zusammen, erscheint in etwa folgende Tabelle:

Die Keyword-Tabelle mit allen Daten

Keyword	DB 1	DB 2	PR	BL	Ind.	Ergebnis
Ostsee	6.753	18.953	36	703	583.976	0,47
Ostsee Ferienhaus	6.376	1.013	21	705	31.479	0,75
Ferienhaus Kühlungsborn	49	73	12	65	142.118	0,01
Ostsee Ferien	410	796	23	876	2.745	0,11
Ostsee Urlaub	4275	2221	22	922	41.488	0,51
Ostsee Urlaub Ferienhaus	10	29	25	1.859	65.525	0,00
Summe	17.873	23.085	139	5.130	867.331	

Schritt 3 – die Auswertung

Nun fehlt nur noch die Ergebnisspalte, also die Einschätzung der Daten. Hierzu ist jedem überlassen, welche Formel er anwendet. Etwas komplex, aber für den Anfang recht gut ist folgende Formel, die in der obigen Tabelle bereits angewandt wurde:

Ergebnis = (DB1 / SummeDB1 + DB2 / SummDB2) / (PR / SummePR +
(BL / SummeBL) * 2 + (Ind / SummeInd) * 3)

Oder zu Deutsch: Jeder Wert wird durch die Gesamtsumme der jeweiligen Spalte dividiert, in der er steht. Die dabei für die beiden Datenbankspalten gewonnenen Werte werden addiert und anschließend durch die Summe der Verhältnisse von PageRank, Backlinks und Indexseiten dividiert. Der Sinn dieser Formel ist recht einfach: Die möglichen Suchvorgänge (also potenziellen Besucher) werden mit dem Aufwand (Konkurrenz, hier also PageRank, Backlinks und Indexseiten) ins Verhältnis gesetzt. Die Multiplizierung der Backlink- und Indexwerte mit 2 bzw. 3 kennzeichnet dabei die Bedeutung der Backlinks bzw. Indexseiten für das Ranking – Backlinks wären in dieser Formel also doppelt so wichtig wie der PageRank. Das Keyword, das letztlich den größten Wert als Ergebnis erhält, bringt möglichst viele Besucher bei gleichzeitig relativ niedriger Konkurrenz.

And the winner is ...

Bei den Keywords aus unserem Beispiel ist also das Keyword »Ostsee Ferienhaus« (Ergebniswert 0,75) vor »Ostsee Urlaub« (0,51) und »Ostsee« (0,47) am besten geeignet. Es ergibt also deutlich mehr Sinn, eine Webseite für die Kombination »Ostsee Ferienhaus« zu optimieren als nur für »Ostsee« – eben weil hier die Konkurrenz leichter zu überholen ist.

9.5   Was ist mit Keywords, durch die ich schon gefunden werde?

Bei der Keyword-Wahl kann man sich auf zwei unterschiedliche Dinge konzentrieren: Entweder man wählt Keywords, die besonders leicht zu optimieren sind, weil man mit diesen bereits gefunden wird, oder man nimmt Keywords, die schwieriger sind, aber deutlich mehr Besucher bringen.

Grundsätzlich sind beide Varianten nicht falsch. Jedoch sollte man sich überlegen, mit welcher man auf Dauer mehr Nutzen erreicht – was in den meisten Fällen mit der Variante 1 (also der im vorherigen Abschnitt beschriebenen Option) der Fall sein dürfte. Dies gilt insbesondere für alle Keywords, bei denen man erst auf einem Platz nach Position 50 gefunden wird. Sofern Ihre Seite also zufällig bei einem Keyword schon unter den ersten 10 oder 20 zu finden ist, lohnt es sich eventuell, sich auf dieses Keyword zu konzentrieren und die Seite dadurch weiter voranzubringen.

In allen anderen Fällen sollten Sie von den bestehenden Keywords Abstand nehmen (nicht völlig, aber diese eben auch nicht als Nonplusultra betrachten) und sich lieber auf Keywords konzentrieren, deren Aufwand-Nutzen-Verhältnis möglichst hoch ist (also etwa die mit der im vorhergehenden Abschnitt beschriebenen Methode ermittelten Keywords). Außerdem sollten Sie bedenken, dass eine Optimierung der Webseite Sie in den Trefferlisten meist insgesamt, d. h. bei allen Keywords, voranbringt und nicht nur bei denen, die Sie als Haupt-Keywords festgelegt haben. Insofern hat die Anwendung von Variante 1 in den meisten Fällen auch eine Steigerung der Keywords von Variante 2 zur Folge.

Bestandsaufnahme

Bevor wir mit der eigentlichen Optimierung loslegen können, müssen wir erst schauen, wo wir aktuell stehen, um dann Mittel und Wege entwickeln zu können, die uns an das Ziel bringen, das wir erreichen möchten (nach oben natürlich). So mancher Kunde hat nach der Bestandsaufnahme erstaunt festgestellt, dass sich eine Optimierung der Webseite eigentlich gar nicht mehr lohnt, weil er sich bei den wichtigsten Suchbegriffen jeweils schon auf den vorderen Plätzen befindet. Andere realisieren mit der ersten Analyse allerdings auch erschreckt, dass sie bei kaum einem für sie wichtigen Suchwort unter den ersten 100 Treffern zu finden sind und sich daran schleunigst etwas ändern sollte.

10.1 Ranking ermitteln – an welcher Position werde ich gefunden?

In der Zieldefinition haben wir die Keywords herausgesucht, für die wir gefunden werden wollen. Nun geht es daran zu sehen, wo die Zielseite denn überhaupt bei den einzelnen Keywords aktuell steht: Es wird also das Ranking ermittelt.

Dazu wird die jeweilige Suchmaschine mit dem Browser angesteuert; nach und nach werden die Suchbegriffe eingegeben. Innerhalb der Ergebnisse wird geschaut, an welchem Platz sich die Zielwebseite befindet. Da dies einiges an Arbeit kosten kann, ist es hier empfehlenswert, auf eines der zahlreichen Tools zurückzugreifen, die automatisiert die Platzierung bei den einzelnen Suchmaschinen abfragen. Alles zusammen sollte man in einer kleinen Liste festhalten oder direkt im Tool speichern, falls das Werkzeug, das wir benutzen, dies anbietet.

Finde ich mich selbst?

Ebenfalls wichtig für die meisten Webseiten ist, dass diese sich unter ihrem eigenen Namen finden. Wenn jemand nach »Amazon« sucht, möchte er ja auch die Webseite des Onlinehändlers an vorderer Stelle finden. Begeben Sie sich also z. B. zu Google und geben Sie Ihren eigenen Firmen- bzw. Webseitennamen ein (ohne das Suffix .de).

Sofern Sie sich an der Stelle 1 bis 5 wiederfinden, besteht kein Grund zur Sorge – das bedeutet, Ihre Seite wurde bereits indexiert, und Google weiß mit Ihrem Namen etwas anzufangen. Sofern Sie Ihre Webseite nicht unter den ersten 50 bis 100 finden und Sie keinen allgemeinen Namen, sondern einen Eigennamen (also eine Bezeichnung, die es im normalen Sprachschatz nicht gibt, wie etwa eBay, Amazon oder Google) verwendet haben, sieht es vorn vornherein relativ schlecht für Ihre Seite aus. In der Regel bedeutet dies, dass Ihre Webseite entweder noch nie von einem Robot dieser Suchmaschinen besucht wurde oder dass die Webseite selbst für ihren eigenen Namen als irrelevant eingestuft wurde und deshalb nicht gezeigt wird.

10.2   Backlinks ermitteln – wer hat mich verlinkt?

Ebenfalls wichtig für die Bestandsaufnahme ist die Ermittlung der Backlinks – es wird also gezählt, wie viele andere Webseiten auf die zu optimierende Webseite bereits einen Link gesetzt haben. Hierzu fragen wir einfach die drei großen Suchmaschinen, Google, Yahoo und MSN, mit einer speziellen Suchanfrage ab:

Für alle drei Suchmaschinen lautet diese:

`link:[URL]`

... wobei *[URL]* durch die URL (Adresse inkl. http://...) Ihrer Webseite ersetzt wird. Die Suchanfrage wird einfach wie jede andere Suche in das Suchfeld bei der jeweiligen Suchmaschine eingegeben. Das Resultat hierzu ist eine Liste der Seiten, die einen Link zu der in *[URL]* angegebenen Adresse gesetzt haben. Interessant ist hier neben den eigentlichen Seiten auch die Gesamtzahl der gefundenen Ergebnisse. Diese Zahl steht bei den drei Suchmaschinen direkt über der Trefferliste.

In der Regel zeigen alle drei Suchmaschinen für diese Suche einen anderen Wert an, was allerdings nicht verwunderlich ist, da die Filtermechanismen, etwa um gleiche Seiten auszuschließen, unterschiedlich sind. MSN zeigt aktuell bei den meisten Webseiten den genauesten bzw. höchsten Wert an, Yahoo filtert etwas mehr, und Google zeigt grundsätzlich nur relativ wenig an. Trotzdem sind alle drei Werte wichtig – auch um später beurteilen zu können, ob und wie die Suchmaschinen auf die Optimierung reagiert haben. Die Werte sollten also ebenfalls notiert und zu den Daten der Keywords gelegt werden.

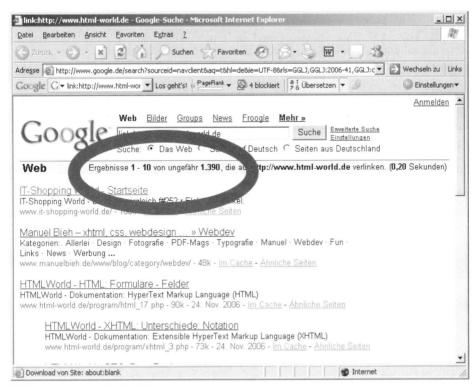

Bild 10.1: Anzeige der Backlinks bei google.de.

10.3 IP- und Domainpopularität

Bei der Ermittlung der IP- bzw. Domainpopularität kommen wir nun nicht mehr um Hilfsmittel herum. Da sich diese Werte aus den Summen der unterschiedlichen Domains bzw. IPs berechnen, die einen Link zur Zielwebseite gesetzt haben, könnte es also recht umfangreich werden, die gesamte Liste an Backlinks zu durchforsten, die Domains herauszuschreiben und anschließend zu jeder Domain noch die IP zu ermitteln. Bei kleineren bzw. neueren Seiten mag dies vielleicht noch recht zügig gehen. Da ein Ziel der Suchmaschinenoptimierung aber eben die Erhöhung dieser zwei Zahlen ist, wird diese Aufgabe früher oder später immer umfangreicher werden. Es ist daher sinnvoll, von Anfang an auf eine entsprechende Software oder ein Webseitentool zu setzen.

Im Web gibt es dazu eine ganze Reihe von Tools, die diese beiden Werte ermitteln. Prinzipiell ist es egal, welches Sie verwenden, sofern Sie konstant bei diesem Tool bleiben. Je nach Datengrundlage (ein Tool verwendet vielleicht Google für die Zählung, ein anderes Yahoo und ein drittes wiederum beispielsweise eine Kombination aus Google und MSN) fallen die Ergebnisse natürlich unterschiedlich aus und sind daher schwer vergleichbar.

Insofern lautet hier die Empfehlung, am Anfang ein paar Tools auszuprobieren, aber dann immer (d. h. bis zum Abschluss der Optimierung) das gleiche Werkzeug zu verwenden. So lassen sich die Daten vom ersten Prüfungslauf gut mit denen nach ein paar Tagen und Wochen vergleichen, und es wird sofort sichtbar, ob bzw. welche Veränderungen eingetreten sind.

Ziel ist es hier, möglichst hohe Werte im Verhältnis IPs/Domains zu erreichen. Werte über 85 % sollten in jedem Fall angepeilt werden, während Werte, die deutlich darunter liegen, meist negative Folgen für die Trefferposition der jeweiligen Seite haben. Wenn Sie später also auf der Suche nach Backlinks sind, achten Sie auch darauf, welcher IP bzw. Domain diese angehören, um nicht zu viele Links von ein und derselben IP zu bekommen.

ID	Domain	PR	Suchwort	Goo.	Yah.	MSN	Back.	Index	Dom	IP	%	Hoster	Typ	Kath.	Status
4		6		67	101	40	242/72	71	56	50	89			Zielseite/Projekt	???
3		5		101	101	101	16/30	228	25	22	88			Zielseite/Projekt	???
9		5		101	101	6	466/23	1000	14	9	64			Zielseite/Projekt	???
14		7		101	101	15	686/940	1000	833	710	85			Doorway	???
0		6		7	101	1	464/879	1000	722	622	86			Zielseite/Projekt	???
12		5		78	101	101	463/21	1000	11	6	55			Zielseite/Projekt	???
10		5		33	101	11	438/19	1000	9	4	44			Zielseite/Projekt	???
11		5		13	101	101	466/22	976	11	6	55			Zielseite/Projekt	???
1		6		101	101	101	9/50	119	39	36	92			Zielseite/Projekt	???
2		5		101	101	101	29/203	36	180	170	94			Zielseite/Projekt	???
8		5		101	101	101	5/16	22	13	12	92			Zielseite/Projekt	???
13		0		24	101	33	0/15	28	8	7	88			Projekt	???
5		4		101	101	101	12/184	144	172	150	87			Zielseite/Projekt	???
6		5		101	101	101	8/16	39	13	13	100			Zielseite/Projekt	???
7		5		101	101	2	8/7	60	4	4	100			Projekt	???

Bild 10.2: IP-, Domain- und Linkpopularität übersichtlich auf einen Blick.

10.4 PageRank ermitteln – wie bewertet mich Google?

Die Bedeutung von PageRank für die Platzierung innerhalb der Suchmaschinen nimmt stetig ab, dennoch ist er immer noch ein guter Indikator für die Arbeit des Suchmaschinenoptimierers.

Zur Abfrage des PageRank empfiehlt es sich, die »offizielle« Quelle zu verwenden – also die Google-Toolbar zu installieren. Der Download hierzu findet sich unter *http://toolbar. google.de*. Nach dem Download wird innerhalb der Installation gefragt, ob man die erweiterten Funktionen aktivieren möchte, was zu bejahen ist, da man sonst den PageRank nicht angezeigt bekommt. Ist die Toolbar installiert, erscheint sie im Internet Explorer bzw. Firefox direkt unter der eigentlichen Adressleiste. Steuert man nun eine Webseite an, zeigt die kleine Skala in der Mitte der Toolbar den PageRank an. Hält man die Maus darüber, wird auch der genaue Wert angezeigt.

Bild 10.3: Ablesen des PageRanks für die angezeigte Webseite.

10.5 Indexseiten ermitteln – welche Seiten können gefunden werden?

Hinter dem Begriff Indexseiten verstecken sich alle Seiten (Dokumente), die eine Suchmaschine von einer bestimmten Webseite in ihrem Index hat – also alle Seiten, die z. B. Google von der zu optimierenden Webseite bereits gespeichert hat und die damit also auch durch die Suche bei Google auffindbar wären.

Das Ermitteln der Indexseiten selbst ist eine recht leichte Aufgabe, da die Suchmaschinen hierzu Auskunft geben. Man begibt sich ebenso wie zur Ermittlung der Backlinks zu den einzelnen Suchmaschinen und gibt eine spezielle Suchanfrage ein.

Für alle drei Suchmaschinen ist dies:

`site:`*[Domain]*

Wobei *[Domain]* durch die Domain (Adressstamm ohne http://, also z. B. *www.ard.de*) ersetzt wird. Ebenso wie bei der Abfrage der Backlinks bekommt man wiederum eine Liste der Seiten sowie die Gesamtzahl aller Indexseiten. Letztere kann anschließend mit den auf dem Server befindlichen Dokumenten verglichen werden. Daraus lassen sich Rückschlüsse auf die interne Verlinkung ziehen. Befinden sich deutlich mehr Seiten auf dem Server, als von den Suchmaschinen indexiert werden, ist dies ein Indiz dafür, dass bestimmte Inhalte der Webseite nicht erreichbar sind. In solch einem Fall sollte unbedingt nachgeforscht werden, warum es hier zu Differenzen kommt – am besten mithilfe eines Tools zum Überprüfen der Webseite auf tote (also nicht funktionierende) Links.

10.6   Konkurrenz – welche Mitstreiter gibt es?

Auch im Suchmaschinenmarkt ist es ein wichtiger Faktor für den eigenen Erfolg und Misserfolg, ob andere Marktteilnehmer existieren und, wenn ja, wie und ob diese vielleicht sogar besser arbeiten als man selbst. Aus diesem Grund sollte zur ersten Bestandsaufnahme auch die Einschätzung der Mitbewerber gehören, wozu vor allem zwei Punkte gehören:

1. Finden Sie heraus, wer Ihre Hauptkonkurrenten sind. Dies sind diejenigen Seiten, die gleich bei mehreren Ihrer Keywords vorn liegen und Ihnen den Weg nach oben versperren.

2. Finden Sie heraus, wie diese Konkurrenten aufgestellt sind, also wie viele Backlinks und Indexseiten diese haben und wie hoch deren PageRank und Linkpopularität usw. sind.

Wer sind meine Konkurrenten?

Die Hauptkonkurrenten sind jene, die bei mehreren Suchbegriffen, unter denen Ihre Seite gefunden wird, auch schon vertreten sind oder, schlimmer, weit vor Ihrer Zielseite in den Ergebnissen stehen. Vernachlässigen kann man dagegen Seiten, die mehr oder minder »zufällig« in den Suchtreffern auftauchen. Ein kleines imaginäres Beispiel dazu:

Angenommen, es sollte beispielsweise die Seite ard.de optimiert werden, die bisher bei allen relevanten Suchbegriffen nur auf Platz 100 steht. Hier wären die direkten Konkurrenten wohl zdf.de, wdr.de, mdr.de und sämtliche anderen Fernsehsender. Dahingegen stünde allerdings der Fernseherreparaturservice von nebenan, der beim Suchbegriff »Fernseher« (noch) eventuell vor ard.de zu sein könnte, nicht auf der Liste der direkten Konkurrenten.

Machen Sie die Liste allerdings nicht zu lang und notieren Sie nur die wichtigsten Webseiten – zehn sollten mehr als genug sein –, denn je mehr Sie ansetzen, umso mehr Arbeit haben Sie nachher mit der Auswertung der Daten. Und schließlich geht es uns ja auch nicht darum, besser zu werden als der achte, neunte oder zehnte Konkurrent – wir wollen weit nach vorn, am besten natürlich auf Platz 1. Das bedeutet, dass die zu optimierende Webseite im Prinzip besser werden muss als die jetzige Nummer 1.

Wie ist die Konkurrenz aufgestellt?

Als zweite Frage in Bezug auf die eigene Konkurrenz stellt sich die Frage, wie diese Konkurrenz aufgestellt ist – welche Werte sie also erreicht. Hier interessieren besonders die harten Fakten, also Indexseiten, Backlinks, IP- und Domainpopularität. Die Keywords der Konkurrenz bzw. deren Platzierung in den Suchmaschinen interessieren uns an diesem Punkt zunächst noch nicht, da Webseiten selbst im gleichen Marktsegment unterschiedliche Keywords verwenden und damit an diesem Punkt die Vergleichbarkeit zerstört würde. Oder, um bei unserem Beispiel mit der ARD zu bleiben: Die Konkurrenten WDR, BR und RBB hätten zwar die Keywords »Fernsehen« und »Fernsehsender« gemeinsam, jedoch würden die regionalen Unterschiede und das Programm zu verschiedenen weiteren Keywords führen. Der WDR könnte beispielsweise als drittwichtigstes Keyword »Nordrhein-Westfalen« (Sendegebiet) haben, wohingegen beim BR es eben »Bayern« und beim RBB »Berlin« wäre.

Webseitenoptimierung

Nun geht es endlich ans Werk: Die Optimierung der Webseite kann beginnen. Die Keywords wurden ausgewählt, für die die Webseite optimiert werden soll, die Quellcodes der Webseite stehen bereit, alle Tools sind auf dem neusten Stand – na, dann mal los!

11.1   Optimierung oder ein neues Design?

Bevor man sich ans Werk macht, sollte noch der eine oder andere Gedanke an die Umsetzung verschwendet werden. Wichtigste Frage hierbei: Soll die Webseite nur optimiert werden oder empfiehlt es sich, die Seite völlig umzukrempeln und neu aufzusetzen?

Wie Sie sich denken können, gibt es für beides Argumente, die es abzuwägen gilt. Zunächst wäre der Arbeitsaufwand abzuschätzen, der mit der Optimierung entsteht bzw. mit dem Neudesign der Seite entstehen würde. Sofern die Seite schon ein paar Jährchen auf dem Buckel hat, könnte es unter Umständen einfacher sein, eine völlig neue Seite zu erstellen, die schon die wichtigen Punkte für die Optimierung berücksichtigt. Andererseits verursachen ein neues Design, ein Neubau der Seite und womöglich ein neuer Shop, der dann her muss, natürlich beträchtliche Kosten. Die Vorteile einer reinen Optimierung liegen auch in einer gewissen Konsistenz der Seite aus Sicht der Suchmaschinen: Ändert sich eine Seite grundlegend, stimmen vielleicht die Links nicht mehr. Inhalte werden nicht mehr dort gefunden, wo sie mal zu finden waren, und sämtliche Backlinks sowie der vielleicht bereits erworbene PageRank könnten davon negativ beeinträchtigt werden. All dies wäre durch eine Optimierung mehr oder minder ausgeschlossen. Andererseits ist es gerade bei älteren Seiten (im Internet sind drei Jahre ja schon alt) oft der Fall, dass im Laufe der Zeit immer wieder Inhalte hinzugekommen sind, sich Strukturen geändert haben und Verknüpfungen gesetzt wurden, die vielleicht schon gar nicht mehr funktionieren. In so einem Fall wäre eine Generalüberholung der Webseite sicher nicht schlecht.

11.2   Rankingkriterien der wichtigsten Suchmaschinen

Um eine Seite richtig optimieren zu können, ist es wichtig, die Kriterien näher zu kennen, wie die einzelnen Suchmaschinen das Ranking bestimmen. Da diese Kriterien jedoch nicht öffentlich sind, sondern nur aus Erfahrungen, Tests und Beobachtung herrühren, ist leider nicht eindeutig feststellbar, welches Kriterium exakt welchen Anteil am Ranking hat. Vielmehr ist es oftmals so, dass ein Zusammenspiel aller Kriterien ein positives Ranking ausmacht und man daher versucht, alle Kriterien so gut wie möglich abzudecken. Trotzdem gibt es einige beachtenswerte Punkte, da ihre Wirkung auf das Ranking offensichtlich ist.

 Da aktuell nur drei Suchmaschinen, nämlich Google, Yahoo und MSN, den Kuchen der deutschsprachigen Suchanfragen unter sich ausmachen und alle weiteren Suchmaschinen unter »ferner liefen« zu finden sind, werden wir hier auch nur auf diese drei Suchmaschinen eingehen. Sofern Sie Ihre Seite für eine andere Suchmaschine optimieren wollen, sollten Sie davon ausgehen, dass die Kriterien dieser Maschine jenen der Top 3 ähnlich oder nachempfunden sind. Daher gelten auch ähnliche Schritte, um bei den spezielleren Suchmaschinen in die erste Reihe zu kommen.

Google

Der Suchmaschinenprimus Google setzt vor allem auf eines: qualitativ hochwertige und in ihrer Anzahl umfangreiche Backlinks. Als hochwertig werden dabei besonders Links von themenverwandten Seiten angesehen, die im Idealfall auch noch das entsprechende Keyword enthalten. Hier spielt auch der PageRank eine gewisse Rolle.

Darüber hinaus stehen bei Google besonders große und umfangreiche Seiten (viele Indexseiten) hoch im Kurs, deshalb spielen auch wikipedia.de, amazon.de oder ebay.de bei quasi jeder Anfrage oben mit. Ebenfalls von hoher Bedeutung sind die URL, der Seitentitel sowie die Überschriften. Dagegen kümmert sich Google eher weniger um Meta-Angaben oder Hervorhebungen. Alle anderen Techniken nehmen in ihrer Wichtigkeit eine Mittelposition ein.

Google

Web Bilder Groups News Froogle **Mehr »**

news [Suche] Erweiterte Suche
Einstellungen

Suche: ⊙ Das Web ○ Seiten auf Deutsch ○ Seiten aus Deutschland

Web Ergebnisse

News-Ergebnisse für **news** - Meldungen des Tages

Geerd Hamer "praktiziert" wieder: **NEWS** hat Olivias "Wunderheiler ... - News Network - vor 13 Stunde
Sport-**News** in Kürze - Tages-Anzeiger Online - vor 11 Stunden gefunden
News und Transfers - Aargauer Zeitung - 1. Dez. 2006

Google **News** Deutschland
Kurzfristig aktualisierte Auszüge der Schlagzeilen deutschsprachiger Zeitungen und
Nachrichtenmagazine, thematisch gruppiert und nach Datum sortierbar.
news.google.de/ - 129k - 2. Dez. 2006 - Im Cache - Ähnliche Seiten

FOCUS Online Homepage
Das Nachrichtenmagazin Focus mit aktuellen Nachrichten, verschiedenen **News** Tickern,
einer Provider-Liste und Online-Spielen.
www.focus.de/ - 169k - Im Cache - Ähnliche Seiten

heise online
heise online - **News**. ... Weitere Meldungen im **News**-Überblick. Fehlt eine wichtige
Nachricht? Geben Sie uns Bescheid! ...
www.heise.de/ - 36k - 2. Dez. 2006 - Im Cache - Ähnliche Seiten

heise online - 7-Tage-**News**
heise online - **News**. ... Heise Security/UK startet "**News** for your site" · Google Answers wird
stillgelegt · Studie: VoIP und IPTV treiben Router-Verkäufe an ...
www.heise.de/**news**ticker/ - 46k - 2. Dez. 2006 - Im Cache - Ähnliche Seiten

RTLaktuell.de
NEWS ...
www.rtl.de/**news/news**.php - 30k - Im Cache - Ähnliche Seiten

NEWS
NEWS: Walter Eselböck - Star-Koch & die Giftküche · ·Alternativen zu lästigen Korkfehlern
Kurios bis kultig: Bag in Box, Dosen, Aluflaschen.. ...
www.**news**.at/ - 3k - Im Cache - Ähnliche Seiten

Bild 11.1: Für Google zählen gute Backlinks mehr als ein Keyword im Namen.

Yahoo

Die Kriterien für die Trefferlisten von Yahoo sehen denen von Google recht ähnlich,
auch wenn hier etwas weniger auf Links und andere externe Faktoren und dafür etwas
mehr auf interne Faktoren wie Titel, Überschriften oder Meta-Angaben geachtet wird.
Für Yahoo ist es ebenfalls überaus wichtig, dass der Suchbegriff möglichst im Domainnamen oder dem Adresspfad vorkommt und dabei möglichst weit vorn steht.

Eine Besonderheit bei Yahoo ist der an die Suchmaschine angeschlossene Katalog (das ursprüngliche Yahoo). Wer hier gelistet ist, hat deutlich bessere Chancen als eine nicht gelistete Webseite. Wer dann noch in genau der Kategorie gelistet ist, die mit dem Keyword übereinstimmt, findet sich meist schon recht schnell auf den ersten Seiten wieder.

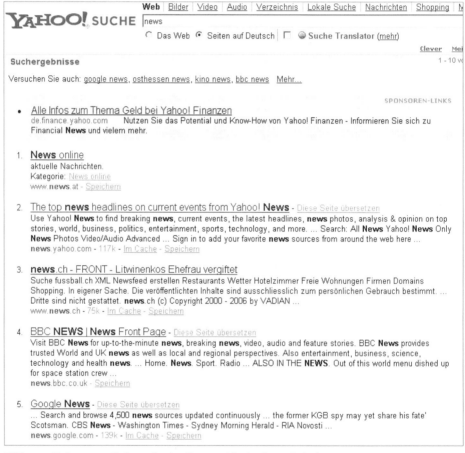

Bild 11.2: Yahoo mag Seiten, die das Keyword in der Domain haben.

MSN

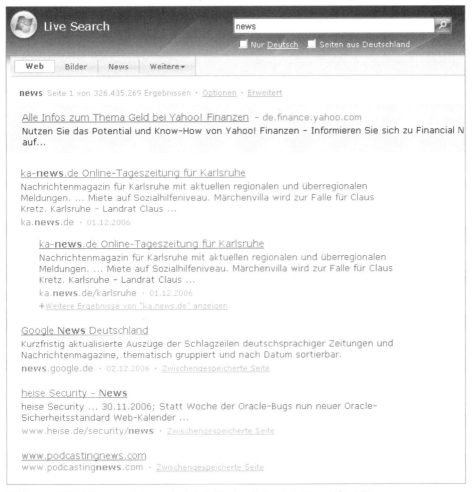

Bild 11.3: MSN/Live.com interessiert sich für den Seiteninhalt und die URL.

MSN geht beim Ranking etwas anders vor als die beiden zuvor genannten Such-maschinen. Technisch steht die Maschine den anderen beiden noch um einiges nach. Verlinkungen der Seiten untereinander sind eher weniger wichtig (aber auch nicht unwichtig), dafür zählen eher weiche Faktoren wie das Auftauchen und die Position des Suchbegriffs (innerhalb des Titels, der URL, des Textes, jeweils möglichst weit am Anfang) sowie die Häufigkeit des Auftretens. Eine inhaltlich gut gestaltete Seite mit entsprechend häufiger Nennung des Keywords – das auch in der URL, dem Titel sowie in den Meta-Angaben vertreten sein sollte –, dürfte hier leicht für vordere Plätze sorgen.

11.3 Optimierungsziel – organisch wachsende Portalseite

Aus der Überschrift können Sie es schon entnehmen – Ziel aller Optimierung ist es, der Suchmaschine vorzugaukeln, man sei eine große, besonders wichtige, mit den klügsten und neuesten Informationen gefüllte Portalseite, die schon viele Jahre im Web ist und von jedermann geliebt wird. Doch warum ist das so wichtig?

Der Hintergrund liegt in den Rankingkriterien bzw. den Theorien, die dahinterstecken. Ziel einer Suchmaschine ist es, die relevantesten Seiten als Erstes zu präsentieren und alle anderen nach hinten zu verbannen. Weil aber gerade seit dem Google-Boom immer mehr Webseiten auf Suchmaschinenoptimierung setzen, wird es zunehmend schwieriger, die weißen von den schwarzen Schafen zu trennen. Da die ersten paar Webseiten unter Umständen inhaltlich relativ gleich aussehen, ähnliche Titel und vergleichbare Überschriften haben, bleibt den Suchmaschinen daher besonders auf den vorderen Plätzen nur die Trennung nach Punkten wie Alter (wann wurde die Seite zum ersten Mal in den Index aufgenommen), Informationsfülle (Indexseiten insgesamt), Empfehlungen (Backlinks) oder Aktualität (wie oft ändern sich Teile der Seite?).

Suchmaschinen können nicht feststellen, dass eine Seite speziell für sie optimiert wurde. Das Ziel der Optimierung sollte daher sein, die Webseite weiterhin natürlich aussehen zu lassen (eben organisch gewachsen und nicht absichtlich durchgestylt).

11.4 Punkte der Optimierung

Die Optimierung einer Webseite umfasst mehrere Punkte:

- Als Erstes sollte der Inhalt der Webseite optimiert werden. Als Inhalt sind Text, Bilder, Tabellen und dergleichen zu verstehen – also all das, was die Webseite für den Besucher (und natürlich auch den Robot der Suchmaschinen) interessant macht.

- Als Zweites sollte der Webseitencode, also das HTML-Gerüst der Webseite, optimiert werden. Unsauberer oder gar fehlerhafter Code kann schnell dazu führen, dass ein Robot die Seite nicht korrekt verstehen kann und deshalb vielleicht schlechter bewertet.

- Zum Abschluss wird als Drittes die Struktur der Webseite optimiert. Hierbei sind besonders die Verlinkung innerhalb der Webseite sowie der Weg wichtig, auf dem bestimmte Informationen gefunden werden.

In welcher Reihenfolge diese Punkte abgehakt werden, ist dabei nebensächlich. In der Praxis hat es sich jedoch als vorteilhaft erwiesen, sich von Punkt 3 (Struktur) über 2 (HTML-Code) zu Punkt 1 (Inhalt) vorzuarbeiten. Dies ist besonders dann von Vorteil, wenn sich während der Strukturoptimierung herausstellt, dass bestimmte Inhalte erstellt, bearbeitet, verlagert oder gelöscht werden müssen. Hätte man hier bereits mit der Optimierung des Inhalts begonnen, würde man sich ggf. doppelte Arbeit machen und Inhalte optimieren, die später so vielleicht gar nicht mehr existieren oder auf andere Seiten verlagert werden.

11.5   Inhaltsoptimierung

Einer der wichtigsten Punkte bei der Optimierung einer Webseite ist die Überarbeitung des Inhalts. Wie bereits angesprochen, werden besonders Webseiten bevorzugt, die durch ein reichhaltiges Angebot an Content glänzen können. Wichtig hierbei ist, nicht einfach das nächstliegende Lexikon oder die einem am besten gefallende Nachrichtenwebseite zu schnappen und Texte zu kopieren (was zudem gegen das deutsche Urheberrecht verstößt und recht schnell recht teuer werden kann). Viel wichtiger sind eigene Inhalte, also Inhalte, die noch keiner hat. Suchmaschinen sind schließlich nicht mehr so wenig intelligent, wie sie es einmal waren. Sie erkennen mittlerweile recht gut, wenn man ihnen zum hundertsten Mal die Kopie eines Wikipedia-Artikels vor die Nase hält. Es hilft also nur, sich hinzusetzen, selbst Texte zu schreiben und die Webseite mit Leben zu füllen.

Inhaltsprofil

Nichts ist schlechter als eine Seite, die versucht, alle Themen abzudecken, und dabei jeden Bereich nur halbherzig angeht. Davon sieht man Tausende und Abertausende im Internet. Vor allem sieht man eines: Diese Seiten stehen nicht auf den vorderen Plätzen der Suchmaschinen. Der Grund ist offensichtlich: Wer sich auf zu viele Themen konzentriert, verliert die Relevanz beim Einzelthema und büßt damit Plätze ein. Es ist daher sehr wichtig, ein klares Inhaltsprofil zu entwickeln – sozusagen den Charakter der Webseite. Fokussieren Sie sich auf wenige Themen (am besten nur eins) und gehen Sie dafür bei diesem Thema mehr in die Tiefe. Sofern sich Ihre Seite mit dem Fliegenfischen beschäftigt, ist eine Abhandlung über die richtigen Gummistiefel beim Angeln sicher nicht falsch, sollte aber nur einen kleinen Teil der Webseite in Anspruch nehmen. Grundsätzlich nichts verloren hat an dieser Stelle jedoch beispielsweise die Info zu den besten DSL-Tarifen oder der billigsten Krankenversicherung. Auch wenn dieser Inhaltspunkt vielleicht irgendwann mal angelegt wurde (weil mit Affiliate-Programmen durch Empfehlung eines bestimmten Anbieters Werbeprovisionen eingenommen werden sollten) – er passt nicht zur Seite und sollte daher dringend entfernt werden. Der Schaden, den man sich aufgrund von ausbleibenden Besuchern zufügt, wiegt schließlich deutlich höher als die paar Euro, die durch die Werbung hereingekommen wären.

Seiteninhalt

Das Wichtigste bei jedem Inhalt einer Webseite ist natürlich, dass dieser zur Seite passt, sinnvoll eingegliedert ist und vor allem das richtige Thema behandelt. Hierbei sollte sich die Webseite hauptsächlich um das Thema drehen, das Sie als Keyword verwenden möchten. Zu jedem Keyword sollte es mindestens ein paar Seiten mit entsprechenden Texten, Erklärungen und Hintergrundinfos geben.

Dass sich ein Text um ein bestimmtes Thema dreht, sollte allerdings auch nicht nur aus der Überschrift hervorgehen. Ihr Ziel ist es schließlich, die Webseite für ein bestimmtes Keyword zu optimieren, also darf dieses ruhig auch in einem Text vorkommen – übertreiben Sie es damit aber nicht gleich (siehe Abschnitt »Keyword-Dichte und Keyword-Spam«).

Der Inhalt eines Dokuments an sich muss nicht zwangsläufig nur aus Text bestehen – auch wenn die Suchmaschinen damit natürlich am meisten anfangen können. Vielmehr ist es – auch der Besucher wegen, die keine tristen mehrseitigen Texte lesen wollen – sinnvoll, etwas Abwechslung in die Seiten zu bringen. Eine Suchmaschine wird es Ihnen nicht übel nehmen, wenn Sie die Texte mit Bildern oder Tabellen schmücken – im Idealfall stecken schließlich auch in einer Tabelle Hinweise, wichtige Begriffe oder gar das Keyword selbst.

Seitenlänge

Nun stellt sich die Frage, wie lang eine einzelne Seite sein soll bzw. wie viel Text jedes Dokument enthalten soll. Hierbei verhält es sich wie bei allem anderen auch: je mehr, desto besser. Ab einem bestimmten Punkt bzw. einer bestimmten Länge nimmt allerdings die Gewichtung ab. Prinzipiell gut sind Seiten mit zwei bis fünf Bildschirmseiten Inhalt (das entspricht zwei- bis fünfmaligem Herunterscrollen bei normaler Bildschirmauflösung). Seiten, die weniger Text enthalten, werden in der Regel schlechter gestellt; Seiten mit mehr als fünf Bildschirmseiten werden allerdings meist nicht mehr besser gestellt als Seiten mit vier oder fünf Bildschirmlängen.

Sofern die zu optimierende Seite bereits längere Texte oder umfangreiches Datenmaterial beinhaltet, könnte man zudem darüber nachdenken, die vorhandenen Inhalte besser zu verteilen. Eine zehnseitige Produktbeschreibung könnte wesentlich effektiver genutzt werden, wenn diese zu einer Produktbeschreibung von dreimal drei Seiten umgeformt wird. Damit wäre auch gleich die Anzahl der Indexseiten erhöht, was prinzipiell gut ist.

Keyword-Dichte und Keyword-Spam

Die Keyword-Dichte ist ein besonderer Punkt, der bei der Erstellung von Texten beachtet werden sollte. Die Keyword-Dichte ist das Verhältnis eines Wortes bzw. einer Wortgruppe zur Gesamtzahl der Wörter auf der Seite. Als Keyword-Spam bezeichnet man allgemein das übermäßige Hinzufügen von Keywords in den Inhalt einer Seite.

Früher war es beispielsweise in Mode, am Seitenende ein paar Hundert oder Tausend Wörter zu hinterlassen und dort einfach das gewünschte Keyword zu notieren, um den Suchmaschinen entsprechendes Futter zu geben. Dies sollte heute nicht mehr so gemacht werden. Grundsätzlich ist es zwar nicht falsch, ein bestimmtes Wort oder Wortgruppe in einem Text mehrfach zu nennen. Man sollte es jedoch nicht übertreiben, da damit leicht der Eindruck entstehen kann, dass es sich nicht mehr um einen normalen Text, sondern um einen suchmaschinenoptimierten Werbetext für das betreffende Keyword handelt. In der Regel spricht man daher von einer Keyword-Dichte von 1 bis 5 %, gelegentlich je nach Literatur auch mal von bis zu 10 % – mehr sollte es nicht sein.

Um herauszufinden, wie hoch die Keyword-Dichte einer Seite ist, gibt es mittlerweile unzählige kostenlose Tools, von denen wir einige in unserem Linkverzeichnis im letzten Kapitel aufgelistet haben.

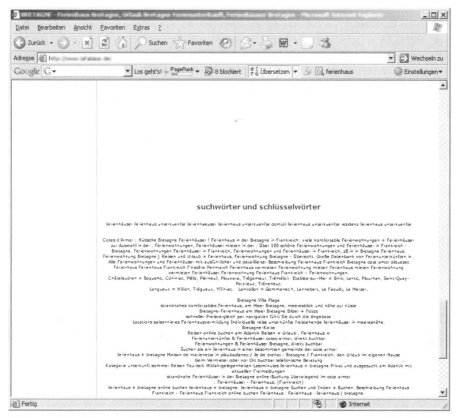

Bild 11.4: Scrollt man auf dieser Seite ganz nach unten, findet man massenweise sinnlosen Text in Minischrift mit viel zu vielen Keywords. Derartige Texte können leicht dazu führen, dass die Seite bald nicht mehr zu finden sein wird.

Wenn Sie feststellen, dass die Keyword-Dichte zu hoch ist und die Seite daher in Spamverdacht geraten könnte, empfiehlt es sich, das betreffende Wort oder die Wortgruppe gegen ein passendes Synonym auszutauschen.

Keyword-Nähe und -Position

Neben der Anzahl der Keywords in einer Seite ist auch die Position bzw. die Nähe zu anderen Keywords wichtig. Für die Position gilt grundsätzlich: je weiter vorn, umso wichtiger. Das gilt sowohl für Überschriften, Titel und Linktexte als auch für normale Texte. Natürlich sollten Sie es auch hier nicht übertreiben, sodass nach der Optimierung plötzlich jeder Absatz mit einem Keyword beginnt. Sofern es sich anbietet, ist es aber nicht schlecht, die Keywords aus dem dritten Satz in den ersten vorzuziehen.

Unter Keyword-Nähe versteht man den Abstand zwischen zwei Keywords. Diese müssen allerdings nicht grundsätzlich etwas miteinander zu tun haben oder gar gezielt eingesetzt worden sein. Es geht vielmehr darum, dass etwa Suchmaschinen wie Yahoo bei der Suche nach mehreren Wörtern diejenigen Seiten bevorzugen, bei denen die einzelnen Wörter nahe beieinanderstehen. Was bedeutet das für die Praxis? Mehrere Dinge:

- Um zusätzlich zum Haupt-Keyword auch über bestimmte Keyword-Kombinationen gefunden zu werden, sollten die betreffenden Begriffe möglichst dicht beieinanderstehen.

- Wo es sich anbietet, sollten um das Keyword herum andere Wörter genannt werden, die bei der Suche eventuell von einem Besucher in Betracht gezogen werden könnten.

- Die Reihenfolge, in der die Wörter auftauchen, ist den meisten Suchmaschinen egal. Suchwörter in der richtigen Reihenfolge werden allerdings einen Tick besser bewertet als Seiten, bei denen die Suchbegriffe zwar dicht beieinander, aber nicht in der korrekten Reihenfolge stehen. Sofern Sie mehrere interessante Wörter um das Keyword platzieren, notieren Sie die wichtigsten in der gebräuchlichen Reihenfolge und die weniger interessanten auf den verbleibenden Positionen.

Aktualität

Um dem Image einer großen Portalseite gerecht zu werden, spielt der Punkt Aktualität ebenfalls eine wichtige Rolle – große Portale bringen schließlich ständig neue Inhalte, News und Hintergrundberichte heraus und erneuern die Startseite manchmal mehrfach am Tag mit Neuigkeiten. Da nur die wenigsten über eine entsprechende Redaktion verfügen und kaum jemand die Zeit hat, täglich mehrere Nachrichten aus der Presse aufzugreifen, einen Artikel daraus zu machen und auf die eigene Webseite zu stellen, müssen andere Wege gefunden werden, die Seite aktuell zu halten. Einen guten Anfang machen hier Pressemitteilungen oder Produktnews. Es geht auch nicht darum, täglich

Neuigkeiten zu produzieren. Allerdings erkennen Suchmaschinen mittlerweile recht gut, wie oft sich eine Seite ändert, und bewerten dies entsprechend. Abhängig vom Umfeld, in das Sie mit Ihrer Webseite vorstoßen möchten, ist daher mindestens eine News pro Monat schon angebracht. Manchmal hilft hier auch die Kooperation mit anderen Seiten, beispielsweise lokalen Zeitungen oder Magazinen, die für ein paar Euro oder eine freundliche Werbung die News an Sie abtreten.

Bevor Sie jetzt aber jede Nachrichtenredaktion in Ihrer Umgebung anrufen und um eine Zusammenarbeit bitten: Nicht jede News ist auch eine gute News. Letztlich muss der Inhalt ja zu Ihrer Seite passen. Sofern Sie einen PC-Shop im Internet betreiben, sind also die Politiknachrichten eher ungeeignet für Sie – ganz davon abgesehen, dass sich Ihre Besucher auch darüber wundern würden.

Duplicate Content

Etwas, das Google und Co. gar nicht gern sehen, ist Duplicate Content, zu Deutsch doppelte Inhalte – also Inhalt, der irgendwo schon einmal auftauchte. Bis zur Einführung entsprechender Algorithmen, die doppelte Inhalte verbieten, war es z. B. einfach möglich, eine Kopie von Wikipedia-Artikeln auf der eigenen Seite zu platzieren, um die Seite mit hochwertigem Inhalt zu füllen und so in den Suchmaschinen aufzusteigen. Mittlerweile ist das Gegenteil der Fall: Seiten, die doppelte Inhalte haben, werden oftmals teils deutlich schlechter gestellt als Seiten mit einzigartigen Inhalten.

Die wichtige Frage dabei: Wann ist Content gleich Duplicate Content? Fakt ist, dass normale Zitate (ein paar Sätze) sich natürlich nicht negativ auf das Ranking auswirken. Kritisch wird es, wenn die Texte eine oder gar mehrere Seiten (also mehr als ein paar Sätze) ausmachen. Hierbei zählen sowohl Inhalte als doppelt, die innerhalb einer Webseite mehrfach auftauchen, als auch Inhalte, die auf verschiedenen Webseiten gleich sind. Teilweise wurden Seiten auch schon schlechter gestellt, weil innerhalb eines Dokuments größere Inhalte mehrfach vorkamen.

Startseitenoptimierung

Startseiten sind eine nette Sache, sie bieten Platz, um sich selbst darzustellen, sind mitunter mit kleinen Flashanimationen versehen und stimmen den Besucher auf die folgenden Inhalte der Webseite ein. Startseiten sind auch gut, um den Besucher schon mal zu prüfen, seine Bildschirmauflösung und Sprache herauszufinden und ihn dann auf eine für ihn optimierte Version der Webseite zu schicken. Für den Besucher ist eine Startseite also in der Regel eine gute Sache (sieht man mal von den Startseiten ab, die erst drei Stunden einen Flashfilm laden und dann keinen »Skip Intro«- bzw. »Weiter ...«-Button anbieten).

Für die Robots der Suchmaschinen sind Startseiten allerdings alles andere als eine feine Sache. Sie enthalten in der Regel kaum verwertbare Inhalte und nur wenige Links (meist nur zur nächsten Seite), aus denen der Robot quasi keinen Nutzen ziehen kann. Letzteres wirkt sich natürlich negativ auf das Ranking aus. Bedenken Sie hierbei, dass die Startseite (also die Seite, die direkt unter Ihrem Domainnamen erreichbar ist) die wichtigste Seite der ganzen Webseite ist. Ihr sollte die meiste Aufmerksamkeit zukommen in Sachen Keywords, Inhalte und so weiter. Es ist daher ratsam, grundsätzlich gleich mit dem eigentlichen Inhalt der Webseite anzufangen und keine vorgeschaltete Startseite zu verwenden.

Bild 11.5: Die Startseite des Flughafens Magdeburg ist schön anzusehen, hat aber keinerlei Relevanz für die Suchmaschinen.

Sofern bei Ihnen die Startseite die Funktion übernommen hat, Besucher auf verschiedene Auflösungen und/oder Sprachen zu verteilen, sollte dies dennoch nicht über die Startseite, sondern eine umgebaute normale Seite geschehen. Hierzu wird als »Startseite« einfach die Seite verwendet, die am häufigsten genutzt wird – also mit den Einstellungen Deutsch und 1024 x 728 Pixeln Auflösung. Auf dieser Seite werden die Skripten der alten Startseite platziert und der Besucher ggf. zu einer anderen Sprache bzw. einer anderen Auflösungsversion weitergeleitet. Der Effekt des Ganzen ist recht einfach: Kommt eine Suchmaschine auf Ihre Webseite, findet sie sofort nützliche Inhalte vor.

Kommt dagegen ein normaler Besucher auf Ihre Webseite, wird zunächst die Standardseite (z. B. in Deutsch und 1024 x 728 Pixeln) geladen und sofort auf die für ihn passende andere Variante verwiesen. Im günstigsten Fall ist die Weiterleitung so geschickt gestaltet, dass der Besucher von der Standardseite nicht mal etwas merkt.

Poison Words

Zusätzlich zu den vielen guten Eigenschaften von Keywords auf einer Webseite gibt es auch eine Eigenschaft, die mit »Poison Words«, also in etwa »giftige Worte«, bezeichnet wird. Darunter versteht man bestimmte Wörter, deren Erscheinen auf einer Webseite für ein schlechteres Ranking sorgen kann. Natürlich gibt es aber wie immer keine offizielle Liste oder eine Bestätigung, dass manche Wörter für eine schlechte Position in den Trefferlisten sorgen. Angenommen wird, dass Wörter aus dem Erotikbereich, Glücksspiel, Viagra und Co. zu einer Herabstufung führen können. Darüber hinaus spekulieren einige Suchmaschinenoptimierer, dass selbst harmlose Wörter wie Forum oder Gästebuch einen negativen Effekt auf eine Webseite haben könnten, da z. B. Foren sich in der Regel durch allerlei Unterseiten, aber nur wenig und zudem teils fragwürdigen Inhalt auszeichnen. Gleiches gilt für Gästebücher, die nur selten wirkliche Relevanz für einen Suchenden haben. Sofern es sich vermeiden lässt, sollten in der Praxis also Wörter wie »Sex«, »Viagra«, »Casino«, »Poker« usw. nicht auf einer normalen Webseite erscheinen, um einer möglichen Herabstufung zu entgehen.

11.6 Codeoptimierung

Für die Optimierung des HTML-Codes sollten Sie gute bis sehr gute HTML-Kenntnisse besitzen. Wie bereits angesprochen, kann eine schlechte oder fehlerhafte Notation des HTML-Codes schnell negative Auswirkungen auf die Platzierung haben. Guter, sauberer Code kann jedoch dazu führen, dass sich die Robots der Suchmaschinen auf Ihrer Seite wohlfühlen, die Seite also problemlos indexieren können und anschließend hoffentlich bald wiederkommen.

Titeloptimierung

Für die meisten Suchmaschinen wichtigstes HTML-Element ist der `<title>`-Bereich. Ihm sollten Sie besondere Aufmerksamkeit widmen. Er sollte grundsätzlich in jeder HTML-Datei vorhanden sein und sich im `<head>`-Bereich befinden. Als Inhalt empfiehlt es sich, den Webseitennamen (bei ard.de dann »ARD«), gefolgt von den wichtigsten zwei oder drei Keywords und dem Seitentitel (worum es auf dieser speziellen Seite geht). Auch empfehlenswert ist es, auf den Webseitennamen zu verzichten und stattdessen gleich mit den Keywords zu beginnen. Allerdings sorgt dies dafür, dass die Seite schlechter in den Trefferlisten wiedererkannt werden kann. Da die Suchmaschinen den Titel einer Seite sehr prominent als erste Zeile eines jeden Suchtreffers und zudem noch fett und etwas größer darstellen, fördert es die Klickrate um einige Prozentpunkte, wenn der Suchende bereits im Titel eine Seite erkennt, die für ihn nach der richtigen Quelle klingt.

Darüber hinaus ist es empfehlenswert, einen statischen und einen wechselnden Bestandteil im Titel zu haben. Den statischen Teil sollten hierbei der Webseitenname und die Keywords ausmachen – dieser Bereich ist auf allen Unterseiten gleich und verdeutlicht damit die Wichtigkeit dieser Wörter für die gesamte Webseite. Der Seitentitel jedoch sollte für jede Unterseite unterschiedlich sein – schließlich enthält jede Unterseite einen anderen Inhalt, der mit der Erwähnung im Titel entsprechend gewürdigt bzw. hervorgehoben werden sollte. Sofern die Webseite aus vielen Unterseiten besteht, empfiehlt sich auch der Einsatz eines CMS (Content Management System), um die Seitentitel automatisch – z. B. anhand der ersten Überschrift – zu benennen.

Überschriften

Zweitwichtiger Bestandteil eines jeden Dokuments für die drei Suchmaschinen Google, Yahoo und MSN sind die Überschriften innerhalb der Seite. Hier sollte unbedingt mit den korrekten HTML-Elementen <h1>, <h2>, ... bis <h6> gearbeitet werden. Oftmals werden Überschriften lediglich als normale Absätze mit ein paar fetten und/oder kursiven Hervorhebung formatiert. Das ist nicht sehr ratsam und sollte schnellstens in die korrekte Schreibweise übertragen werden. Sollte dies dem Design der Seite widersprechen, ist dazu zu raten, dennoch die <h1> bis <h6>-Elemente zu verwenden und dann entsprechend mit CSS (Cascading Style Sheets) so auszuschmücken, dass die Überschriften wieder dem Design entsprechen.

Neben der korrekten HTML-Auszeichnung hat auch die Wahl des Überschrifttextes eine besondere Bedeutung. In der wichtigsten Stufe (<h1>) sollte nach Möglichkeit zum einen die Kernaussage der Seite, zum anderen aber auch das wichtigste Keyword enthalten sein. Sofern Sie eine Seite für mehrere Keywords optimieren, sollte hier der Begriff vorhanden sein, das am besten zum Inhalt passt. Optimieren Sie eine Seite beispielsweise für »Kino« oder »Film« und «Fernsehen«, könnten Sie bei einer Unterseite zum neusten Kinofilm die Überschrift etwa »Neu im Kino: Findet Nemo« nennen, um zum einen die Hauptaussage der Seite (der Film »Findet Nemo«) und zum anderen ein wichtiges Keyword (»Kino«) möglichst effektiv zu platzieren.

Ebenfalls wichtig ist die Reihenfolge bzw. Verwendung der Überschriften. Grundsätzlich sollte es nur eine <h1>-Überschrift geben und mehrere <h2>- Überschriften. Zur weiteren Unterteilung können dann entsprechend noch <h3> und <h4> eingesetzt werden. Die noch übrigen <h5> und <h6> dürften dagegen in den seltensten Fällen sinnvoll sein und treten daher kaum auf. Eine sinnvolle Gliederung sieht also z. B so aus:

- <h1> – Seitenüberschrift

- <h2> – Kapitelüberschrift

- \<h3\> – Unterkapitel/Abschnitt

- \<h4\> – Erläuterungen

- \<h5\> – nicht verwendet

- \<h6\> – nicht verwendet

Außerdem ist es empfehlenswert, längere Texte und Abschnitte durch Unter-überschriften zu gliedern. Beispiel: Ein Text zum Thema Fliegenfischen hat die Überschrift \<h1\> »Fliegenfischen«, gefolgt vom Text, der etwa drei Seiten lang ist. Hier sollte der besseren Lesbarkeit wegen und um den Suchmaschinen mehr Futter zu liefern, etwa alle halbe Seite eine Überschrift \<h2\> eingefügt werden, die jeweils den folgenden Abschnitt zusammenfasst und ggf. auch wieder ein Keyword enthält. Allerdings: Versuchen Sie nicht krampfhaft, in jede Überschrift ein Keyword zu pressen, da dies leicht als Keyword-Spam aufgefasst werden kann. Setzen Sie die Keywords also nur dann, wenn es inhaltlich sinnvoll ist.

Bild 11.6: Gut strukturiert, aber schlecht codiert – stern.de setzt \<h5\> statt \<h2\> für Teilüberschriften ein.

Meta-Angaben

Meta-Angaben waren zu Zeiten von AltaVista, Fireball und Co. das Maß der Dinge, wenn es um das Ranking der Suchmaschinen ging. Heutzutage ist das nicht mehr der Fall. Es gibt jedoch keinen Grund, die Meta-Angaben zu vernachlässigen oder völlig auf sie zu verzichten. Auf jeden Fall sollte man daher zumindest die wenigen Grundangaben gesetzt haben: Keywords, Description, Language sowie ggf. noch Robots und Revisit-After. Alle zusammen sollten sich natürlich – wie es sich für korrekten HTML-Stil gehört – im <head>-Bereich wiederfinden. Der passende Code dazu schaut dann in etwa so aus:

```
1    <html>
2     <head>
3      <title>...</title>
4      <meta name="revisit-after" content="30 days">
5      <meta name="robots" content="index,follow">
6      <meta name="language" content="de">
7      <meta name="description" content=" ... ">
8      <meta name="keywords" content=" ... ">
9      ...
10    </head>
11    <body>
12     ...
13    </body>
14   </html>
```

Nun, was bedeuten diese Angaben? Das Meta-Element ist dazu gedacht, Informationen zur Webseite abzuspeichern, die im Browser nicht sichtbar sind – in unserem Fall Zusatzinformationen in Form von Keywords oder einer Seitenbeschreibung. Der Wert des Name-Attributs gibt dabei an, um was für eine Information es sich handelt, während das Content-Attribut die Information selbst enthält. Im obigen Beispiel stellt sich das also so dar, dass wir den Robot zunächst anweisen, sich möglichst alle 30 Tage bei uns blicken zu lassen (»revisit after« bedeutet frei übersetzt »erneuter Besuch nach x Tagen«). Als Zweites folgt wiederum eine Anweisung an den Robot: Er soll das Dokument indexieren (»index«) und alle darin gefundenen Links nachverfolgen (»follow«). Diese zwei ersten Angaben kann man sich zwar im Grunde sparen, da sich die meisten Robots sowieso nur bedingt danach richten. Da die Angaben allerdings nicht schaden, kann man sie ruhig in jedes Dokument packen.

Schon wichtiger sind die darauffolgenden drei Meta-Angaben. Die erste der drei sagt dem Robot, dass es sich bei der Seite um eine deutschsprachige Webseite handelt. Normalerweise ermittelt der Robot dies bereits am gefundenen Inhalt. Sollte er sich aber mal nicht schlüssig sein, erhält er hier die Bestätigung. Dass die Suchmaschine die Sprache einer Webseite so genau wie möglich bestimmen kann, ist aus einem einfachen Grund nicht ganz unwichtig: Zwar ist normalerweise jeder Besucher willkommen, jedoch nützt es dem Geschäft und damit der Webseite in der Regel wenig, wenn die Besucher die Webseite nicht verstehen – z. B. weil Google sie fälschlicherweise als spanischsprachig eingeordnet hat und sich nun vorwiegend Spanier auf einer deutschsprachigen Webseite tummeln.

Die nächste Meta-Angabe enthält eine kurze Beschreibung zur Webseite. Diese sollte zum einen die wichtigsten Keywords enthalten, andererseits aber auch eine aussagekräftige und zugleich knappe Beschreibung der Seite liefern, da die hier angegebene Beschreibung unter Umständen innerhalb der Trefferlisten als Beschreibungstext für die gefundene Webseite angezeigt wird. Besuchern, denen die Beschreibung als Treffertext angezeigt wird, sollten daher etwas mit dem Text anfangen können und nicht vor lauter Keywords gleich zum nächsten Treffer in der Liste huschen. Neben dem Inhalt sollte auch die Länge der Beschreibung gut bedacht sein. In der Regel reichen zwei normale Sätze bzw. ein längerer Satz völlig aus, um genug Keywords zu liefern, aber auch nicht zu viel Text zu verbraten. Wichtig: Nicht jede Seite ist gleich und sollte daher über einen individuellen Text verfügen.

Als letzte, aber nicht minder wichtige Angabe wird eine Liste der Keywords angegeben. Diese sollten durch Kommata voneinander getrennt sein – allerdings wird es Ihnen Google auch nicht krumm nehmen, wenn Sie Keywords per Leerzeichen oder Semikolon trennen. Hier ist es wie immer: Die wichtigsten Keywords sollten am Anfang stehen, gefolgt von den weniger wichtigen Begriffen. Ebenso wie bei der Seitenbeschreibung empfiehlt es sich, es auch mit der Anzahl nicht zu übertreiben. Acht bis zehn Begriffe reichen völlig, 15 gehen gerade noch so, 20 sind eindeutig zu viel. SEO-Puristen notieren an dieser Stelle teilweise sogar nur drei bis fünf Keywords. Auch hier gilt: Geben Sie möglichst jeder Seite individuelle Keywords.

Bilder optimieren

Bilder sind eine schöne Sache. Sie lockern eine Webseite auf, sorgen für Farbe und verbessern den Gesamteindruck, den ein Besucher von einer Seite bekommt. Ohne Bilder lassen sich zudem bestimmte Sachverhalte kaum sinnvoll darstellen. So viel zu den Vorteilen von Bildern in Webseiten, nun zu den Nachteilen: Bilder liefern Suchmaschinen – bisher – keine bzw. kaum Informationen, die verwertbar wären. Zwar arbeitet man auch bei Google und Co. an Systemen, die es irgendwann erlauben, den Inhalt eines Bildes zu erfassen und zu deuten. Aber bis diese Systeme fehlerfrei funktionieren, werden noch einige Jahre vergehen. Solange dies nicht der Fall ist, sollten wir den Suchmaschinen auf die Sprünge helfen. HTML bietet hierzu alle Voraussetzungen: Jedem Bild kann durch ein `alt`-Attribut ein alternativer Text sowie durch ein `title`-Attribut Zusatzinformationen zur Verfügung gestellt werden. Sofern noch nicht geschehen, sollten Sie also bei Bildern grundsätzlich beide Attribute angeben und mit einer kurzen Beschreibung zum Bild füllen – am besten natürlich mit sinnvollen Angaben, die gleichzeitig auch noch ein Keyword enthalten.

In einem dramatischen Fir
22.000 Zuschauern behie
Jacobsen, der bis zum So
noch als Klempber gearbe
hatte, die Nerven und hie
Verfolger mit Sprüngen vc
und 142 Meter auf Distan
Lohn erhielt der Liebhabe
Autos einen neuen Gelän
im Wort von etwa 20.000

Norweger Jacobsen: Sieg bei der Premiere

REUTERS

Norweger Jacobsen: Sieg bei
der Premiere

Als bester deutscher Sprii
landete Michael Uhrmann
zehn, konnte als Gesamt-
die Pleite für das Rumpf-T
Bundestrainer Peter Rohv

Bild 11.7: spiegel.de setzt Bilder gut ein: Die HTML-Attribute `alt` und `title` werden verwendet.

Frames

Noch vor einigen Jahren waren Frames verpönt, weil nur die neuesten Browser sie beherrschten. Dann waren sie für kurze Zeit das Nonplusultra und jede Seite bestand nur noch aus Frames. Mittlerweile ist wieder das Gegenteil der Fall: Frames sind mega-out, tabellenlose CSS-Layouts gelten dagegen als cool. All jene, die dennoch nicht auf Frames verzichten können oder wollen, sollten diese zumindest richtig einsetzen, wenn es um die Suchmaschinenoptimierung der Webseite geht. Allein der Google Robot liest auf gut einer Million schlecht durchdachten Webseiten statt eines sinnvollen Textes nur die Leerformel: »Ihr Browser unterstützt keine Frames!«

Um den Robots einen solch tristen Anblick zu ersparen, sollte hier auf jeden Fall der `<noframes>`-Bereich nicht nur für eine kurze Fehlernachricht genutzt werden. Sinnvoll ist es hier, eine Art kleines Inhaltsverzeichnis zu hinterlegen, das den Robot auf direktem Wege zu den relevanten Informationen führt – nämlich dem Content, den er in seinen Index aufnehmen soll. Gern kann in diesem Bereich auch Text untergebracht sein – übertreiben Sie es nur nicht mit der Freundlichkeit.

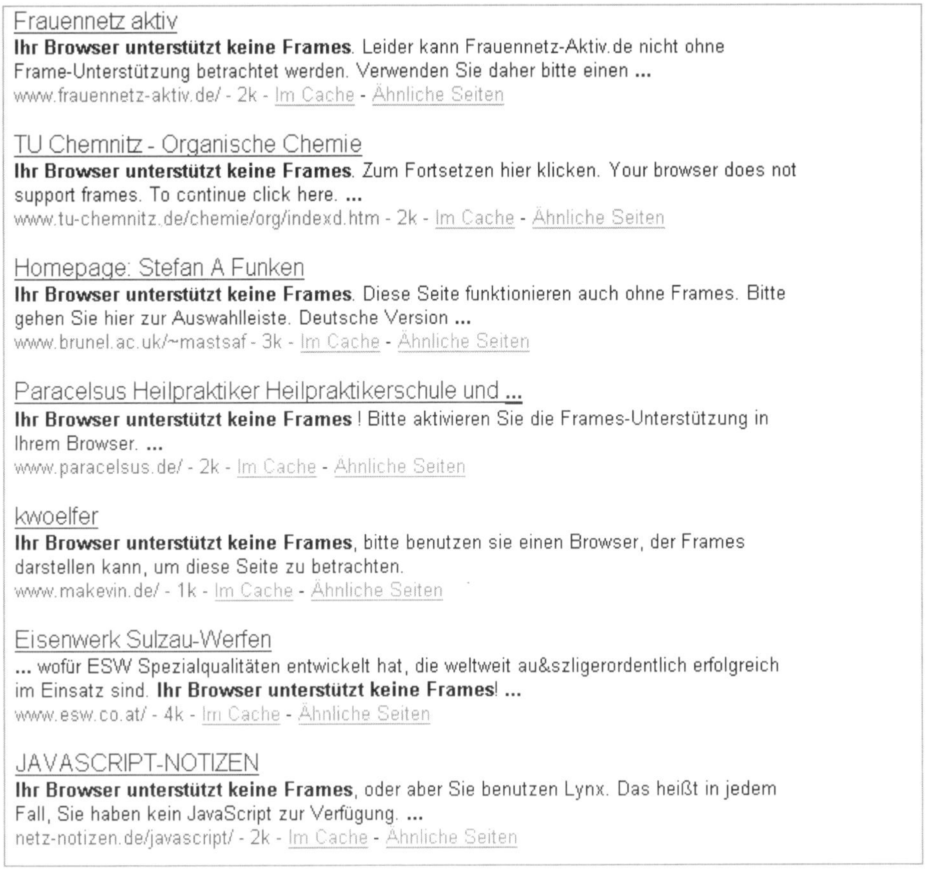

> **Frauennetz aktiv**
> **Ihr Browser unterstützt keine Frames**. Leider kann Frauennetz-Aktiv.de nicht ohne
> Frame-Unterstützung betrachtet werden. Verwenden Sie daher bitte einen ...
> www.frauennetz-aktiv.de/ - 2k - Im Cache - Ähnliche Seiten
>
> **TU Chemnitz - Organische Chemie**
> **Ihr Browser unterstützt keine Frames**. Zum Fortsetzen hier klicken. Your browser does not
> support frames. To continue click here. ...
> www.tu-chemnitz.de/chemie/org/indexd.htm - 2k - Im Cache - Ähnliche Seiten
>
> **Homepage: Stefan A Funken**
> **Ihr Browser unterstützt keine Frames**. Diese Seite funktionieren auch ohne Frames. Bitte
> gehen Sie hier zur Auswahlleiste. Deutsche Version ...
> www.brunel.ac.uk/~mastsaf - 3k - Im Cache - Ähnliche Seiten
>
> **Paracelsus Heilpraktiker Heilpraktikerschule und ...**
> **Ihr Browser unterstützt keine Frames** ! Bitte aktivieren Sie die Frames-Unterstützung in
> Ihrem Browser. ...
> www.paracelsus.de/ - 2k - Im Cache - Ähnliche Seiten
>
> **kwoelfer**
> **Ihr Browser unterstützt keine Frames**, bitte benutzen sie einen Browser, der Frames
> darstellen kann, um diese Seite zu betrachten.
> www.makevin.de/ - 1k - Im Cache - Ähnliche Seiten
>
> **Eisenwerk Sulzau-Werfen**
> ... wofür ESW Spezialqualitäten entwickelt hat, die weltweit au&szligerordentlich erfolgreich
> im Einsatz sind. **Ihr Browser unterstützt keine Frames!** ...
> www.esw.co.at/ - 4k - Im Cache - Ähnliche Seiten
>
> **JAVASCRIPT-NOTIZEN**
> **Ihr Browser unterstützt keine Frames**, oder aber Sie benutzen Lynx. Das heißt in jedem
> Fall, Sie haben kein JavaScript zur Verfügung. ...
> netz-notizen.de/javascript/ - 2k - Im Cache - Ähnliche Seiten

Bild 11.8: Allein Google findet mehr als 900.000 Meldungen: »Ihr Browser unterstützt keine
Frames«.

CSS, JavaScript und Flash

Mit CSS (Cascading Style Sheets), JavaScript und Flash verhält es sich ähnlich wie mit
den zuvor behandelten Bildern und Frames: Sie liefern dem Robot keinerlei
Informationen. Schlimmer noch: Sie verstecken Informationen vor ihm. Zwar ist nicht
auszuschließen, dass Robots auch JavaScript-Code auf relevante Begriffe durchsuchen –
in der Regel wird der Code jedoch unbeachtet übergangen.

Um dem Robot hier nicht mehr Schwierigkeiten zu machen als nötig, sollten grundsätzlich alle CSS-Definitionen und JavaScript-Skripten in eine externe Datei ausgelagert
werden. Dies hat zugleich den Vorteil, dass bei oft verwendeten Style Sheets und
Skripten gleich noch etwas Speicher gespart wird und die Seite ein wenig schneller laden
kann.

Doch was passiert, wenn ein JavaScript-Codestück wirklich wichtige oder interessante Informationen enthält, die dem Robot entgangen sind? Nichts leichter als das – auch hierfür hält HTML die passende Lösung bereit: Ein an das Skript anschließender `<noscript>`-Bereich wird einfach mit den relevanten Informationen gefüllt. Da nicht nur Robots, sondern teilweise auch Besucher mit aktuellen Browsern kein JavaScript verstehen, weil es deaktiviert wurde, fängt man hier zwei Fliegen mit einer Klappe: Die Robots bekommen die Informationen, die ihnen sonst vorenthalten würden, und die Besucher mit deaktiviertem JavaScript stehen nicht völlig im Regen.

Mit Flash ist es etwas spezieller – hier gibt es keinen `<noflash>`-Bereich oder dergleichen, und `title`-Attribute werden erfahrungsgemäß bei Flasheinbindungen eher ignoriert. Aus diesem Grund ist es ratsam, Flash nicht als primären Inhaltslieferanten, sondern nur als Rahmen oder Untermalung einzusetzen. Reine Flashseiten sind also für Suchmaschinenoptimierer ein Tabu. Sollte es sich dennoch mal nicht verhindern lassen, dass bestimmte Inhalte und Informationen via Flash transportiert werden, sollten die betreffenden Inhalte nochmals zusätzlich abrufbar sein. Dies lässt sich etwa durch einen in der Verwendung missbrauchten `<noscript>`-Bereich oder auch durch ein kleines zusätzliches Dokument bewerkstelligen, in dem die Inhalte nochmals als für den Robot lesbarer Text dargestellt werden.

Hervorhebungen

Für einige der älteren Suchmaschinen sind sind Hervorhebungen innerhalb des Textes immer noch interessant. Ihnen gefällt es besonders, wenn ein bestimmtes Keyword fett (`<b>`) oder kursiv ausgezeichnet ist (`<i>`). Ebenso sind hier auch `<strong>` und `<em>` mit von der Partie. Die Paare `<em>` und `<i>` bzw. `<b>` und `<strong>` sind dabei gleichwertig – es ist also egal, ob Sie `<em>` oder `<i>` verwenden, um etwas hervorzuheben. Bei längeren Texten lohnt es sich also, ab und zu mal eine Textpassage (maximal zwei Sätze pro Absatz) hervorzuheben. Wichtig hierbei: Heben Sie nicht einfach alles hervor, was Ihnen irgendwie wichtig erscheint, sondern nur das wirklich Wichtige. Je mehr Sie hervorheben, umso geringer ist später die Relevanz des Einzelnen. Ebenfalls nicht bzw. nur bedingt zu empfehlen ist es, nur einzelne Wörter oder bestimmte Keywords hervorzuheben, da dies leicht als Spam erkannt werden könnte.

Content und Keywords nach vorn

Bei der Optimierung einer Webseite kann es hilfreich sein, dem Robot einer Suchmaschine den eigentlichen Inhalt der Webseite so weit wie möglich direkt unter die Nase zu reiben. Konkret bedeutet das, dass Webseiten einen leichten Vorteil haben, deren eigentlicher Inhalt (also der Text, der nicht zum Menü oder derartigen Dingen gehört) näher am Quellcodeanfang liegt. Da der Robot bei seiner Analyse des Seiteninhalts oben im Quelltext beginnt und sich dann langsam nach unten zum Ende hin durcharbeitet, kann es von Vorteil sein, den wichtigen Teil der Seite nach vorn zu stellen, um dem

Robot so die Wichtigkeit des Textes bewusst zu machen. Zudem herrscht die einhellige Meinung unter Suchmaschinenoptimierern, dass der erste Satz im Quelltext von den meisten Suchmaschinen besonders hoch angesehen wird. In der Regel befindet sich jedoch die Navigation links vom Inhalt und damit im Quelltext weiter vorn. Wie lässt sich dieses Problem beheben? Schauen wir uns folgenden typischen Aufbau einer Webseite an:

```
1  <table cellpadding="0" cellspacing="0">
2   <tr>
3    <td>Navigation</td><td> ... Inhalt ... </td>
4   </tr>
5  </table>
```

Hier steht die Navigation und alles mögliche andere vor dem eigentlichen Inhalt, also vor dem, was wir eigentlich der Suchmaschine verkaufen wollen. Mit einem kleinen, aber effizienten Trick verändert sich das Design der Seite kaum, die Navigation rückt aber nun hinter den Content:

```
1  <table cellpadding="0" cellspacing="0">
2   <tr>
3    <td style="font-size:1px; height:1px;"> </td>
4    <td rowspan="2"> ... Inhalt ... </td>
5   </tr>
6   <tr>
7    <td>Navigation</td>
8   </tr>
9  </table>
```

Was ist hier geschehen? Ganz einfach: Die Navigation wurde in die zweite Zeile verlegt und die Zelle, die den Inhalt enthält, auf zwei Zeilen ausgedehnt. Damit die Navigation sich nun nicht einige Meter in der Ansicht nach unten schiebt, wird die erste Zeile einfach per CSS mit einer Höhe von gerade mal einem Pixel definiert. Die folgende Grafik verdeutlicht, was passiert ist. Sofern Sie es wirklich pixelgenau nehmen, können Sie den Inhalt der Content-Zelle auch noch um ein Pixel nach unten schieben, damit Navigation und Inhalt wieder auf gleicher Höhe beginnen.

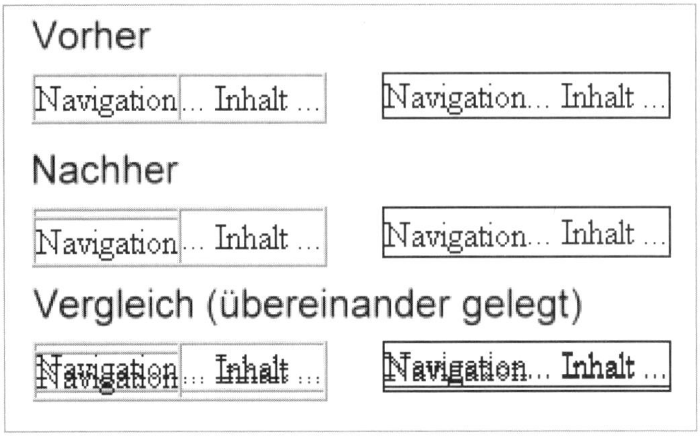

Bild 11.9: Die Tabelle vorher und nachher: Die Unterschiede sind nur minimal und leicht mit dem Design zu verschmelzen.

Sauberes & korrektes HTML

Dieser Punkt freut nicht nur die Suchmaschine, sondern jeden Browser und Besucher: Bauen Sie saubere und korrekte HTML-Dokumente. Die Seite wird vom Browser wie vom Robot schneller verstanden und es kommt zu weniger Fehlern.

Sauber bedeutet hier z. B., dass Attributwerte immer in doppelte Anführungszeichen zu setzen sind – vergessen Sie diese nicht und nutzen Sie auch nicht das Hochkomma. Sauber bedeutet aber auch, dass Elemente so verwendet werden, wie sie eigentlich gedacht sind, ein <p> dient also nicht als Zeilenumbruch, sondern umschließt einen Absatz.

Ebenfalls wichtig ist hierbei die Prüfung der Webseite auf Korrektheit (Validität bzw. Konformität zu den HTML-Regeln). Hierzu gibt es eine ganze Reihe von Webseiten und Tools im Netz, die dies für Sie automatisiert prüfen und Ihnen dann sagen, was an der Webseite fehlerhaft ist. Da diese Tools kostenlos sind und eine korrekte Seite einen guten Eindruck bei den Suchmaschinen hinterlässt, gehört eine entsprechende Prüfung zum Pflichtprogramm für jeden Suchmaschinenoptimierer.

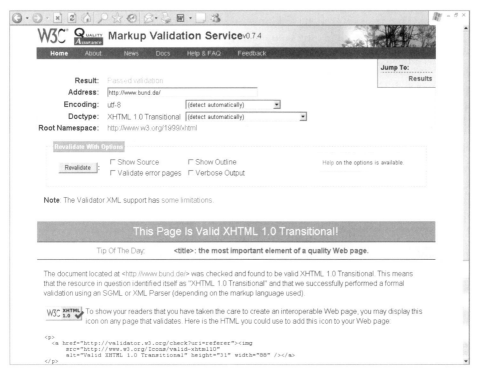

Bild 11.10: Gute Arbeit beim Bund – die Seite entspricht allen Vorschriften für korrektes (X)HTML.

11.7 Interne Linkoptimierung

Nachdem wir nun die Optimierung des Inhalts und des Codes besprochen haben, wollen wir uns dem nächsten wichtigen Feld widmen: der Optimierung der Links innerhalb der Seite. Zwar bewerten die Suchmaschinen Links von externen Seiten für das Ranking der Seite deutlich höher als Links, die innerhalb der Webseite von Dokument zu Dokument führen, dennoch ist eine gute interne Verlinkung der beste Grundstein für eine erfolgreiche Platzierung in den Trefferlisten.

Interne Verlinkung

Grundsätzlich sollte sich die Verlinkung der Webseite intern wie eine Pyramide gestalten. Das heißt, von der Startseite ausgehend, »klickt« sich die Suchmaschine immer tiefer durch und verzweigt in die Themen. Hierbei ist es empfehlenswert, die Schritte auf nicht mehr als fünf zu begrenzen. Anders formuliert: Nach spätestens fünf Klicks muss von der Startseite aus jede andere Seite erreichbar sein. Vertieft sich die Seite zu sehr, sinkt die Relevanz des einzelnen Dokuments spätestens nach dem dritten Klick teilweise drastisch. Gleichzeitig sollte die Pyramide allerdings nicht zu schnell zu breit werden, da dies bedeuten würde, dass einzelne Seiten mit übermäßig vielen Links zu Unterseiten ausgestattet werden müssten, und das würde wieder – Sie ahnen es bestimmt – die Relevanz der einzelnen Seiten senken.

Darüber hinaus sollte natürlich sichergestellt sein, dass wirklich jede Seite erreichbar ist – Seiten, die nicht verlinkt sind, können schließlich nicht gefunden werden. Hierzu gehört u. a. auch, dass Seiten, die via JavaScript angesprungen werden (z. B. weil man ein dynamisches JavaScript-Menü verwendet), auch über andere Wege (Stichwort: `Noscript`-Bereich) erreichbar sind. Einfachster Weg, dies zu testen: Besuchen Sie Ihre Seite mal mit dem Browser Firefox und schalten Sie in den Optionen JavaScript aus. Alles, was Sie dann nicht erreichen, erreicht auch ein Robot nicht.

Linktexte

Für interne wie auch externe Links haben die Linktexte eine besondere Bedeutung. Hier ist es grundsätzlich empfehlenswert, die Links genau mit den Keywords bzw. Texten auszustatten, die für die verlinkte Seite wichtig sind. Damit dies nicht merkwürdig ausschaut, kann man z. B. die Kategorie oder das Thema der Unterseite dem Link voransetzen. Bei einer Anglerseite würden also z. B. alle Links, die zum Themen »Fische fangen« verweisen, dann etwa »Fische fangen: Die richtige Angel« oder »Fische fangen: Köder« usw. heißen, während die Unterseiten zum Thema »Angelausflüge« z. B. »Angelausflüge: Ostern in Berlin« oder »Angelausflüge: Herbstausflug an die Ostsee« heißen könnten. So wird für den Besucher die Zuordnung der Links klar und die Suchmaschine bekommt gleich noch einige Keywords.

Ebenfalls wichtig ist, dass Linktext und Seiteninhalt zueinander passen. Günstig ist, wenn sich Seitentitel, `<h1>`-Überschrift und Linktext weitestgehend ähneln. So wird die Bedeutung der darin enthaltenen Wörter für die betreffende Seite nochmals deutlich unterstrichen.

Absolute oder relative Links?

Unter absoluten Links versteht man Links, die die Zieladresse direkt anpeilen. Egal wo man diesen Link findet, er ist immer eindeutig (z. B. *http://www.name.de/ verzeichnis/datei.php* oder */verzeichnis/datei.html*). Relative Links sind dagegen vom jeweiligen Fundort abhängig und nur bedingt innerhalb von anderen Dateien gültig (z. B. *../../verzeichnis/datei.html* oder auch nur *verzeichnis/ datei.html*). Die Robots der Suchmaschinen sind zwar clever genug, um mit beiden Linktypen umzugehen. Dennoch empfiehlt es sich, Links immer absolut zu definieren. Einige Suchmaschinen wie beispielsweise Google schreiben dies sogar explizit in ihre Hinweise für Webmaster hinein. Zwar ist noch kein dokumentierter Fall aufgetreten, bei dem eine Webseite wegen relativer Links schlechter gestellt wurde, aber niemand will gern der Erste sein, dem das passiert.

Einheitliche Linkziele

Ebenfalls wichtig für die interne Verlinkung ist es, die Linkziele zu den Seiten stets einheitlich zu gestalten. Hierzu gehört insbesondere die Groß- und Kleinschreibung sowie die einheitliche Verlinkung bei Inhalten, die über mehrere URLs abrufbar sind. Zu Letzterem zählen beispielsweise alle Default-Dokumente (*index.html*, *index.php*, *default.htm*, ...), die immer dann abgerufen werden, wenn bei der Domain oder einem Verzeichnis kein Dateiname angegeben wird. Da Google und Co. verschiedene URLs strikt voneinander unterscheiden, würde bei uneinheitlicher Verlinkung die Relevanz und damit das Ranking der einzelnen Seiten sinken, da die Suchmaschine diese als mehrere Seiten ansieht. Gerade bei Links, die zurück auf Ihre Startseite führen, sollten Sie deshalb einheitlich *http://www.name.de/* oder *http://www.name.de/index.php* verwenden und nicht zwischen dieser und anderen Varianten wechseln. Darüber hinaus besteht auch ein Unterschied zwischen *http://www.name.de/* und *http://www.name.de* (ähnlich auch bei Verzeichnissen), wobei grundsätzlich die Schreibweise mit abschließendem Backslash (/) verwendet werden sollte.

Gleiches gilt für dynamische Inhalte und Domainnamen. Wenn Ihre Seite unter *http://www.meinname.de* und *http://meinname.de* erreichbar ist, sollten Sie dafür sorgen, dass sämtliche Links auf einen einheitlichen Domainnamen (in der Regel mit www) verweisen. Bei dynamisch erzeugten Inhalten sollten Sie zudem auf die Reihenfolge und Schreibweise der Parameter achten und diese ebenfalls vereinheitlichen. Um hier nicht durcheinanderzukommen, empfiehlt es sich, diese immer nach dem gleichen Schema zu sortieren (etwa alphabetisch). Die Links zur Seite */index.php?id=23&page=8&thema=2* sollten daher möglichst nicht auch noch mit der URL */index.php?thema=2&page=8&id=23* verlinkt werden. Gleiches gilt für die Anzahl der Parameter. Wenn einzelne Parameter weggelassen werden können, sollten Sie dies tun (auch hier wieder natürlich einheitlich bei allen Links), um die URL kurz zu halten.

 Seiten, die Session-IDs verwenden, um Besucher innerhalb der Seite wiederzuerkennen, sollten diese möglichst per Cookie oder auf anderen Wegen und nicht per URL übertragen lassen. Um bei PHP von URL auf Cookie umzustellen, müssen in der *php.ini* lediglich folgende Zeilen ergänzt bzw. geändert werden:

```
session.use_cookies=1
session.use_only_cookies=1
```

Links zu externen Seiten

Mit Links zu anderen Seiten, die nicht unter der gleichen Domain zu finden sind, sollten Sie grundsätzlich sparsam umgehen. Jeder Link, der von einem Dokument ausgeht, vererbt eine gewisse Relevanz an die verlinkte Seite – gleichzeitig soll aber die Relevanz der eigenen Seiten möglichst hoch bleiben. Sofern nun Links zu anderen Seiten gesetzt werden, sinkt aber zwangsläufig die Relevanz der Links zu den eigenen Seiten. Aus diesem Grund sollten externe Links nur sparsam eingesetzt werden.

Zusätzlich ist es empfehlenswert, Links, die nicht als Empfehlung gewertet werden sollen (also Links, die keine Relevanz vererben sollen; vgl. auch »BadRank«), als solche zu kennzeichnen. Dies geschieht mit dem Attribut `rel="nofollow"`. Derart gekennzeichnete Links nimmt Google aus der Wertung heraus, und sie wirken sich daher nicht ungünstig auf andere Links der Seite aus.

Sitemaps

Besonders große und inhaltsreiche Webseiten haben oft das Problem, Inhalte sinnvoll zu strukturieren und zugänglich zu machen. Gerade bei Seiten mit Nachrichten oder Berichten, die mit der Zeit an Relevanz verlieren, werden die Texte oft einfach gelöscht. Das muss und sollte nicht sein. Denn auch wenn die Texte vielleicht inhaltlich keinen Wert mehr haben, so helfen sie doch den Suchmaschinen klarzumachen, dass es sich bei dieser Webseite um eine besonders umfangreiche und deshalb im Ranking hoch zu bewertende Seite handelt.

Damit auch bei diesem großen Umfang jede Seite noch gefunden wird, ist es sinnvoll, kleine Sitemaps (eine Art Inhaltsverzeichnis der Webseite) anzulegen. Die Sitemap enthält lediglich eine Liste von Links, die sich in der Webseite befinden, sodass die verlinkten Seiten auch von der Suchmaschine gefunden werden können (vergessen Sie nicht, einen Link von der Startseite zur Sitemap zu setzen).

Die Suchmaschinen Google, Yahoo und MSN haben zudem einen einheitlichen Status für XML-Sitemaps definiert. Dies sind kleine XML-Dateien, die spezifische Informationen zur Webseite und eben eine Liste der Dokumente enthalten (eine Sitemap auf XML-Basis). Hier ein Beispiel, wie eine solche Datei aussehen könnte:

```
1    <?xml version="1.0" encoding="UTF-8"?>
2    <urlset xmlns="http://www.sitemaps.org/schemas/sitemap/0.9">
3     <url>
4      <loc>http://www.example.com/</loc>
5      <lastmod>2005-01-01</lastmod>
6      <changefreq>monthly</changefreq>
7      <priority>0.8</priority>
8     </url>
9     <url>
```

```
10    <loc>http://www.example.com/seite1.html</loc>
11    <changefreq>weekly</changefreq>
12  </url>
13  <url>
14    <loc>http://www.example.com/seite2.html</loc>
15    <lastmod>2004-12-23</lastmod>
16    <changefreq>weekly</changefreq>
17  </url>
18 </urlset>
```

11.8   Domain- und Dateinamen

Der Wahl von Domain- und Dateinamen kommt besondere Bedeutung zu. Der Domainname repräsentiert die Webseite nach außen und bildet in vielen Fällen später den Marken- oder Firmennamen. Häufig ist er auch vom Realnamen eines Unternehmens abgeleitet. Nicht zuletzt trägt der Domainname wie auch die Datei- und Verzeichnisnamen zum Ranking der Webseite bei.

Sofern die Webseite bereits über einen gefestigten Domainnamen verfügt, sollte dieser auf jeden Fall beibehalten werden (eBay würde sich schließlich auch nicht umbenennen). Gleiches gilt für Datei- und Verzeichnisnamen – nicht zuletzt auch, weil bereits andere Webseiten einen Link zur Webseite gesetzt haben, die dann im Nichts landen würden. Sofern die Webseite neu ist, gerade konzipiert wird oder einer Runderneuerung bedarf, wäre ein Blick auf die Namensgebung jedoch angebracht, um sich in der späteren Suchmaschinenoptimierung entscheidende Vorteile zu sichern.

Domainnamen

Bei der Wahl des Domainnamens spielen viele Faktoren eine wichtige Rolle. Der Name soll natürlich attraktiv sein, eine Aussage transportieren, seriös wirken und nicht zuletzt kurz und einprägsam sein. Aus Marketingsicht und Sicht der Geschäftsführung sind dies sicherlich wichtige Punkte – aus Sicht des Suchmaschinenoptimierers sind sie eher unwichtig. Der wichtigste Punkt im Hinblick auf Domainnamen bei der Suchmaschinenoptimierung lautet: Kommt das Haupt-Keyword darin vor? Alles andere ist nebensächlich. Eine Suchmaschine kann schließlich nicht erkennen, dass der Name »Amazon« etwas mit Verkauf zu tun hat oder »eBay« so etwas wie Marktplatz bedeuten soll.

Da die Forderungen von Marketing und Geschäftsführung denen der Suchmaschinenoptimierer oft entgegenstehen, muss ein vernünftiger Mittelweg gefunden werden. Die einfachste Möglichkeit ist hier, den »coolen Namen« mit dem wichtigsten Keyword zu kombinieren (soweit sinnvoll möglich). Betreiben Sie z. B. einen Laden »Angolino«

(fiktiver Name), der Anglerbedarf vertreibt und nun nach einem passenden Domainnamen sucht, wäre hier also die Kombination *www.angolino-anglerbedarf.de* die für beide Seiten beste Variante. Da Domains mittlerweile ja nicht mehr Unsummen kosten, kann natürlich zusätzlich auch *www.angolino-berlin.de* (vorausgesetzt, der Laden ist in Berlin) oder einfach nur *www.angolino.de* gleich mit registriert werden – als Hauptdomain empfiehlt sich jedoch grundsätzlich eine Domain mit Keyword.

In diesem Fall noch günstiger wäre natürlich die Domain *www.anglerbedarf. de*, sofern diese noch nicht belegt ist. Im Einzelfall wäre zu überlegen, ob sich etwa ein Abkauf der Domain vom bisherigen Eigentümer lohnen würde – aus SEO-Sicht dürfte es in jedem Fall eine gute Investition sein, als Domainnamen auch das Haupt-Keyword zu besitzen.

▲ Länge von Domainnamen

Sofern Sie die Wahl zwischen mehreren Domainnamen haben, sollten Sie sich prinzipiell für den kürzeren entscheiden – nicht nur, weil kürzere Domainnamen einprägsamer sind, sondern auch bei den meisten Suchmaschinen einen leichten Vorteil gegenüber längeren Namen haben. Domainnamen, die länger als 25 Zeichen sind, sollten grundsätzlich vermieden werden.

.de, .com, .net, .eu, .info ...

Neben der Frage nach dem Namen selbst stellt sich auch die Frage, welche TLD (Top-Level-Domain; Domainendung .de/.fr/.com/ usw.) verwendet werden soll. Grundsätzlich empfiehlt es sich immer, die TLD des Zielgebiets zu verwenden. Wollen Sie mit Ihrer Seite primär deutsche User ansprechen, ist .de die richtige Wahl. Wollen Sie vorrangig in Frankreich gefunden werden, sollte Ihre Domain auf .fr enden, bei Spanien auf .es, Finnland .fi, Italien .it usw. Einzige Ausnahme von der Regel: Wollen Sie in den USA gefunden werden, sollten Sie .com verwenden (das eigentlich allgemein für kommerzielle Webseiten gedacht war).

Für deutsche Webseiten bisher noch wenig zu empfehlen sind allgemeinere Domainnamen wie .info, .eu oder .com, .net und .org. Zwar werden Letztere nicht deutlich schlechter bewertet als etwa eine .de-Domain, jedoch bieten die meisten Suchmaschinen eine Eingrenzung der Treffer auf bestimmte Sprachen und Länder. Bei der Einschränkung nach Land gehen die Suchmaschinen in der Regel nach der TLD und filtern einfach alles heraus, was nicht der Landes-TLD entspricht. Bei der Suche nach »Fahrstuhl« steht bei Google an der Stelle 1 derzeit beispielsweise Wikipedia (als Domainname de.wikipedia.org); grenzt man die Suche auf Deutschland ein, ist Wikipedia weg. Zwar ist die TLD nicht der einzige Anhaltspunkt, nach dem die Suchmaschinen die Länder identifizieren, jedoch spielt sie eine nicht unwesentliche Rolle. Da man es als Suchmaschinenoptimierer darauf angelegt hat, möglichst viele Besucher über die Suchmaschinen zu bekommen, sollte man sich die Besucher, die nach Land filtern, nicht durch eine unpassende Domain durch die Finger schlüpfen lassen.

▲ Finger weg von kostenlosen TLDs

Gerade bei Anfängern beliebt sind diverse kostenlose »TLDs« wie .de.vu oder .de.tk usw., bei denen es sich im eigentlichen Sinn nicht um eine TLD, sondern eine Domain mit Subdomain handelt (*www.meinname.de.vu* hat also die Subdomain www.meinname, den Domainnamen de und die TLD vu). Da diese Domainnamen kostenlos sind, wurden sie in der Vergangenheit gern oft und viel von Suchmaschinenspammern genutzt, um kostenlos Domains zu fabrizieren und Links zur eigenen Webseite zu platzieren. Aus diesem Grund haben derartige Domains bei den Suchmaschinen mittlerweile einen recht schlechten Stand und so gut wie keine Chancen, bei umkämpften Keywords auf die ersten Seiten zu kommen.

Subdomains

Eine Subdomain ist der Teil vor dem eigentlichen Domainnamen. In der Regel ist dies das *www*, kann aber grundsätzlich eigentlich frei gestaltet werden (sofern der Hoster dies technisch zulässt). Statt *www.meinname.de* könnte es also auch *hanshase.meinname.de* heißen. Subdomains sind in der Suchmaschinenoptimierung immer dann eine feine Sache, wenn es darum geht, inhaltlich verschiedene Themen voneinander abzugrenzen. Bei *www.web.de* wird so z. B. der Routenplaner (*http://route.web.de/*) vom Magazin (*http://magazine.web.de/*) abgegrenzt. Nahezu jeder Bereich bekommt hier eine eigene Subdomain. Gehen Sie jedoch vorsichtig vor: Subdomains sind nur dann sinnvoll, wenn sich die Themen grundsätzlich unterscheiden und nicht direkt verwandt sind. Fangen Sie also bitte nicht an, jeden Inhalt Ihrer Webseite mit einer eigenen Subdomain zu segnen – das dürfte eher negative Folgen haben.

Wichtig: Denken Sie auch bei den Subdomains wieder daran, den Namen durchdacht zu wählen. Ein Keyword in der Subdomain ist zwar gut, aber nur, wenn es dort auch Sinn ergibt und zum Seiteninhalt passt.

Dateinamen und Verzeichnisse

Wie für Domains, so gilt im gleichen Maße für Dateinamen und Verzeichnisse, dass sie

- möglichst kurz sind,

- zum Seiteninhalt passen und

- vielleicht noch ein Keyword enthalten.

Grundsätzlich sollte die Verzeichnistiefe (also die Anzahl ineinander verschachtelter Verzeichnisse) so gering wie möglich gehalten werden.

Da in der Domain nicht alle Keywords platziert werden können, fällt diese Aufgabe den Dateinamen bzw. Verzeichnissen zu. Den drei zuvor genannten Punkten folgend, sollten Dateien verzeichnisweise so gruppiert werden, wie sie inhaltlich zusammengehören, und das Verzeichnis sollte entsprechend benannt werden. Der Dateiname sollte wiederum den Inhalt der Seite widerspiegeln, also nicht »*seite3.php*«, sondern »*fliegenfischen3. php*« heißen.

▲ .html oder .php/.asp?

In der Vergangenheit wurde oft spekuliert, ob die Verwendung von Endungen wie .php oder .asp sich negativ auf das Ranking auswirken könnte. Mittlerweile ist jedoch mehr oder minder gesichert, dass die Dateiendung beim Ranking keine Rolle spielt.

▲ Leerzeichen, Bindestrich oder Unterstrich?

Sofern ein Dateiname mehrere Wörter enthält, sollten diese möglichst nie durch Leerzeichen voneinander getrennt werden. Ebenfalls sollte der Unterstrich auch nur dann verwendet werden, wenn er inhaltlich korrekt ist. In allen anderen Fällen sollte immer der Bindestrich als Trennzeichen zwischen zwei Wörtern verwendet werden.

Der Hintergrund dazu ist recht einfach: Leerzeichen gibt es in einer korrekten URL eigentlich nicht, und der Unterstrich wird von Google und Co. mit zum Wort gezählt – die Suchmaschine würde also »abc_def« als »abc_def« verstehen und nicht als »abc« und/oder »def«.

mod_rewrite einsetzen

Da sich heutzutage quasi jede größere Seite aus irgendeiner Art von CMS her speist, ein Forum oder andere dynamische Komponenten enthält, bleibt es nicht aus, dass anstelle fester URLs dynamische mit Parametern gespeiste URLs verwendet werden müssen. Um auch diese URLs möglichst suchmaschinenfreundlich zu gestalten, kann beim Apache-Webserver (der am weitesten verbreitete Nicht-Windows-Webserver) das Modul mod_rewrite zum Einsatz kommen. Dieses ermöglicht die Umwandlung der abgefragten URL zu abzurufenden Dateien innerhalb des Servers durch reguläre Ausdrücke (Zeichenketten mit Möglichkeiten zum Suchen und Ersetzen). Somit kann eine URL, die ursprünglich z. B. */index.php?id=33&page=2* hieß, einfach auf */reisen/33/2/ungarn* umgeschrieben werden, und schon hat man aus einer langweiligen URL eine sehr gute URL mit zwei Keywords gemacht.

Alles, was zum Einsatz des Moduls nötig ist, bringt der Apache-Webserver schon mit, in der Regel muss man es nur noch aktivieren. Hierzu werden entweder direkt in die Apache-Konfiguration oder, wenn man dort nicht herankommt, in eine Datei namens

.htaccess (ja richtig, die Datei beginnt mit einem Punkt, gefolgt von »htaccess«) ein paar Zeilen notiert. Folgende Zeilen würden obigem Beispiel entsprechen:

```
RewriteEngine On
RewriteRule /reisen/([^/]+)/([^/]+)/?(.*) index.php?id=$1&page=$2[L1]
```

Was hierbei geschieht, ist recht einfach zu erklären: Bei allen Anfragen, die /reisen/*/*/* entsprechen, wird nicht nach dem Verzeichnis »reisen« und den dazugehörigen Unterverzeichnissen gesucht, sondern es wird die Datei *index.php* mit zwei Parametern (Unterverzeichnis 1 als `id=` und Unterverzeichnis 2 als `page=`) verwendet. Alles, was hinten nach dem letzten / folgt, wird vom Webserver ignoriert. Für die Suchmaschine, die */reisen/33/2/ungarn* als Pfad verwendet, sieht alles gleich viel besser aus und das, ohne Skripten ändern zu müssen (lediglich die Links sollten dann statt auf */index. php?id=33&page=2* auf */reisen/33/2/ungarn* zeigen).

Standardlösungen

Wenn Sie ein verbreitetes CMS, ein Forum oder anderes Skript verwenden, für das Sie die Möglichkeiten von mod_rewrite einsetzen möchten, informieren Sie sich am besten zunächst auf den Seiten des Herstellers, in anderen Foren oder auf Hilfeseiten. Für die meisten verbreiteten Skripten gibt es bereits vorgefertigte Module oder Plug-ins, die es relativ einfach ermöglichen, mod_rewrite einzusetzen, ohne selbst Hand an die Skripten legen zu müssen.

robots.txt richtig einsetzen

Die Datei `robots.txt` ist so etwas wie der Leitfaden für den Robot der Suchmaschinen. Quasi jede Suchmaschine fragt den Webserver, bevor sie die Webseite abruft, nach dieser Datei ab (`/robots.txt`). Existiert die Datei, wird sie analysiert, und der Robot richtet sich meist auch nach deren Inhalt (was jedoch nicht immer der Fall ist). Inhalt und Zweck der Datei ist es, die Robots anzuweisen, bestimmte Verzeichnisse oder Dateien explizit nicht zu indexieren (also eigentlich genau das Gegenteil von dem, was ein Suchmaschinenoptimierer in der Regel möchte). Bisher sind keine Fälle bekannt, in denen sich das Fehlen oder Vorhandensein dieser Datei negativ bzw. positiv auf das Ranking ausgewirkt hat. Wer auf Nummer sicher gehen möchte, sollte eine einfache Textdatei namens robots.txt im Root (dem obersten Verzeichnis) erstellen und mit folgendem Inhalt füllen:

```
User-agent: *

Disallow:
```

Die beiden Zeilen besagen, dass alle Robots aller Suchmaschinen alle Dokumente der Webseite durchsuchen dürfen. Möchte man einzelne oder alle Robots von bestimmten

Pfaden fernhalten, notiert man dazu einfach statt des Sterns den jeweiligen Namen sowie hinter `Disallow:` den Pfad, der verboten sein soll. Beispiel:

```
User-agent: Googlebot

Disallow: /geheim
```

Obiges Beispiel sagt dem Robot von Google, er möge keine Pfade indexieren, die mit »/*geheim*« beginnen – also etwa ein Verzeichnis »/*geheim*/« oder »/*geheimnis*/«, aber auch die Datei »/*geheim.html*« usw.

11.9   Optimierung von Shops

Für Shops ist es in aller Regel deutlich schwerer, gute Positionen in Suchmaschinen zu bekommen, da sie meist die wichtigsten Voraussetzungen nicht oder nur bedingt erfüllen:

- Kaum verwertbarer Inhalt
- Schlechte Linkstruktur oder gar nur durch Suche zugängliche Produkte
- Wenige Backlinks

Doch dagegen lässt sich etwas tun – bestes Beispiel hierfür ist Amazon, das bei vielen Produkten unter den vordersten Plätzen zu finden ist.

Auch wenn eine schlechte Linkstruktur und zu wenige Backlinks bei den meisten Shops zu finden sind, lassen sich diese beiden Probleme relativ einfach und wie bei jeder anderen Webseite beheben. Weitaus schwieriger ist es jedoch, einen Shop mit umfangreichen und zugleich sinnvollen Inhalten zu füllen. Bei den meisten Shops existieren zwar viele Seiten (in der Regel ist eine Seite gleich ein Produkt) und damit eine umfangreiche Webseite. Jede Seite an sich besteht aber nur aus wenig und dazu noch schlecht für Suchmaschinen verwertbarem Inhalt. Das müssen Sie ändern!

▲ Möglichkeit Nummer 1

Erweitern Sie Ihren Shop um reine Informationsseiten. Kommen wir beispielsweise auf das in diesem Buch oft verwendete Beispiel der Angeln-Webseite zurück: Sofern Sie bisher einfach sämtliche Produkte irgendwie in Kategorien gepresst haben, könnten Sie nun vielleicht zu jeder Kategorie zumindest eine bildschirmfüllende Infoseite hinzufügen. In der Kategorie »Angeln« findet sich dann eine Infoseite zu den verschiedenen Angelsorten, etwa wann man welche verwendet und was dabei zu beachten ist. Natürlich lässt sich das auch anders strukturieren; so könnte man etwa neben dem Shop einen Magazinbereich einführen, der auf alle möglichen Themen eingeht und damit für hochwertige Inhalte sorgt, die die Suchmaschinen gern indexieren werden.

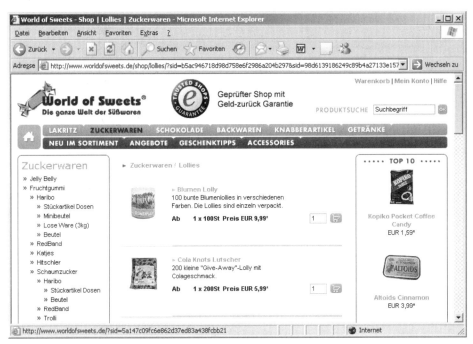

Bild 11.11: Schwer zu optimieren: Shops verfügen oft nur über wenig Textinhalt.

▲ Möglichkeit Nummer 2

Auch wenn es einen gewissen Aufwand bereitet, schreiben Sie zu jedem Produkt mindestens eine halbseitige Beschreibung, die die wichtigsten Merkmale des Artikels aufzeigt. Je mehr, umso besser. Zwar lässt sich nicht zu jedem Produkt immer gleich viel sagen, allerdings sollten Sie dennoch versuchen, jeweils die Grundmerkmale zu erläutern. Schließlich lässt sich bei jedem Produkt zumindest sagen, woraus es hergestellt wurde, wozu es sich eignet, was der Unterschied zu den anderen Artikeln in dieser Kategorie ist und wer gerade dieses Produkt kaufen sollte. Damit haben Sie schon eine Handvoll Punkte, die Ihnen ein paar Zeilen Text und der Suchmaschine damit ein paar mehr Informationen bringen. Für die meisten Produkte lassen sich zudem Beschreibungstexte, Tabellen mit Produktmerkmalen und dergleichen direkt vom Hersteller (oder einfach von der Produktpackung) beziehen und in die Webseite integrieren (aber bitte Urheberrechte beachten, also nicht einfach eins zu eins kopieren).

▲ Möglichkeit Nummer 3

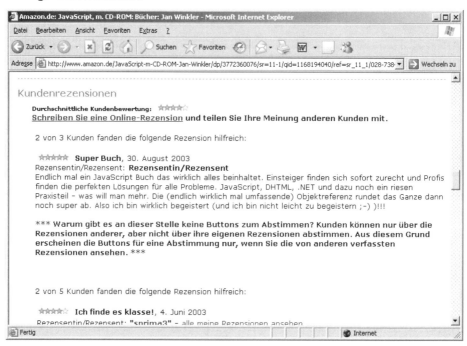

Bild 11.12: Amazon macht's vor: Kundenbewertungen füllen den Inhalt der Seite auf.

Lassen Sie Ihre Kunden zu Wort kommen! Jeder Kunde, der ein Produkt verwendet hat, hat etwas dazu zu sagen – egal ob Positives oder Negatives. Fügen Sie einfach bei jeder Produktbeschreibung ein kleines Formular an, in dem ein Kunde seine Meinung und seine Erfahrungen zum Produkt abgeben kann. Alle Meinungen laufen bei Ihnen auf und werden nach Durchsicht und dem Herausfiltern der Spaßeinträge publiziert. So erhalten Sie nach und nach kostenlose und zum Produkt passende Texte, ohne selbst viel Arbeit investieren zu müssen. Lassen Sie hier ruhig auch negative Beiträge zu. Die Kunden werden Ihnen das nicht übel nehmen, und eine Suchmaschine kann (noch) nicht unterscheiden, ob ein Beitrag für oder gegen ein Produkt ist.

 Mit umfangreicheren Beschreibungen, Kundenkommentaren und Infoseiten werten Sie Ihren Shop nicht nur für Suchmaschinen auf – jeder Besucher wird es Ihnen danken, etwas mehr Informationen zu bekommen als nur einem Namen, ein Bild und den dazugehörigen Preis!

Linkoptimierung

12

Die Linkoptimierung ist der zweite wichtige Punkt der Suchmaschinenoptimierung. Nachdem die Webseite als solche einmal in Sachen Inhalt, Struktur und Code optimiert wurde, beschäftigt sich ein Suchmaschinenoptimierer zu fast 99 % anschließend nur noch damit, die Linkoptimierung voranzutreiben.

Ziel des Ganzen ist es, möglichst viele relevante Links von vielen zum Thema passenden Webseiten zu bekommen, die zur eigenen Webseite mit einem geeigneten Text verweisen. Wie man der vorhergehenden Ausführung entnehmen kann, gibt es also eine ganze Reihe von Kriterien, die letztlich ausmachen, ob ein Link zur Optimierung der Webseite und damit zu einem besseren Ranking beiträgt oder ob es sich dabei nur um ein paar Zeichen verschwendeten Code auf einer Webseite handelt.

12.1 Welche Partnerseiten suche ich?

Bei der Linksuche sind prinzipiell mehrere Typen von Webseiten interessant, die sich in vier Kategorien einordnen lassen.

Verzeichnisse und Kataloge

Die einfachste Möglichkeit, an einigermaßen passende Links zu kommen, sind die gängigen Verzeichnisse und Kataloge. Da diese letztlich davon leben, Links zu veröffentlichen, ist die Aufnahme in ein Verzeichnis in der Regel recht einfach und meistens auch kostenlos. Einige der gehobeneren Verzeichnisse nehmen Eintrags- oder Monats- bzw. Jahresgebühren. Hier sollte man abwägen, ob der Link den Preis wert ist. Wichtig ist, dass der Link direkt zu Ihrer Seite gesetzt wird und keine Umleitung benutzt (bei der etwa der eigentliche Link auf eine Weiterleitungsseite im Verzeichnis zeigt und diese dann den Besucher nur via HTTP bzw. HTML zur Zielseite führt). Schauen Sie sich deshalb das Verzeichnis genau an, bevor Sie dort einen Link kaufen, und schauen Sie, ob als Adresse auch die der verlinkten Webseite und nicht nur die Adresse des Verzeichnisses erscheint, wenn Sie mit der Maus über einen Link fahren.

Einige Verzeichnisse erwarten auch, dass man selbst einen Backlink zum Verzeichnis setzt, um in diesen aufgenommen zu werden. Sofern das Verzeichnis aber nicht exakt zu Ihrer Webseite passt, sollten Sie von derartigen Offerten die Finger lassen. Bedenken Sie hierbei, dass jeder Link von Ihrer Seite zu einer anderen Ihre interne Linkstruktur schwächen kann. Davon abgesehen, benötigt eine Seite, um bei gefragten Begriffen auf die vorderen Plätze in den Trefferlisten zu kommen, ggf. Hunderte bis Tausende von Backlinks – und Sie wollen doch nicht Hunderte oder Tausende von Links zu irgendwelchen Verzeichnissen auf Ihrer Seite platzieren ...

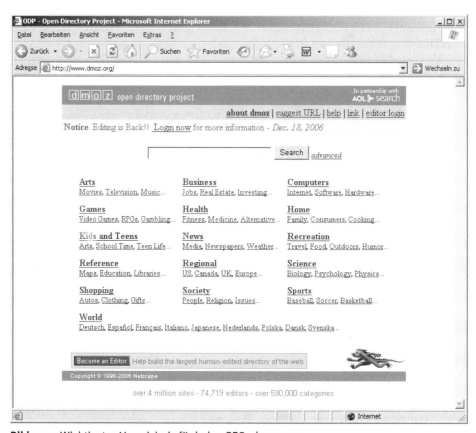

Bild 12.1: Wichtigstes Verzeichnis für jeden SEO: dmoz.org.

▲ Wichtige Verzeichnisse und Kataloge

Neben den vielen unwichtigen Verzeichnissen gibt es eine Handvoll Webseiten, auf denen man sich unbedingt eintragen sollte. Für quasi jede Webseite ist ein Eintrag im Verzeichnis *dmoz.org* wichtig – ein Link von hier gilt allgemein als eine grundsätzliche Voraussetzung, um bei Google bei gefragten Keywords weiter oben gefunden zu werden. Als Zweites empfiehlt sich ein Eintrag in das Verzeichnis von *Allesklar.de*, da sich hieraus u. a. MSN, Fireball und Lycos sowie einige weitere Webseiten bedienen. Webseiten, die in diesem Verzeichnis stehen, werden in der Regel bei den jeweiligen Suchmaschinen etwas besser gefunden. Als Drittes kann ein Eintrag im Verzeichnis von Yahoo überlegt werden, wobei der Eintrag allerdings kostenpflichtig ist und deshalb im Einzelfall zu teuer im Vergleich zum Nutzen sein könnte. Grundsätzlich gilt aber auch hier: Wer im Yahoo-Verzeichnis steht, wird bei Suchvorgängen mit Yahoo deutlich öfter gefunden – oftmals ist der Eintrag in das Verzeichnis schon der halbe Weg, um mit seiner Webseite auf den vorderen Plätzen bei einem Keyword entdeckt zu werden.

In hartnäckigen Fällen empfehlen sich zudem Einträge in weitere wichtige Verzeichnisse wie *web.de*, *flix.de* oder *bellnet.de*.

Nachrichten- und Informationsseiten

Die zweite Gruppe an relevanten Seiten sind Nachrichten- und Informationsseiten, also Seiten, die zwar mit dem Thema unserer Webseite irgendwie zu tun haben, sich aber eben auch mit unzähligen anderen Themen beschäftigen. Hier besonders interessant für die Suchmaschinenoptimierung sind große Magazine wie *stern.de*, *berliner-zeitung.de*, *nzz.ch* und Informationsportale wie *wissen.de* oder *wikipedia.de*. Derartige Formate gibt es in allen Größen, Bereichen und Qualitäten, sodass letztlich jeder eine für sich passende Seite finden kann. Gerade bei Webseiten mit lokalem Charakter (etwa Läden mit einem Onlineshop, Städteportale oder Dienstleister mit einem bestimmten Arbeits- radius) macht sich beispielsweise ein Link in der Onlineausgabe der lokalen Zeitung recht gut und ist zudem nicht völlig außerhalb der finanziellen Möglichkeiten – nur die wenigsten dürften schließlich solch gute Beziehungen haben, um einen Link vom Spiegel oder der FAZ zu bekommen.

Themenverwandte Seiten

Die dritte und zugleich wichtigste Kategorie sind themenverwandte Webseiten – also Webseiten, die ähnliche oder gleiche Themen behandeln wie Ihre Seite. Dabei sind jene besonders interessant, die vorwiegend nicht kommerziell betrieben werden, da diese in der Regel ihre Linkkraft weder durch Werbung noch durch bereits bestehende Links zu anderen Webseiten verschwenden.

Normalerweise kennt man ja die Seiten, die sich mit einem Thema beschäftigen, diese sollten also als Erstes gleich bezüglich eines Links in Angriff genommen werden. Darüber hinaus fallen in diese Kategorie auch die Webseiten, die wir bereits in Kapitel 10, »Bestandsaufnahme«, als Konkurrenten festgestellt haben. Hierzu zählen in jedem Fall die ersten 20 bis 50 Seiten, die bei unserem Haupt-Keyword von den Suchmaschinen ausgespuckt werden. Dies sind (geht man nach der Suchmaschine) die wichtigsten Seiten für das Keyword und damit auch die wichtigsten Seiten, die für uns als Link- partner infrage kommen.

Sonstige Webseiten

Neben den oben genannten Seiten gibt es eine ganze Reihe von Sites, die entweder nicht in das obige Schema passen oder einfach völlig anders geartet sind. Zu diesen gehören beispielsweise Seiten wie Foren, Toplisten, private Homepages und dergleichen, von denen man die eher Finger lassen sollte. Zwar kann ein Link aus einem Forum zur eigenen Webseite nicht schaden. Andererseits wissen die Suchmaschinen natürlich auch, dass derartige Links besonders einfach zu beschaffen sind (man schreibt zum Beispiel einen Beitrag). Daher setzen sie die Relevanz solcher Links sehr niedrig an. Gleiches gilt bei Toplisten, Rankingsites und ähnlichen Organisationen, die lediglich dazu dienen, ein großes Linknetzwerk aufzubauen. Von derartigen Seiten sollten Sie Abstand nehmen, da ein Link von dort Ihnen unter Umständen sogar schaden kann.

Alle anderen Webseiten liegen bezüglich der Relevanz irgendwo dazwischen. Es muss im Einzelfall abgewogen werden, ob es sich lohnen würde, einen Link von dieser Seite zu bekommen oder nicht. Das Hauptaugenmerk sollte jedoch auf die ersten drei vorher genannten Kategorien gelegt werden.

12.2 Kriterien für die Partnerwahl

Neben dem Typ der Webseite entscheiden weitere Faktoren darüber, ob ein Link von einer Webseite für uns interessant ist oder nicht. Diese Faktoren sind:

PageRank

Seiten, die einen hohen PageRank haben, sind grundsätzlich interessant. Je höher, desto besser. Zwar hat der PageRank nur für Google eine Aussage und die Wirkung selbst für Google ist mittlerweile deutlich abgeschwächt, jedoch deutet ein hoher PageRank immer darauf hin, dass eine Webseite über viele Backlinks und hohe Relevanz verfügt (dies sollte im Einzelfall natürlich trotzdem nachgeprüft werden).

Backlinks & Indexseiten

Webseiten, die mit vielen Backlinks gesegnet sind, genießen eine hohe Relevanz und sind daher ein sehr interessanter Kandidat für eine Linkpartnerschaft. Gleiches gilt für Seiten, die über umfangreichen Inhalt verfügen. Achten Sie bei Letzteren allerdings darauf, woher die Indexseiten kommen: Eine Webseite, die 10.000 Seiten indexiert hat, von denen aber 9.999 aus Foreneinträgen bestehen, hat nur eine geringe Relevanz, wohingegen eine Seite, die vielleicht nur 100 Indexseiten hat, die aber alle mit qualitativen Inhalten gefüllt sind, eine hohe Relevanz genießt.

Thema und Inhalte

Grundsätzlich vorzuziehen sind Webseiten, deren Thema identisch mit dem des Keywords ist oder diesem zumindest nahekommt. Hierbei ist darauf zu achten, dass Schlüsselbegriffe oft auch für mehrere Themen bzw. Themenbereiche ausgelegt werden können. Beispiel hierfür wäre etwa das Wort »Fischen« für eine Anglerseite: Ein Link von einer anderen Anglerseite ist sehr zu empfehlen, während ein Link von einer Firma, die mit Hochseefischerei ihr Geld verdient, eher zweitrangig wäre, da die Suchmaschinen in der Regel die Unterschiede über andere Wörter feststellen können.

Externe Links

Ein wichtiger Punkt bei der Entscheidung, ob eine Seite für einen Link infrage kommt, sind die bereits vorhandenen externen Links (also Backlinks zu anderen Seiten). Seiten, die bereits über mehr als zehn externe Links verfügen, sind nur noch bedingt interessant, da kaum etwas von der Relevanz der Webseite für den einzelnen Link übrig bleibt.

Neben der Anzahl der externen Links ist auch die Platzierung bzw. der Sinn dieser Links wichtig für die Entscheidung für oder gegen eine Seite. Sofern die Seite die Links im Zusammenhang mit dem Inhalt gesetzt hat, etwa als Quellenhinweis oder um die Leser auf weitere Seiten zum Thema hinzuweisen, lohnt sich ein Link hier deutlich mehr, als wenn die gleiche Anzahl Links nur aufgrund der Linkpopularität der verlinkten Seiten gesetzt wurden. Von Seiten, bei denen bereits mehrere Links am Seitenende oder in einem »Partnerseiten«-Kasten (oder Ähnlichem) vorhanden sind, ist deshalb abzuraten.

Sonderfälle »Autoritäten« und »trusted Domains«

Besondere Links sind solche von sogenannten Autoritäten bzw. trusted Domains (also vertrauenswürdige Domains). Welche Seite letztlich eine Autorität ist, weiß natürlich niemand, es wird aber wie immer viel darüber spekuliert. Dies sind Seiten, die von Google und Co. ausdrücklich als vertrauenswürdig und qualitativ hochwertig angesehen werden. Links von derartigen Seiten zählen für manchen Suchmaschinenoptimierer gleich doppelt oder dreifach im Wertevergleich zu normalen Links. Doch was macht eine Seite nun zu einer Autorität? Vor allem drei Dinge:

- Die Seite ist alt, vier oder fünf Jahre mindestens – gern auch mehr.
- Die Seite ist sehr umfangreich – ein paar hundert bis tausend Seiten (mit sinnvollem Inhalt gefüllt natürlich) sollten es mindestens sein.
- Die Seite ist inhaltlich hochwertig.

Als Autoritäten werden innerhalb der Optimiererszene beispielsweise die großen Portale der gängigen Nachrichtenmagazine, Seiten wie *deutschland.de* oder offizielle Städteportale anerkannt. Sofern möglich, sollte man also einiges daransetzen, Links von derartigen Seiten zu bekommen.

Sonstige Kriterien

Neben den oben genannten Kriterien zählen auch Dinge wie Aktualität, Umfang, Linkstruktur und Design (Code) der Webseite bei der Auswahl für passende Partnerseiten – also alle Dinge, die auch für die Optimierung Ihrer eigenen Webseite wichtig sind.

▲ Linkkriterium TLD

Einige Suchmaschinenoptimierer schwören darauf, dass jede Webseite, die erfolgreich nach vorn in den Trefferlisten möchte, über mindestens einen Link von einer Webseite mit der TLD .gov oder .edu verfügen sollte, da diese angeblich höher bewertet werden sollen als Links von normalen Webseiten. Allerdings lässt sich dieser Effekt bisher weder bestätigen noch widerlegen.

12.3 Wie finde ich passende Partnerseiten?

Die Suche nach passenden Partnern ist der eigentlich schwierige Teil der Linkoptimierung. Hierzu gibt es einige Tricks, denen man sich bedienen kann.

Das Einfachste ist die simple Suche nach den Keywords. Hier sind vor allem die Seiten interessant, die bei den Haupt-Keywords oben stehen, aber auch Seiten, die bei Keyword-Kombinationen gefunden werden, können interessant sein. Gehen Sie einfach wie folgt vor:

- Suchen Sie als Erstes direkt nach Ihren Keywords, indem Sie diese in die Suche eingeben und die ersten 10 bis 20 Seiten durchleuchten. Die so gefundenen Webseiten sind die wichtigsten Webseiten in Bezug auf mögliche Linkpartnerschaften.

- Verwenden Sie Keywords, die aus mehreren Wörtern bestehen, auch in anderer Reihenfolge. Statt »Angeln Berlin« suchen Sie also auch mal nach »Berlin Angeln«.

- Verwenden Sie Keywords, die aus mehreren Wörtern bestehen, sowohl mit als auch ohne Anführungszeichen. Die meisten Suchmaschinen verstehen die Eingabe ohne Anführungszeichen als ein einfaches »und«, ohne zwingend diese Reihenfolge einhalten zu müssen, während die Angabe mit Anführungszeichen explizit auf diese Reihenfolge Wert legt.

- Verwenden Sie Ihre Keywords auch mit anderen passenden Wörtern aus dem näheren Umfeld. Ist Ihr Keyword »Angelausrüstung«, probieren Sie z. B. auch »Angelausrüstung kaufen« oder »Angelausrüstung Köder« usw.

12.4 Ich habe passende Seiten gefunden – und nun?

Anschreiben! Die wenigsten Seiten werden ohne Ihr Zutun einfach einen Link zu Ihnen setzen. Insofern müssen Sie diese auf sich aufmerksam machen. Bewährt hat sich in diesem Fall das Anschreiben des jeweiligen Webmasters per E-Mail, da sich die meisten Leute von Telefonanrufen dieser Art eher bedrängt fühlen.

Kramen Sie also Ihr Mailprogramm heraus, suchen Sie auf der Webseite nach einer Kontaktadresse oder gar einem Kontaktformular und schreiben Sie dem Webmaster einen kurzen und zugleich persönlichen Text, in dem Sie darlegen, warum er einen Link zu Ihrer Seite setzen sollte. Gerade das kleine Wort »persönlich« ist hier wichtig: Niemand mag eine unpersönliche (Massen-)Mail, die allgemein um einen Link bittet – die Erfolgschancen für eine derartige Mails laufen gegen null.

Das richtige Schreiben

Mit dem Text tun sich die meisten Webmaster sehr schwer, mitunter sind sie hier viel zu einfallslos. Als Betreiber einer großen Webseite bekomme ich selbst unzählige solcher Mails, in denen um einen Link gebettelt wird und die quasi grundsätzlich ungelesen oder zumindest unbeantwortet im virtuellen Papierkorb verschwinden. Was sollte man also schreiben, um ans Ziel zu gelangen? Mehrere Techniken haben sich hier als gewinnbringend erwiesen:

▲ Der Hinweiser

Geben Sie sich als ein interessierter Leser der jeweiligen Seite aus und schreiben Sie dem Webmaster, dass Sie einen Vorschlag für einen Link haben, der besonders zu einem Artikel auf der Webseite passen könnte. Sagen Sie vielleicht, dass Sie nach der Lektüre des Artikels bei Google nach weiteren Artikeln gesucht hätten, und da wäre Ihnen diese Seite (Ihre eigene) unter die Finger gekommen und hätte sich als weiterführende Lektüre sehr bewährt.

Diese Form des Bettelns um einen Link ist zwar etwas dreist und wirkt auch nur bei Seiten, die wirklich thematisch nahe beieinanderliegen, die Methode funktioniert allerdings verhältnismäßig gut – interessanterweise noch besser, wenn man sich als Frau ausgibt oder zu erkennen gibt (wahrscheinlich, weil eben die meisten Webmaster Männer sind).

▲ Der aufrichtige Optimierer

Legen Sie die Karten auf den Tisch und schreiben Sie klipp und klar heraus, warum Sie einen Link gerade von dieser Seite benötigen. Sagen Sie dem Webmaster, dass seine Seite gut gestaltet und inhaltlich sehr hochwertig ist und deshalb ein Link zu Ihrer Seite Ihrer Position in den Suchergebnissen sehr entgegenkommen könnte. Machen Sie dem Webmaster ebenfalls klar, dass seiner eigenen Seite damit keine Nachteile oder gar schlechtere Platzierungen entstehen (sieht man mal von den Keywords ab, auf die sich beide Seiten konzentrieren). Erläutern Sie explizit, wo Sie den Link haben möchten, zu welcher URL dieser verweisen soll und welcher Linktext darauf stehen soll.

Die Ablehnungsquote derartiger Mails ist zwar hoch, wenn Sie aber dennoch einen Link bekommen, ist dies genau der, den Sie benötigen, und zwar genau mit dem Ziel und dem Text, der für Sie nützlich ist.

▲ Der Partner

Schreiben Sie dem Webmaster, dass Sie gern Webseitenpartner werden würden. Sein Teil der Partnerschaft bestünde hierbei in einem einfachen Link, den er zu Ihnen setzt, am besten direkt gleich mit dem Keyword, das Sie ihm mitschicken. Im Gegenzug fragen Sie an, ob der andere Webmaster eine Idee hat, was Sie für ihn im Zuge der Partnerschaft tun könnten, da ein Link von Ihrer Seite leider nicht infrage kommt (aus welchem Grund auch immer). Bieten Sie der anderen Seite etwa einen Werbebeitrag in Ihrem nächsten Newsletter an oder vergüten Sie ihn durch Einbindung eines Partnerlogos (natürlich ohne Link) auf Ihrer Webseite.

Vorteil dieser »Masche« ist, dass Sie relativ viele Links damit erfolgreich bekommen können, allerdings brauchen Sie gleichzeitig jeweils einen Gegenwert, den Sie dem anderen Webmaster anbieten können, was nicht immer einfach und möglich ist.

12.5   Wahl von Linkposition, -text und -umfeld

Sofern Sie eine Webseite gefunden haben, die einen Link zu Ihrer Webseite setzen möchte, stellt sich die Frage, wie und wo der Link positioniert werden sollte. Grundsätzlich sind die drei Merkmale Position, Text und Umfeld entscheidend für die Qualität eines Links.

Linkposition

Die Position des Links sollte im Quelltext möglichst weit oben stehen. Links, die nur am Seitenende und damit am Quelltextende platziert werden, werden von Google und Co. deutlich weniger beachtet. Günstig ist ein Link vor dem oder – noch besser – direkt im eigentlichen Inhalt der Seite. Auch kurz nach dem Inhalt hat ein Link noch gute Chancen.

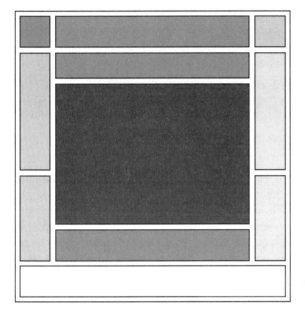

Bild 12.2: Verschiedene Linkpositionen innerhalb der Webseite. Je dunkler, desto besser.

Neben der Stelle innerhalb einer (Unter-)Seite stellt sich auch die Frage, wie oft ein Link platziert werden sollte. Vor einiger Zeit herrschte hier noch die Regel: auf möglichst vielen Seiten der Webseite. Das ist mittlerweile nicht mehr so. Um einen Link sinnvoll zu platzieren, sollte dieser nur von einer bzw. nur von wenigen Seiten aus gesetzt werden, und zwar entweder direkt von der Startseite (ist in der Regel die Seite mit der höchsten Relevanz) oder einer gut passenden Unterseite. Immer wiederkehrende Links auf allen Seiten einer Webseite werden aufgrund ihrer Anzahl leichter als reine Links zur Rankingsteigerung erkannt und entsprechend niedriger bewertet.

Linktext

Der Text des Links ist das A und O in Sachen Relevanz. Ein Link, auf dem nur »Hier klicken« steht, hat kaum eine Relevanz für die verlinkte Seite. Grundsätzlich gilt, dass der Linktext aus dem Keyword besteht, wobei das Keyword zum jeweiligen Seiteninhalt passen sollte. Sofern Sie Ihre Webseite also für mehrere Keywords optimieren, sollten Sie für die Links jeweils das Keyword verwenden, das am besten zum Inhalt der verlinkten Seite passt. Beachten Sie jedoch, dass nicht bei jedem Link exakt der gleiche Linktext verwendet wird. Moderne Suchmaschinen wie Google oder Yahoo erkennen das und werten die Links ggf. herab, weil festgestellt wurde, dass die vielen Links einzig der Rankingverbesserung dienen und nicht freiwillig bzw. nicht als Empfehlung gesetzt wurden.

▲ Linktitel

Neben dem reinen Linktext (also dem, was man sieht und anklicken kann) schwören viele Suchmaschinenoptimierer darauf, jedem Link zusätzlich einen Titel zu geben, in dem das jeweilige Keyword nochmals vorkommt. Ein derartiger Link würde dann z. B. so ausschauen:

```
<a href="http://www.angeln-in-berlin.de" title="Angeln">Angeln</a>
```

Umfeld

Das Umfeld eines Links sollten Sie ebenfalls gut im Auge behalten. Insbesondere Links, die als reine Werbelinks gekennzeichnet sind, werden relativ leicht und zuverlässig von Suchmaschinen als solche erkannt, vor allem dann, wenn die Links z. B. innerhalb eines Kastens mit der Überschrift »Partnerseiten«, »Gesponserte Links« oder »Linktipps« und dergleichen auftauchen. Google-Techniker haben sogar einigermaßen glaubwürdig zugesichert, dass derartige Verfahren eingesetzt werden und solche Links schlechter bis gar nicht in das Ranking einfließen.

Wenn Sie einen Link auf einer anderen Webseite platzieren, sollten Sie diesen also am besten direkt in den Text einfließen lassen:

```
[Viel Text vorher] Letzte Woche war ich mit meinem Freund <a href="http:
//www.angeln-in-berlin.de">in Berlin angeln</a>. [Viel Text nachher]
```

12.6   Linktausch oder Linkkauf?

In vielen Fällen lässt sich ein guter Backlink nicht einfach durch eine freundliche Mail an den betreffenden Webmaster bekommen. In solchen Fällen stellt sich oft die Frage, ob man dem Gegenüber einen Link zum Tausch oder stattdessen ggf. Geld anbietet, den Link also kauft.

Linktausch

Von einem Linktausch ist in den meisten Fällen abzuraten, insbesondere dann, wenn die getauschten Seiten sich gegenseitig verlinken. Google und Co. können feststellen, dass in diesem Fall ein Linktausch stattgefunden hat, und stufen die Links in ihrer Relevanz für das Ranking deutlich herunter. Damit werden solche Links also nur zu verschenktem Platz auf einer Webseite.

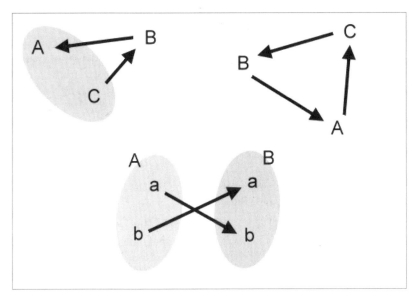

Bild 12.3: Verlinkungen im Schema.

Etwas anderes ist es, wenn die Links mit unterschiedlichen Seiten getauscht werden. Hierfür sind mindestens drei Webseiten notwendig: A und B gehören Ihnen und C gehört dem Tauschpartner. Hierbei wird ein Link von Seite C zu A gegen einen Link von Seite B zu C getauscht. Der Effekt des Ganzen ist recht einfach: Statt eines gegenseitigen Tauschs verweisen nun zwei Seiten aufeinander, ohne dass sich eine Wechselwirkung bildet (siehe Abbildung oben links). Abzuraten ist von Linknetzwerken: Sofern Sie über mehrere Seiten verfügen, sollten diese nicht alle aufeinander verlinken, da dieses kleine Linknetzwerk von den Suchmaschinen erkannt und entsprechend herabgewertet werden kann. Auch einen Kreis (Abbildung oben rechts) oder derartige Gebilde sollte man lieber vermeiden.

Einen kleinen Sonderfall gibt es dabei doch noch: Falls sich zwei Webseiten verlinken, bei denen jeweils nur eine Unterseite auf eine der anderen Webseite zeigt, scheint die Relevanz der Links teilweise erhalten zu bleiben.

Linkkauf

Da sich ein Linktausch oftmals als nicht praktikabel erweist, weil der andere Webmaster kein Interesse an einem Linktausch hat, bleibt in vielen Fällen nur der Weg über einen gekauften Link. Dies ist in der Regel die einfachste und zugleich effektivste Variante, da man sich in Sachen Linktext, -position und -umfeld ein wenig mehr Freiheiten erlauben darf (man zahlt ja schließlich dafür) und zugleich nicht den Negativeffekt hat, selbst auch einen Link setzen zu müssen.

▲ **Der Preis von Links**

Um für einen Link einen guten Preis zu ermitteln, bedient sich quasi jeder Webmaster und jeder Suchmaschinenoptimierer einer anderen Berechnungsmethode. Hinzu kommt, dass der Verkäufer natürlich gern einen höheren Preis durchsetzen möchte als der Käufer, und deshalb die Preisvorstellungen oftmals drastisch auseinandergehen. Für den Wert eines Links sind für den Käufer vor allem folgende Dinge wichtig:

● Thema der Webseite und ob es zur eigenen Seite passt.

● PageRank, Backlinks und Indexseiten der Webseite.

● Position, Umfeld und Text des Links.

● Anzahl anderer externer Links auf der Webseite.

Hinzu kommen subjektive Merkmale wie etwa das eigene Budget, Erwartungen oder Aussehen der Webseite (oftmals zahlen Kunden schon deshalb mehr, weil eine Webseite ein schöneres Design hat, was allerdings in Sachen SEO kaum eine Relevanz hat).

Für den Verkäufer zählen in erster Linie der PageRank, Backlinks sowie die Position bzw. das Umfeld des Links. Alles andere ist den meisten Webmastern im Hinblick auf die Preisfindung relativ egal. Aus diesem Grund wird hier oft ein hoher Linkpreis aufgrund eines hohen PageRanks verlangt, obwohl gleichzeitig unzählige externe Links und eine schlechte Position des Links innerhalb der Webseite den Wert deutlich sinken lassen würden. In solchen Fällen hilft es nur, dem Webmaster seinen eigenen Standpunkt klarzumachen und im Zweifelsfall lieber auf den Link zu verzichten, als horrende Summen für einen wenig effektiven Verweis zu zahlen.

Realistische Preise bewegen sich im Bereich zwischen 2 und 250 Euro – je nach PageRank und Qualität des Links. Es folgt eine kleine Tabelle, die Ihnen die Einschätzung des Linkpreises erleichtern kann.

Übersicht über gängige Linkpreise; Preise in Euro je Monat

Qualität	PR0	PR1	PR2	PR3	PR4	PR5	PR6	PR7	PR8
Schlecht	-	-	-	5	10	20	30	75	150
Mittel	-	-	5	15	25	40	50	110	200
Gut	5	10	20	30	40	50	75	150	250

Die Qualität ist hierbei eine Mischung aus Linkposition, -umfeld, sonstigen externen Links und dergleichen. Ein Link guter Qualität hätte also etwa eine gute Position innerhalb einer Seite, in der sich keine oder wenige andere externe Links befinden und die ein passendes Thema hat. Bei mittelguter Qualität ist die Position schon etwas weniger prominent, es werden mehr externe Links je Seite geschaltet, und das Thema passt vielleicht weniger zur eigenen Seite. Zuletzt macht ein Link von einer Seite mit vielen externen Verweisen (etwa 10 bis 15) und aus schlechter Position (z. B. Seitenende) den Link zu einem schlechten.

Bitte verwenden Sie diese Tabelle jedoch nicht als Nonplusultra in Sachen Linkpreise: Ob ein Link auf Ihre Webseite den hier angegebenen Preis wert ist, bemisst sich an weitaus mehr Kriterien als am PageRank und der Qualität, zumal Qualität hier recht subjektiv ist.

▲ Warum fehlen PR9 und PR10?

Links von Seiten mit PageRank 9 oder 10 sind extrem selten. Selbst ein PageRank von 8 ist so selten, dass nur die wenigsten Seiten eine solchen Link bekommen können. Hinzu kommt, dass Seiten mit PR 9 bzw. 10 meist zu gemeinnützigen Organisationen oder weltweiten Firmen gehören, die es sich nicht leisten können, ihre Webseite mit einem Link zu einer fremden Seite zu beschmutzen. Aus diesem Grund fehlen diese beiden Spalten in obiger Tabelle. Ein Link von einer solchen Seite ist meist reine Ermessenssache bzw. Verhandlungsgeschick.

Sollten Sie einen Link mit einem PR von 6 oder mehr angeboten bekommen, prüfen Sie diesen immer genau, bevor Sie auf das Angebot eingehen. Es gibt viele Seiten, für die zwar ein PageRank angezeigt wird, die diesen aber nur schlecht weitervererben (etwa weil der PageRank nur gerade so und durch wenige andere Links erreicht wurde).

12.7 Links von eigenen Seiten

Um eine Seite mit mehr externen Links zu segnen, können auch Links von eigenen Seiten helfen. Sofern man über mehrere Projekte verfügt, die bereits eine gefestigte Stellung in den Suchmaschinen haben, können diese zur Förderung eines anderen Projekts eingesetzt werden. Teilweise reichen bei konsequenter Verlinkung von wenigen eigenen Seiten schon wenige Backlinks, um den PageRank steigen zu lassen und auch in den Trefferlisten ein wenig nach oben zu klettern.

Minisites

Sofern man nicht über weitere eigene Projekte verfügt, die zum Einsatz kommen können, lassen sich ggf. Minisites einsetzen. Das sind normale Webseiten, die, einmal angelegt, mit ein wenig Inhalt gefüllt und ein paar Backlinks gefüttert werden. Als Backlinks werden hierfür ausschließlich kostenlose und leicht zu bekommende Links aus diversen Verzeichnissen verwendet. Zweck der Seite ist es, einzig als Linkquelle für die eigentliche zu optimierende Webseite zu dienen.

Minisites sind ein guter Weg, relativ schnell eine gute Linkpopularität zu bekommen und die eigene IP- und Domainpopularität zu steigern.

Wählen Sie für derartige Minisites möglichst Themen, die nah am Thema der eigentlichen Seite sind, aber nicht mit dieser konkurrieren. Bei der Themenwahl sollten Sie außerdem auf ein Thema setzen, das langlebig ist und wenig Aktualisierungsaufwand bedeutet – die Seite soll möglichst lange aktiv bleiben, ohne zu veralten und damit möglichst wenig zusätzliche Arbeit zu verursachen.

Alte Domains kaufen

Neben dem Erstellen von Minisites ist besonders der Zukauf bereits bestehender Projekte und Domains empfehlenswert, sofern man es sich finanziell leisten kann. Besonders Google bewertet ältere Webseiten häufig deutlich besser als qualitativ ebenbürtige, aber jüngere Seiten. Neben dem Altersvorteil sind besonders auch solche Domains interessant, die zuvor schon aktiv betrieben wurden und dann – aus welchem Grund auch immer – aufgegeben wurden, aber noch über Backlinks oder gar einen hohen PageRank verfügen.

Wenn eine Webseite oder Domain hinzugekauft wurde, gibt es mehrere Wege, diese in das eigene Konzept einzugliedern:

- Bei umfangreicheren bzw. mit guten Inhalten gefüllten Webseiten empfiehlt es sich, diese so zu belassen, wie sie sind, bzw. nur geringfügige Änderungen daran durchzuführen. Von der Seite aus werden dann Links zu den eigentlichen Webseiten gesetzt, um deren Linkpopularität zu steigern.

- Bei Webseiten mit nur geringem Inhaltsumfang sollte das Projekt eingestampft und eine einfache Weiterleitung auf die eigentliche Webseite eingerichtet werden. Wichtig hierbei ist, dass die Weiterleitung per HTTP mit dem Code 301 (»Moved Permanently«) geschieht und nicht via HTML-Weiterleitung, JavaScript oder anderen HTTP-Code. Nur damit ist sichergestellt, dass alle Suchmaschinen die Weiterleitung korrekt behandeln und die Backlinks, die bisher zur gekauften Webseite zeigten, nun auf die zu optimierende Webseite übertragen werden (d. h., deren Wert wird auf die eigene Webseite übernommen).

- Wurde kein ganzes Projekt, sondern nur eine Domain erworben, bleibt meist nichts anderes übrig, als die Domain einfach auf das eigene Projekt zu übertragen. In manchen Fällen (z. B. wenn ein neues Projekt geplant wird oder eine Minisite entstehen soll) kann es sich allerdings lohnen, die Domain selbst als Hauptdomain einer Webseite zu verwenden.

Um die in Punkt 2 angesprochene Weiterleitung bei einem Apache-Server einzurichten, muss nur folgender Code in die Konfiguration oder eine ».htaccess«-Datei eingefügt werden:

```
RewriteEngine on

RewriteRule ^(.+) http://www.meineseite.de/ [R=permanent]
```

12.8   Mehr Links bekommen

Neben den bisher beschriebenen Möglichkeiten gibt es noch einige weitere Varianten, an (möglichst kostenlose) Links heranzukommen. Ein Nachteil dieser Varianten ist es meist, dass die Links keinen oder nur wenig Bezug zur eigenen Webseite besitzen und die Qualität dieser Links daher sehr niedrig ist. Da neben der Qualität auch die Anzahl der Backlinks einer Seite über die Position in den Trefferlisten entscheiden kann, sollte man aber jede Möglichkeit, an Links heranzukommen, auch entsprechend nutzen.

»Setzen Sie einen Link!«

So banal es klingen mag: Der einfachste Weg, Links zu bekommen, ist, die eigenen Besucher darum zu bitten. Besonders bei Webseiten mit hochwertigen Inhalten sind oftmals mehr Besucher bereit, einen Link zu Ihrer Webseite zu setzen, als man es vielleicht vermute würde. Allerdings: Besucher sind ein faules Volk, niemand tut etwas einfach von sich aus ohne eine Aufforderung, einen Nutzen oder zumindest eine Bitte. Platzieren Sie daher auf Ihrer Webseite gut sichtbar, aber nicht aufdringlich, einen kleinen Kasten, der die Besucher dazu auffordert, einen entsprechenden Link zu setzen:

»Ihnen gefällt unsere Seite? Dann helfen Sie uns, indem Sie einen Link von Ihrer Homepage zu uns setzen! Die Adresse dieser Seite lautet: http://www ...«

So oder ähnlich könnte der Text aussehen. Sprechen Sie Ihre Besucher dabei in der gewohnten Weise an und nennen Sie am besten direkt die zu verlinkende URL, dann braucht ein interessierter Besucher nur noch die URL zu kopieren und in seine Seite einzufügen (es gibt auch Webmaster, die schon den kompletten Linkcode vorgeben).

Vorteil dieser Variante ist natürlich, dass Sie ohne weiteres Zutun stetig neue Links bekommen – andererseits können Sie weder Linkposition, -umfeld und -text noch die verlinkte Seite beeinflussen, sodass in der Regel die Links irgendwo in einer langen Linkliste mit unzähligen anderen Links erscheinen und als Text den Seitennamen tragen. Derartige Links bringen in der Regel wenig – jeder Link mehr hilft Ihnen jedoch zu einem Schritt nach vorn.

▲ Social Media Optimizing (SMO)

Keine »echte« Optimierungsstrategie, aber ein guter Ansatz ist das Social Media Optimizing oder SMO genannt. So gesehen handelt es sich dabei um nichts anderes als das vorgenannte Linkbetteln, nur eben etwas feiner ausgedrückt. Ziel dieser Taktik soll es sein, gerade bei den zurzeit modernen sozialen Netzwerken wie YouTube, MySpace oder diversen Weblogs möglichst leicht verlinkt zu werden. Hierzu bietet man etwa bei Beiträgen auf der eigenen Webseite explizit einen Link an (ähnlich wie oben beschrieben), stellt ein RSS-Feed zur Verfügung und zeigt zu Bildern und Videos direkt einen Link an, mit dem auf diese Bilder und Videos verwiesen werden kann. Zu diesen Maßnahmen gehören außerdem Dinge wie ein Button »Füge diese Seite zu `del.icio.us` hinzu« oder Links für Facebook oder Digg. Kurzum: Man tut also alles, um es Bloggern und anderen Betreibern und Benutzern derartiger sozialer Netzwerke und Webseiten so einfach wie möglich zu machen, damit diese entsprechende Beiträge in ihren Blogs erstellen können und dabei – natürlich – einen Link zur eigenen Webseite setzen.

Verzeichnisse und Linklisten

Die einfachste Möglichkeit, an kostenlose Links zu kommen, sind diverse Verzeichnisse, von denen es einige Tausende allein im deutschsprachigen Web geben dürfte. Da es leider kein Verzeichnis der Verzeichnisse gibt, bleibt nur die Möglichkeit, diese zu suchen, anschließend aufzurufen und sich überall einzutragen. Um passende Verzeichnisse zu finden, gehen Sie am besten wie folgt vor:

- Legen Sie am besten schon vorher eine Datei an, in der Sie Standardtexte für kurze und lange Beschreibungen, Keywords, Seitentitel usw. hinterlegen. Die meisten Verzeichnisse fordern Ihnen bei der Eingabe entsprechende Informationen ab, sodass Sie hier auf Ihre vorgefertigten Texte zurückgreifen können, ohne diese jedes Mal neu tippen zu müssen.

- Suchen Sie bei Google und Co. nach den Kombinationen Keyword + »Verzeichnis«, Keyword + »Links«, Keyword + »Linkliste« usw.

- Suchen Sie nach Kombinationen Ihrer Keywords mit gängigen Phrasen, die auf ein Hinzufügen eines Links in ein Verzeichnis schließen lassen, etwa Keyword + »Link hinzufügen«, Keyword + »Seite melden«, Keyword + »Site melden«, Keyword + »add link« usw.

- Speichern Sie gefundene Verzeichnisse am besten in einer Excel-Liste oder einer ähnlichen Datei und notieren Sie, in welche Verzeichnisse Sie sich bereits eingetragen haben. Damit können Sie verhindern, dass Sie sich in einzelne Verzeichnisse doppelt oder dreifach einschreiben, und haben zugleich für spätere Projekte eine Liste von Verzeichnissen, die Sie dann verwenden können.

Linknetzwerke

Da es im Internet so gut wie alles gibt, besteht natürlich auch eine Möglichkeit für Webmaster, passende Links zu finden bzw. mit anderen Webseiten zu tauschen. Hierzu gibt es einige englische Netzwerke, die einen Linktausch oder Linkverkauf automatisiert und relativ reibungslos anbieten. Zudem gibt es mittlerweile auch eine Handvoll deutscher Netzwerke mit derartigen Möglichkeiten. Zu nennen wäre hier in erster Linie das Netzwerk *adbutler.de*, bei dem man Links einkaufen kann (von AdButler sogenannte popLink-Kampagnen). Als Käufer erhält man eine Übersicht über Seiten, die die Schaltung von Links ermöglichen und welchen PageRank diese besitzen. Darüber hinaus kann jede Webseite einen Richtpreis eingeben, den die Seite monatlich für einen Link erwartet. Man kann sich dann die Webseiten ansehen und über das System ein Angebot zur Linkschaltung unterbreiten. Die Webseite kann dann zusagen oder ablehnen und den Link schalten (oder eben nicht). Vorteil dieser Netzwerke: Wenn man Links kaufen möchte, lassen sich hier die Finanzen relativ einfach überschauen, da die Abrechnung nicht direkt mit den Webmastern, sondern über das Netzwerk erfolgt; man spart sich dadurch, diverse Einzelrechnungen zu begleichen. Nachteil: Der Betreiber des Netzwerks möchte natürlich auch verdienen und lässt sich jede Linkschaltung mit einer Provision von meist 30 % des Linkpreises vergüten.

Neben den Linkkaufnetzwerken gibt es auch Netzwerke, die den Tausch von Links ermöglichen. Von diesen ist in der Regel jedoch abzuraten, da ein Linktausch im günstigsten Fall nur mit Seiten stattfinden sollte, die wirklich passen (man will sich die eigene Seite ja nicht mit unzähligen Links zu völlig unpassenden Seiten verderben).

News, Tools und Services

Wer auf seiner Webseite regelmäßig spannende News (gemeint sind wirklich Nachrichten und nicht nur News zu Änderungen an der Seite oder den eigenen Produkten), etwas programmiererisches Geschick oder besonderes Fachwissen zu bieten hat, kann sehr leicht viele kostenlose Links bekommen. Der Trick besteht darin, etwas von der eigenen Webseite anderen Webmastern zur Verfügung zu stellen. Wer etwa News auf seiner Seite publiziert, kann anderen Webseiten über einen Newsfeed (Real Simple Syndication oder »RSS«) ermöglichen, diese News in die eigene Seite zu integrieren. Der Titel und ein kurzer Anreißertext erscheinen dann auf der fremden Webseite – wer weiterlesen möchte, muss auf den Link zu Ihrer Webseite klicken. Damit hat die fremde Webseite kostenlose News, und Sie bekommen kostenlose Links zu Ihren Newsartikeln.

Für Seiten ohne eigene News kann der Weg zu kostenlosen Links z. B. über Tools und Dienste führen. Einfachstes Beispiel für einen Dienst, der zu reihenweise kostenlosen Backlinks führt, ist ein einfacher Counter (Besucherzähler). Bieten Sie anderen Webmastern an, einen Counter auf der eigenen Webseite zu integrieren. Wird dieser Dienst rege genutzt, kann das Skript zur Einblendung des Counters so gestaltet werden, dass von jedem angezeigten Counter ein Link direkt zu Ihrer Seite führt. Der Counter muss dabei nicht mal etwas Besonderes können – da das Internet immer noch als Gratis-Selbstbedienungsladen angesehen wird, finden sich für alles, was kostenlos ist, immer gleich eine Menge User, die dies bei sich auf der Webseite einsetzen.

Natürlich lässt sich nicht bei jeder Seite einfach ein Counter-Dienst anbieten – das würde bei allen Seiten, die sich nicht mit Internet oder Computern beschäftigen, eher komisch aussehen. Jedoch gibt es bei vielen Seiten mit ein wenig Kreativität eine Möglichkeit, anderen Webmastern einen Dienst anzubieten, um so Backlinks zu bekommen. Einige allseits bekannte Beispielseiten hierzu, die sich relativ einfach programmieren lassen, um dann auf einer fremden Webseite zum Einsatz zu kommen:

- Counter
- Wetteranzeige

- »(Koch-)Rezept des Tages«
- »Zitat des Tages«
- Börsenkurse
- Kalender
- PageRank-Anzeige
- Umfrageskripten
- Newsticker

All diese Zusatzfeatures für Ihre Homepage haben in der Regel eines gemeinsam: Sie sind kostenlos und enthalten einen Link zum Anbieter des Dienstes. Natürlich ist dies nicht immer der primäre Nutzen dieser Dienste (viele Anbieter ködern damit auch Kunden, um diese später für ihre kostenpflichtigen Dienste zu gewinnen) – in jedem Fall fördert es aber die Linkpopularität der einzelnen Seiten und damit das Ranking in den Ergebnislisten.

Bild 12.4: Von Reiseseiten gern verwendet: Wetteranzeigen (natürlich mit Backlink zur Wetterseite).

Neue Webseite – alte Links

Hat man sich bei der Optimierung der Webseite nicht für eine reine Optimierung, sondern gleich für ein komplettes neues Design der Webseite entschieden, sind unter Umständen einige Links abhanden gekommen bzw. es existieren nun Backlinks von anderen Seiten, die auf nicht mehr existierende Dateien verweisen. Um diese Links nicht zu verschenken, sollte für alle nicht mehr existierenden Seiten eine Standardweiterleitung zu einer passenden neuen Seite gesetzt werden. Wichtig hierbei sind vor allem zwei Dinge:

- Als Weiterleitung sollte eine HTTP-Weiterleitung mit Code 301 verwendet werden.

- Die Weiterleitung sollte nicht wahllos auf eine Seite oder auf die Startseite geschehen, sondern im günstigsten Fall auf die Seite, die nach dem neuen Design nun den alten Inhalt enthält (Texte wirft man ja nur selten weg).

Ebenso wie bei der Weiterleitung von alten Domains kann hierfür auch wieder mod_rewrite beim Apache-Server eingesetzt werden:

```
RewriteEngine on

RewriteRule ^alte-datei.php$ /neue-datei.php [R=permanent,NC]
```

Anmeldung und Kontrolle

Nach Optimierung der Webseite folgt die eigentliche Anmeldung bei den Suchmaschinen, wobei gerade für junge Seiten hier einiges zu beachten ist. Um möglichst schnell Resultate zu erzielen, ist es wichtig, wann und wie die Eintragung bei den Suchmaschinen erfolgt.

13.1   Wo anmelden?

Das Wo ist relativ einfach zu beantworten: nur bei den wichtigsten Suchmaschinen. Quasi jede Suchmaschine bietet dazu ein entsprechendes Formular, mit dem man der Suchmaschine ein »Hallo, hier bin ich!« mitteilen kann. Sofern Sie bereits über eines dieser Programme verfügen, die eine Webseite in ein paar Hundert Suchmaschinen eintragen, können Sie dieses nutzen. Falls nicht, brauchen Sie es nicht nachträglich: Wie eingangs angesprochen, interessieren die meisten Suchmaschinenoptimierer sich ausschließlich für einige wenige Suchmaschinen – alle anderen hundert Maschinen kann man gern vernachlässigen; diese wären im Regelfall das Geld für eine solche Eintragssoftware auch nicht wert.

Sofern Sie eine völlig neue Webseite optimieren, ist die Eintragung in die gängigsten Suchmaschinen per Hand zu empfehlen. Befindet sich die Seite allerdings schon einige Monate oder Jahre im Netz, ist eine Anmeldung in der Regel überflüssig, da die Robots der Suchmaschinen in regelmäßigen Abständen sowieso vorbeikommen, um die Seite auf Neuigkeiten zu überprüfen, sodass man dem nicht oder nur geringfügig vorgreifen würde.

13.2   Wann sollte ich mich anmelden?

Der Zeitpunkt der Anmeldung ist immer eine knifflige Sache. Zum einen möchte man seine Seite so früh wie möglich einstellen, um schnellstmöglich gefunden zu werden, andererseits möchte man natürlich schnell nach oben kommen, wozu Backlinks nötig sind, die natürlich zu Beginn noch nicht vorhanden sind. Jedoch ist gerade bei älteren Seiten der Anmeldezeitpunkt nahezu irrelevant.

Richtig ist, dass die Robots gerade bei neuen Seiten weniger regelmäßig und damit später ihre Besuche abstatten. Also dauert es theoretisch länger, bis Änderungen an der Seite auch in den Index der Suchmaschinen einfließen. Da andererseits die wichtigsten Faktoren, die zum Ranking beitragen, externe Faktoren sind (Backlinks, Linkpopularität, IP-Popularität, ...) und damit mit der Indexierung anderer Webseiten als der eigenen zusammenhängen, lässt sich hier quasi recht wenig steuern und beeinflussen.

Um dennoch den besten Zeitpunkt abzupassen, sollte die Optimierung der Webseite sowie die Anmeldung bei den Suchmaschinen diesen Ablauf haben:

- Sofern es sich um eine komplett neue Webseite handelt, wird zunächst eine Baustellenseite ins Netz gestellt. Lassen Sie diese allerdings nicht nach Baustelle aussehen, sondern fügen Sie auch hier schon ein wenig Inhalt, eine Überschrift, Titel und ein paar Keywords mit ein. Diese Seite dient einzig dazu, überhaupt schon mal im Index der Suchmaschine präsent zu sein.

- Führen Sie die Optimierung der Webseite durch bzw. erstellen Sie eine optimierte neue Webseite.

- Kontrollieren Sie Ihre Webseite auf tote Links, also Links, die falsch gesetzt sind und daher ins Nirgendwo führen. Solche Links haben die äußerst ungünstige Eigenschaft, dass Robots sich dadurch geneigt fühlen könnten, die Seite zu verlassen, bevor der gesamte Inhalt gescannt und indexiert wurde. Vermeiden Sie also in jedem Fall tote Links. Um Ihnen die Suche zu erleichtern, gibt es zahlreiche Tools, die Sie verwenden können – einige davon sind im Anhang dieses Buches aufgelistet.

- Melden Sie die Webseite nicht früher als eine Woche vor Abschluss der Optimierungsarbeiten bei den gängigen Suchmaschinen an. Die Robots benötigen in der Regel einige Tage zwischen Anmeldung und tatsächlichem Besuch, sodass man damit in etwa den richtigen Zeitpunkt abpassen kann. Wichtig sind hier Google, Yahoo und MSN sowie ggf. weitere. Für einige muss man sich eventuell als User anmelden und einen Account erstellen, was man natürlich gern macht, da man ja in die Suchmaschine will.

- Geben Sie bei der Anmeldung Ihre Startseite (in der Regel *http://www.meineseite.de/*) eine Inhaltsverzeichnisseite (Sitemap) und ggf. eine weitere wichtige Unterseite ein. Achten Sie jedoch auf die Hinweise der Suchmaschine, ob dies nötig und gewollt ist. Einige Suchmaschinen verstehen gehäufte Anmeldungen der gleichen Domain als Spam, was negative Auswirkungen für die angemeldete Seite haben kann.

- Führen Sie die Optimierung der Links durch und sorgen Sie für viele und qualitative Backlinks.

- Kontrollieren Sie regelmäßig Ihre Platzierungen, Ihre Linkpartner und optimieren Sie stetig weiter.

13.3 Kontrolle der Anmeldung

Ob eine Anmeldung bei einer Suchmaschine erfolgreich war oder nicht, lässt sich in der Regel erst nach einigen Tagen bis Wochen sagen. Aufgrund der Größe des Internets und der damit verbundenen hohen Arbeitslast, die mit dem Durchsuchen der Webseiten verbunden ist, ist es den Robots nicht möglich, sofort nach der Anmeldung die betreffende Seite zu besuchen. Stattdessen kommt die URL in eine Art Auffanglager, das langsam abgearbeitet wird. Um zu sehen, ob die Anmeldung erfolgreich war, gibt es mehrere Möglichkeiten:

- Begeben Sie sich zur Suchmaschine und suchen Sie nach einem Ihrer Keywords. Finden Sie Ihre Seite, ist dies das einfachste und zugleich sicherste Zeichen, dass der Robot bereits bei Ihnen war.

- Analysieren Sie Ihre Logfiles mit einem passenden Programm. Die meisten dieser Tools bieten hier neben den normalen Auswertungen auch Analysen dazu an, welche Robots welcher Suchmaschinen eine Seite besucht haben, wie viele Dokumente sie eingescannt haben und wann der Besuch stattfand.

- Bei Google können Sie sich den letzten Indexierungszeitpunkt anzeigen lassen. Geben Sie dazu in die Suche Folgendes ein: `cache:http://www.meineseite.de/`

Als Ergebnis bekommen Sie Ihre eigene Webseite zum Zeitpunkt der Indexierung angezeigt sowie zusätzlich die Angabe, wann diese Indexierung stattfand:

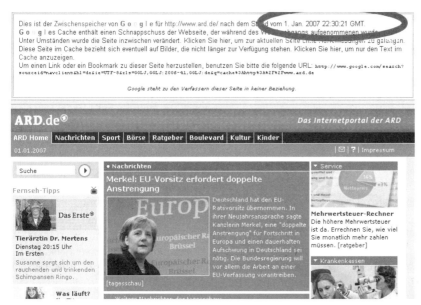

Bild 13.1: Das eingekreiste Feld zeigt den Zeitpunkt an, an dem die ARD-Seite zuletzt vom Google-Robot besucht wurde.

13.4   Kontrolle der Ergebnisse

Einige Softwaretools bieten die Möglichkeit, die Platzierungen nicht nur automatisiert für eine beliebige Zahl an Suchbegriffen zu prüfen, sondern können diese auch mit den Ergebnissen von vorherigen Prüfungen vergleichen und entsprechend grafisch aufbereiten, sodass sich der Verlauf der Platzierungen leicht ablesen lässt.

Zur Kontrolle ist es außerdem empfehlenswert, nicht nur die wenigen Haupt-Keywords im Auge zu behalten, sondern auch weitere Begriffe, die für die Seite infrage kommen. Oftmals sind das gerade die Keywords, die weniger gefragt und daher weniger umkämpft sind und bei denen man damit schneller eine Veränderung in den Trefferlisten ablesen kann.

Datacenter und zukünftige Positionen

ZUSAMMENFASSUNG DER ERGEBNISSE:

PAGERANK STATISTIK:
PR0:   1
PR1:
PR2:
PR3:
PR4:
PR5: 337
PR6: 367
PR7:
PR8:
PR9:
PR10:

POSITIONS AUSWERTUNG:
255 DC-IPs Platz [23+24]
082 DC-IPs Platz [22+23]
002 DC-IPs Platz [17]
029 DC-IPs Platz [15]

Bild 13.2: Die Auswertung eines Prüftools für die verschiedenen Datacenter von Google. Die geprüfte Seite findet sich bereits bei einigen Datacentern auf Platz 15, während sie bei den meisten noch auf Platz 23/24 bzw. 22/23 zu finden ist. Zukünftig könnte sich die Position der Seite also verbessern.

Da insbesondere Google über eine sehr große Zahl an Webservern verfügt, die sich über diverse Rechenzentren (sog. Datacenter) verteilen, kann es sein, dass Informationen, die von einem Datacenter aufgenommen wurden (etwa ein neuer gefundener Backlink für Ihre Seite), in einem anderen Datacenter noch nicht vorhanden sind und deshalb noch nicht in das Ranking eingeflossen sind. Da man je nach Region, in der man sich befindet, mit immer dem gleichen Datacenter verbunden wird, erhält man in der Regel auch immer die gleichen Resultate. Eine Schwankung fällt hier erst dann auf, wenn die Daten mit allen Datacentern synchronisiert wurden.

Um derartige Schwankungen vorher zu sehen und zukünftige Entwicklungen früher abschätzen zu können, sind einige Tools in der Lage, die Trefferlisten nicht nur von einem Google-Server, sondern gleich von einer größeren Anzahl an Servern abzufragen und zu vergleichen. Zeigen schon einige Server Ihre Webseite an einer höheren Position an, kann gehofft werden, dass auch bald alle anderen Server die Seite an einer höheren Position listen.

13.5 Kontrolle der Linkpartner

»Vertrauen ist gut – Kontrolle ist besser« heißt ein Sprichwort, das natürlich auch für die Suchmaschinenoptimierung Sinn ergibt: Nur wer seine Partner regelmäßig kontrolliert, kann sichergehen, dass die gekauften oder getauschten Links noch aktiv und damit ihr Geld bzw. Backlink wert sind.

Um die Backlinks zu prüfen, empfiehlt sich die Verwendung eines passenden Tools, das eine Liste an Links abspeichern kann und regelmäßige automatisierte Prüfungen zulässt, ohne jedes Mal alle Links neu eingeben zu müssen.

Backlinkqualität prüfen

Neben der reinen Prüfung der Existenz der gekauften bzw. getauschten Backlinks sollte auch die Qualität der Links geprüft werden. Bei Backlinks, die von Google als solche angezeigt werden (Suche nach *link:http://www.meinname.de*), kann man sich relativ sicher sein, dass die Qualität stimmt. Haben Sie dagegen einen Link von einer Webseite mit einem PageRank von 3 oder mehr gekauft oder getauscht, der in der Backlink-anzeige nicht erscheint, obwohl der Link bereits gesetzt wurde, sollten Sie die Qualität des Links nochmals prüfen.

- Wurde die Seite seit dem Setzen des Links schon indexiert (Suche nach *cache:http:// www.linkseite.de/pfad-zur-seite.html*)? Wenn ja, wann wurde die Seite das letzte Mal indexiert?

- Ist genügend Zeit (min. ein Monat) seit dem Setzen des Links vergangen, sodass Google den Link schon als Backlink verarbeitet haben kann?

- Wurden in der Zwischenzeit weitere externe Links auf der Seite hinzugefügt, sodass die Qualität des einzelnen Links dadurch vielleicht abgenommen hat?

Sollte sich herausstellen, dass ein Link nicht über die erwartete Qualität verfügt, ist dies ein guter Zeitpunkt, noch mal über den Linkpreis zu verhandeln und neue Konditionen zu vereinbaren.

Verbotene Tricks

14

Wer schnell ganz weit nach vorn möchte, kann auf einige Tricks zurückgreifen, die zwar besonders effektiv sind, deren Aufdeckung aber auch genauso schnell dazu führen kann, dass die Seite völlig aus dem Index der Suchmaschinen verschwindet. Alle genannten Tricks sollten Sie daher nur im äußersten Notfall, immer nur mit Bedacht und so wenig und unauffällig wie möglich einsetzen.

▲ Dauerhafter Erfolg ist fraglich

Beachten Sie, dass die meisten Tricks eher für den schnellen Erfolg als die langfristige Positionssicherung geeignet sind. Sofern Sie nicht nur Ihre eigene Webseite optimieren, sondern dies vielleicht sogar für einen Kunden tun, sollten Sie hiervon die Finger lassen oder die Maßnahmen zumindest mit Ihrem Kunden abklären und Chancen und Risiken immer genau abwägen.

14.1 Keyword-Spam und versteckte Texte

Die einfachste und am häufigsten gesehene Möglichkeit, sich gute Positionen zu erschleichen, ist das sogenannte Keyword-Spam. Hierbei wird die zu optimierende Webseite derart mit Keywords überschwemmt, dass selbst bei greifenden Filtern die Relevanz des Keywords für die Seite noch enorm hoch bleibt.

Neben Titel, Überschriften und Meta-Angaben werden auch im Text bestimmte Keywords immer wieder verwendet, unterstrichen oder fett hervorgehoben. Dokumente und Bilder werden mit dem Keyword im Dateinamen versehen, Pfade aus den Keywords gebildet, und selbst die Alternativtexte (alt="...") der Bilder oder Kommentare werden mit Keywords bestückt.

Darüber hinaus kann man noch einen Schritt weitergehen und eine spezielle Keyword-Seite erstellen. Diese beinhaltet nicht mehr als ein paar Wörter oder Sätze sowie auf ein Keyword optimierte Titel und Überschriften. Die Aufgabe dieser Seite wiederum ist nichts anderes, als einen qualitativen Link zu einer anderen Seite zu liefern, die eben für dieses Keyword optimiert werden soll.

Bild 14.1: Keyword-Spam, der wirkt: Auf dieser Seite erscheint mehrere Hundert Male das Keyword »Kredit«, und das verschafft immerhin Position 11 bei einem der umkämpftesten Keywords.

Neben der einfachen gibt es die erweiterte Form des Keyword-Spams, wenn diese zusätzlich noch per HTML oder CSS versteckt, unsichtbar gemacht oder ausgeblendet wird. Die Seite enthält dann für die Suchmaschine immer noch die gleiche Anzahl an Keywords – der normale Besucher wird allerdings nicht durch haufenweise nutzlosen Text genervt, sondern bekommt von alledem nichts mit.

14.2 Doorway Pages

3er BMW
3er BMW - Fahrspaß pur!

Autohaus BMW
Sie suchen ein BMW Autohaus?

Behörde Fahrzeuge Anschaffung
Fahrzeugverkauf an Behörden

Behörde Fahrzeuge Beschaffung
Fahrzeugbeschaffung für Behörden bei BMW

Beschaffung Fahrzeuge Behörde
Beschaffung von Behördenfahrzeugen bei BMW

Blaulichtfahrzeug BMW
Für Polizei, Notarzt und Feuerwehr - Blaulichtfahrzeuge von BMW

Blaulichtfahrzeug Notarzt
Schnell am Einsatzort - mit einem Notarztwagen von BMW

BMW 316
Informationen zum BMW 316

BMW 318
Informationen zum BMW 318

BMW 318i
BMW 318i - Design und Fahrkultur

BMW 320
Probefahrt mit einem BMW 320?

BMW 330
Faszination BMW 330

BMW 3er
BMW 3er Editionen

BMW 5er
BMW 5er Serie

BMW 6er
Das BMW 6er Coupé

BMW Ausbildung
Stellenangebote bei BMW

BMW Autohändler
BMW Autohändler Adressen

BMW Autohaus
BMW Autohaus finden

BMW Felgen
BMW Zubehör Felgen

BMW Neuwagen

Sie suchen einen BMW Neuwagen? Unsere Suche nach BMW Händlern in Ihrer Nähe bietet schnellen Zugriff auf BMW-Autohäuser in Ihrer Nähe, wo Sie sich die BMW Neuwagen in aller Ruhe und Ausführlichkeit ansehen können. BMW Neuwagen - Sie erhalten von uns Adresse, Telefon und Website der BMW-Händler in Ihrer Nähe. Suchen Sie über Postleitzahl, Stadt oder Name des BMW-Partners. BMW Neuwagen - In jeder Abteilung unserer BMW Niederlassung arbeiten Fachleute für Sie. Unsere Mitarbeiter werden durch intensive Schulungen der BMW AG immer auf dem aktuellen Stand des Wissens gehalten. BMW Neuwagen - Mit diesem Know-how erarbeiten sie garantiert immer die Lösung, die sich am besten an Ihre Bedürfnisse anpasst. In einem unserer vielen Autohäuser in ganz Deutschland können Sie sich rasch und unproblematisch für eine Probefahrt in Ihrem Lieblings-BMW Neuwagen anmelden. Egal, worum es geht: um die Absprache eines Service-Termins, eine Reparatur oder die Finanzierung Ihres Neuen oder Ihres neuen Gebrauchten. BMW Neuwagen - Sympathisch und kompetent. Unser Team ist immer im Einsatz für Sie. Bei uns ist immer was los! Langeweile kommt in unserer Niederlassung nicht auf.
Hier finden Sie Informationen zum Thema: BMW Neuwagen gesucht?.

Ein BMW Neuwagen gesucht?

BMW Neuwagen - Regelmäßig bieten wir Ihnen neue Angebote, bringen Ihnen Aktuelles über die neuesten BMW Modelle nahe und organisieren Veranstaltungen aller Art. Bei uns werden Sie gut informiert und gut unterhalten. BMW Neuwagen - Egal, welche Frage Sie an unsere Profis haben: in unseren Filialen sind Sie als unser Kunde oder als neugieriger Interessent immer herzlich willkommen. BMW Neuwagen - Wenn Ihnen das BMW-Portal im Internet Appetit gemacht hat, besuchen Sie doch einmal eine Niederlassung ganz in Ihrer Nähe - hier können Sie unseren Mitarbeitern Löcher in den Bauch fragen. BMW Neuwagen - Haben Sie Interesse an einer Probefahrt in Ihrem Wunsch-BMW? Kein Problem! Bei unseren Niederlassungen können Sie sich jederzeit für eine Probefahrt in einem unserer Automobile anmelden. In unseren Niederlassungen bekommen Sie einen Vorgeschmack auf die Freude am Fahren. BMW Neuwagen - Der Hol- und Bring-Service. Nutzen Sie die Flexibilität Ihres BMW Partners. So verlieren Sie keine unnötige Zeit. Viele BMW Autohäuser führen nun die Wartungs- und Reparaturarbeiten an Ihrem BMW fachgerecht aus. Sie holen das Fahrzeug auch direkt bei Ihnen zu Hause oder im Büro ab und bringen es Ihnen nach Beendigung der Arbeiten wieder zurück.
Ihr neues Auto - ein BMW.

BMW Neuwagen - Fragen Sie Ihren BMW Partner, welchen Service er Ihnen anbieten kann, damit Sie möglichst lang mit Ihrem BMW Neuwagen Freude haben. Sollten Ihre Arbeitszeiten trotz erweiterter Öffnungszeiten bei Ihrem BMW

Bild 14.2: Doorway Pages von BMW sorgten für die Entfernung der Webseite.

Doorway Pages nennt man extra für Suchmaschinen erstellte Unterseiten, die für spezielle Keywords optimiert sind und in der Regel viel – meist unsinnigen – Content enthalten. Die Seiten ähneln den normalen Seiten in Sachen Design und Inhaltsmenge und sind daher für Suchmaschinen nur schwer von den normalen Seiten zu unterscheiden. Ziel dieser Doorway Pages ist es, der Suchmaschine eine weitaus größere und besser zum Keyword passende Webseite vorzugaukeln, als es tatsächlich der Fall ist.

Damit ein normaler Besucher nicht einen großen Berg an unsinnigem Text sieht, wird zudem eine automatische Weiterleitung eingerichtet, die ihn sofort zu einer richtigen Seite schickt. Derartige Weiterleitungen werden in der Regel per JavaScript erstellt, da dieses schwer von den Suchmaschinen als solches zu ermitteln ist.

Keyword Subdomains

Eine etwas erweiterte Form der Doorway Pages sind sogenannte Keyword Subdomains, auch »Third Level Domains« genannt. Hierbei werden die Doorway Pages nicht direkt auf der Standarddomain abgelegt, sondern innerhalb einer oder mehrerer Subdomains mit entsprechendem Keyword (also etwa *http://keyword.meinname.de*). Dies verstärkt noch einmal die Wirkung des Keywords auf die Doorway-Seite und kann z. B. bei MSN oder Fireball für ein besseres Ranking sorgen.

14.3 Cloaking

Unter Cloaking versteht man das Verändern der Webseite speziell für den Robot der Suchmaschine. Hierzu wird bei jedem Abruf einer Seite von einem Skript ermittelt, ob es sich bei dem Abrufenden um einen normalen Nutzer handelt oder ob die Browser-kennung (in der Regel geschieht das über die CGI-Umgebungsvariable HTTP_USER_ AGENT) bzw. die IP-Adresse den Schluss auf einen Robot einer Suchmaschine zulässt. Meldet sich der Abrufende etwa mit dem Namen »Googlebot« statt »Mozilla/4.0 (...)« oder ruft er von einer IP aus ab, die Google zugeordnet wird, wird diesem Abrufenden ein anderer für Suchmaschinen optimierter Inhalt angezeigt als dem normalen Besucher. Hierbei werden etwa Werbeinseln herausgeschnitten, Keywords hinzugefügt oder ganze Textpassagen ergänzt.

Dass dieses Verfahren sehr löchrig ist und daher leicht enttarnt werden kann, resultiert daher, dass jeder Abrufende in der Regel eine beliebige Browserkennung angeben kann und es mehrere Milliarden IP-Adressen gibt, die man natürlich nicht alle kontrollieren kann. Besteht also der Verdacht auf Cloaking und möchte eine Suchmaschine heraus-finden, ob sie getäuscht wurde, braucht sie lediglich die Webseite erneut, aber diesmal mit einer normalen Browserkennung und über eine neutrale IP-Adresse abzurufen und beide Abrufe zu vergleichen. Es ist zwar noch nicht bestätigt, dass Google und Co. derartige Gegentricks einsetzen, um Cloaking-Seiten zu enttarnen – jedoch ist anzu-nehmen, dass dieses Mittel im Zweifelsfall eingesetzt wird.

14.4 Klickfakes

Suchmaschinen müssen irgendwie herauszufinden, ob die Trefferlisten, die sie ausgeben, auch einigermaßen sinnvoll sind. Am besten geschieht dies, indem man den Besucher entscheiden lässt, welcher der angebotenen Treffer am besten zu dem eben gesuchten Keyword passt.

Bild 14.3: Tool, um Klicks bei Yahoo vorzutäuschen.

Da man den Besucher natürlich nicht einfach fragen kann, geschieht diese Wertung etwas subtiler – nämlich indem man schaut, welchen der angebotenen Treffer die Besucher anklicken. Je öfter ein Treffer innerhalb einer Gruppe von Treffern angeklickt wurde, umso wahrscheinlicher ist es, dass dieser Treffer für das gesuchte Keyword relevant ist.

Um diesen Effekt auszunutzen, verwenden einige Webseitenbetreiber spezielle Robots, die keine andere Aufgabe haben, als eine Suche durchzuführen und die eigene Webseite in den Trefferlisten anzuklicken. So soll bewirkt werden, dass die Suchmaschine diese Seite für besonders wichtig erachtet und schneller nach oben führt.

Da dieser Trick jedoch relativ schwer umsetzbar ist, wird er nur selten angewandt. Man braucht beispielsweise eine entsprechende Software, die eine Suche und den anschließenden Klick vortäuschen und zudem die Klicks mit verschiedenen Browserkennungen und über verschiedene Verbindungen mit verschiedenen IPs erzeugen kann (immer gleiche Klicks derselben IP-Adresse wären zu leicht zu erkennen). Es wird jedoch von einigen Seiten berichtet, die gerade aufgrund dieses Tricks die Position innerhalb der Trefferlisten deutlich steigern konnten.

14.5   Kommentar-, Foren- und Statistikspam

Um möglichst viele Backlinks zu bekommen, sind einigen Suchmaschinenoptimierern leider nahezu alle Möglichkeiten recht – auch solche, die andere Webmaster besonders ärgern. Dazu gehört das Erschleichen von Backlinks durch diverse Taktiken.

Kommentar- und Forenspam

Zu diesen Taktiken gehört unter anderem das zahllose Hinterlassen des entsprechenden Links in den Kommentarfunktionen diverser Weblogs und ähnlicher Webseiten. Auch Foren werden gern von Suchmaschinenoptimierern heimgesucht, um dort meist sinnlose Beiträge zu hinterlassen, die einzig dazu dienen, einen Link zu platzieren. Da derartige Links leicht zu generieren sind, werden sie zwar von Suchmaschinen deutlich niedriger bewertet als »echte Links«, allerdings bringt eine Masse an Links auch den gewünschten Effekt.

Da die meisten Webseiten eine ähnliche oder gleiche Forensoftware bzw. Weblogsoftware verwenden, gibt es bereits diverse Tools, die derartige Einträge automatisiert und in großer Masse generieren können.

Statistikspam

Eine noch nicht sehr weit verbreitete Methode, an kostenlose Backlinks zu kommen, besteht darin, sich in öffentliche Statistiken zu schummeln.

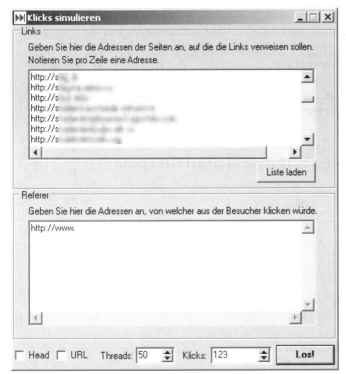

Bild 14.4: Tool, um in Statistiken falsche Besuche vorzutäuschen.

Da viele Webseiten auf Standardsoftware wie Webalizer zur Erstellung der Statistiken zurückgreifen, ist es ein Leichtes, diese auszutricksen und sich einen Link in der Statistik zu erschummeln. Hierzu geht man wie folgt vor:

- Zunächst sucht man mithilfe von Google und Co. nach Webseiten, die über öffentliche Statistiken verfügen und bereits von den Suchmaschinen indexiert sind.

- Die gefundenen Domains werden gesammelt und notiert.

- Als Nächstes verwendet man ein entsprechendes Programm, das eine Reihe von Abrufen auf den gefundenen Domains erzeugt. Bei jedem Abruf wird dabei als Herkunftsseite (Referer) die zu optimierende Webseite angegeben.

- Die Statistiksoftware findet in den Logfiles der Domains dann diverse Einträge mit der zu optimierenden Webseite als Herkunftsseite, zählt diese und erstellt in den meisten Fällen neben vielen anderen Auswertungen auch eine Auswertung der Herkunftsseiten. Im günstigsten Fall sind diese Herkunftsseiten dann auch noch verlinkt, sodass hierdurch automatisch ein kostenloser, wenn auch nicht sehr relevanter Backlink entsteht.

\#	Hits		Referrer
1	19094	13.83%	- (Direct Request)
2	3636	2.63%	http://www.google.com/search
3	600	0.43%	http://hypotheek-rentewijzer.nl/
4	600	0.43%	http://prestitopersonali.it/
5	590	0.43%	http://www.gay-teen-contacts-world.biz
6	587	0.43%	http://geldleningvergelijken.nl/
7	587	0.43%	http://prestitoratacostante.it/
8	581	0.42%	http://geldleningnl.nl/
9	580	0.42%	http://prestitorichiesta.it/
10	576	0.42%	http://geld-lening-vergelijken.nl/
11	558	0.40%	http://search.msn.com/results.aspx
12	493	0.36%	http://www.contactos-lindas-zorras-guarras.biz
13	424	0.31%	http://www.telephoneservicedirectory.com
14	418	0.30%	http://search.yahoo.com/search
15	409	0.30%	http://www.world-sex-dating.biz
16	398	0.29%	http://herfirstlesbiansex-review.info/herfirstlesbiansex.asp
17	352	0.26%	http://www.contactos-lindas-mulheres-peladas.biz
18	333	0.24%	http://www.phonecontractors.com/

Top 30 of 651 Total Referrers

Bild 14.5: Die Statistik dieser Seite ist mit Statistikspam überflutet und für den Betreiber nahezu unbrauchbar. Nur vier der Top 30 der Herkunftsseiten sind kein Spam.

▲ Vorsicht

Da Sie mit diesen Tricks indirekt oder direkt in die Webseiten eines anderen eingreifen, ohne dass dieser dies in der Regel möchte, sollten Sie gerade mit diesen Tricks vorsichtig umgehen, da die betroffenen Webmaster leicht gereizt reagieren könnten.

14.6   Wenn gar nichts mehr hilft ...

Wenn gar nichts mehr hilft, um die eigene Webseite nach vorn zu bringen, kann man nur noch dazu übergehen, den Seiten zu schaden, die vor der eigenen gelistet werden. Auch hierzu gibt es einige Möglichkeiten:

Google Bowling

Unter Google Bowling versteht man absichtliches Herauskegeln einer Seite, damit diese im Ranking nach unten rutscht und dadurch die eigene Webseite weiter nach oben gelangen kann. Vonseiten der Suchmaschinen wird zwar vehement betont, dass es für fremde Webseiten nicht möglich ist, andere Webseiten negativ zu beeinflussen, jedoch konnten Google-Techniker auf Nachfrage dies nicht völlig ausschließen.

Mögliche Wege, einen Konkurrenten aus den Ergebnissen zu drängen, sind unter anderem das Anfertigen von massenweisen Spamseiten und -links, die die Vermutung nahelegen, dass die Seite versucht, sich mit illegalen Mitteln nach oben zu schummeln, und anschließend dafür bestraft wird. Insbesondere wird berichtet, dass eine große Anzahl von immer gleichen Links von zwielichtigen Seiten (Erotikbereich, Casinoseiten, Linkfarmen, ...) einen solchen Effekt erzielen sollen. Da diese Maßnahmen jedoch auch ins Gegenteil umschlagen und die vielen Backlinks die Position der gegnerischen Webseite stärken könnten, ist von derartigen Maßnahmen (wie auch von den meisten dieser verbotenen Tricks) abzuraten.

Keyword-Stuffing

Beim Keyword-Stuffing wird versucht, die gegnerische Webseite mit immer gleichen Keywords zu überschütten, sodass diese unter Spamverdacht gerät und aussortiert wird. Das massenhafte Hinzufügen von Keywords geschieht dabei meist über die von der Seite angebotenen Kommentarfunktionen, über Gästebücher oder Foreneinträge.

Google Bombing

Etwas ähnlich wie Google Bowling ist das sogenannte Google Bombing, auch wenn es weniger der Position der Seite als deren Ansehen schadet. Beim Bombing wird versucht, den Gegner so weit zu unterstützen, dass dieser bei Begriffen gefunden wird, die zweifelhaft sind oder sich gar negativ auf dessen Image auswirken. Alles, was dazu zu tun ist, sind qualitative Links mit entsprechenden Linktexten zur gegnerischen Seite zu setzen. Jüngstes Beispiel für einen derartigen Fall ist die Seite des Weißen Hauses (*www.whitehouse.gov*), die bei Google auf Platz 1 bei der Suche nach »miserable failure« (zu Deutsch: erbärmliches Versagen oder jämmerlicher Versager) zu finden ist.

14.7   Was tun bei Rauswurf?

Haben Sie »illegale« Techniken angewandt, die die Suchmaschinen bemerkten, und wurde Ihre Seite aus dem Index entfernt, ist noch nicht ganz alles verloren. Insbesondere Google ist in diesem Fall nachsichtig mit Webmastern, die Reue zeigen.

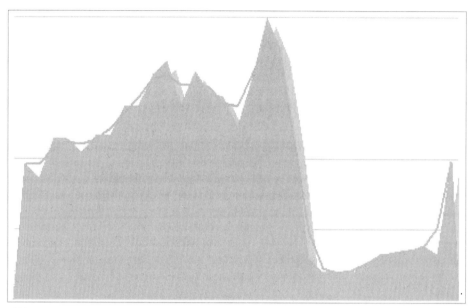

Bild 14.6: Das Schreckensszenario schlechthin: Die Seite wurde aus dem Index geworfen und die Besucherzahlen sind auf ein Minimum gesunken.

Um eine Chance auf Wiederaufnahme zu bekommen, gehen Sie am besten wie folgt vor:

◍ Versichern Sie sich, dass Sie wegen unlauterer Maßnahmen aus dem Index geworfen wurden und nicht einfach nur (zeitweise) nach hinten gerutscht sind.

◍ Entfernen Sie zunächst alles, was im Normalfall nicht erlaubt ist, insbesondere Doorway Pages, versteckte Texte und Derartiges.

◍ Google listet in seinen Webmaster-Tools (bzw. Google Sitemaps) bei Spamverdacht relativ detailliert die Gründe auf, weshalb bestimmte Seiten aus dem Index verbannt wurden. Kontrollieren Sie diese Angaben und beseitigen Sie ggf. noch vorhandene Probleme.

◍ Stellen Sie sicher, dass Sie wirklich alles entfernt haben, was nicht hineingehört.

◍ Google wie auch die meisten Suchmaschinen bieten ein entsprechendes Formular, mit dem Sie die Wiederaufnahme in den Suchmaschinenindex beantragen können. Füllen Sie dieses Formular so ausführlich wie möglich aus, schreiben Sie, warum Ihre Seite entfernt wurde, Sie diese Dinge nun beseitigt haben und Vorkehrungen getroffen wurden, damit nicht wieder derartiger Spam geschieht.

◍ Warten Sie.

In der Regel zeigen sich die Suchmaschinen gnädig, jedoch kann die Antwort auf sich warten lassen, und es kann recht lange dauern, bis die Seite wieder im Index auffindbar ist.

Teil 3 – Anhang

SEO-Tools und -Webseiten

15.1 SEO-Software

Leider gibt es nur relativ wenig brauchbare SEO-Software. Die nachfolgend genannten sind jene, die man zumindest langfristig verwenden kann, daher dürfte sich eine Anschaffung lohnen. Aufgrund der teilweise recht hohen Preise empfiehlt es sich jedoch, bei allen Tools zuvor die vorhandenen Demo- und Testversionen ausgiebig in Anspruch zu nehmen. Die meisten Funktionen dieser Programme stehen zudem über meist kostenlose Webseitentools ebenso zur Verfügung, sodass der überwiegende Vorteil dieser kommerziellen Lösungen in der Handhabung liegt: Man muss eben nur noch regelmäßig auf Start drücken und nicht alle Daten jedes Mal in eine Webseite eintippen.

Axandra/IBP

Hierbei handelt es sich um ein sehr umfangreiches Tool mit Suchmaschineneintrag (automatisiert und halbautomatisch), Positionsüberprüfung und diversen Linksuch-, Tausch- und Optimierungsmöglichkeiten. Leider mit 299,00 Euro relativ teuer.

www.axandra.de

HelloEngines

Eintragstool mit einigen Zusatzfunktionen wie Link-Checker und HTML-Validator. Ein Positionsprüfer ist zwar integriert, aber nur bedingt zu gebrauchen (hierfür wurde das Programm Ranking Toolbox entwickelt). Preis ab 99,00 Euro.

www.hello-engines.de

Ranking Toolbox

Zweites Programm zu HelloEngines (siehe oben), das sich direkt mit der Positions-prüfung und Analyse der Suchergebnisse beschäftigt. Es bietet Abfragemöglichkeiten für die gängigen Suchmaschinen, Vergleichstabellen usw. Preis ab 89,00 Euro.

www.ranking-toolbox.de

WebPosition

Ebenfalls sehr umfangreiches Tool mit schönen Auswertungen, Positionsprüfung, Ein-tragsservice usw. Ein besonderes Feature ist die Fähigkeit zur Zusammenarbeit mit der LogFile-Analysesoftware WebTrends. Leider nur auf Englisch. Preis 199,00 Dollar.

www.webposition.com

15.2   SEO-Seiten

Was die Suchmaschinenoptimierung angeht, gibt es nur wenige ausführliche und umfassende Seiten, die wirklich nennenswert sind. Die hier gelisteten Seiten dürften für die meisten Anfänger recht interessant sein, wohingegen Fortgeschrittene und Profis sich eher mit den genannten Foren beschäftigen sollten, um dort Eindrücke und Erfah-rungen mit anderen Optimierern auszutauschen.

Wichtige Suchmaschinen

▲ **Deutschland**

Wichtige deutsche Suchmaschinen

Name	URL
Abacho	*www.abacho.de*
Fireball	*www.fireball.de*
Google	*www.google.de*
MSN	*www.msn.de* bzw. *www.live.com*
Yahoo	*www.yahoo.de*
Mirago	*www.mirago.de*

▲ **International**

Wichtige internationale Suchmaschinen

Name	URL
Google	*www.google.com*
Ask	*www.ask.com*
Yahoo	*www.yahoo.com*
MSN	*www.msn.com* bzw. *www.live.com*
AllTheWeb	*www.alltheweb.com*
AltaVista	*www.altavista.com*
Lycos	*www.lycos.com*

SEO-Webseiten & -Anleitungen

Webseiten mit Einführungen und Anleitungen zu SEO

Name	URL
Abakus	*http://www.abakus-internet-marketing.de/*
SEO Lexikon	*http://www.lexikon-suchmaschinenoptimierung.de/*
HTMLWorld	*http://www.html-world.de/program/seo_ov.php*
Suchmaschinentricks	*http://www.suchmaschinentricks.de/*
Ranking ABC	*http://www.ranking-abc.de*

SEO-Foren

Interessante Foren zum Thema SEO

Name	URL
Abakus Foren	*http://www.abakus-internet-marketing.de/foren/*
Ranking Konzept	*http://board.ranking-konzept.de/*
Suchmaschinentricks	*http://www.suchmaschinentricks.de/forum/*
WebmasterWorld	*http://www.webmasterworld.com/home.htm*
Ayom	*http://www.ayom.com*

SEO-Blogs

Lesenswerte Weblogs zum Thema SEO

Name	URL
Rent-A-SEO	*http://www.rentaseo.de*
Matt Cutts	*http://www.mattcutts.com/blog/*
SearchEngineWatch	*http://blog.searchenginewatch.com/*
SEO News	*http://seo-news.de/*
Yahoo Blog	*http://www.ysearchblog.com/*

SEO-Tools

Seiten mit interessanten Tools, die hilfreich bei der Optimierung sein können

Name	URL
Linkvendor	*http://www.linkvendor.com/* bzw. *http://www.linkvendor.de/*
Suma Tools	*http://www.suma-tools.de/suma-tools.htm*
SEO Tools	*http://www.seo-tools.net/*
SEO Chat	*http://www.seochat.com/*
SEO Server	*http://www.seo-server.de/*
SEO Consulting	*http://www.seo-consulting.de/*
Abakus	*http://www.abakus-internet-marketing.de/tools/online-tools.htm*

Keyword-Datenbanken

Wichtige Datenbanken zur Keyword-Recherche

Name	URL
Nichebot	*http://www.nichebot.com/*
Wordtracker	*http://www.wordtracker.com/*
RankingCheck	*http://www.ranking-check.de/keyword-datenbank.php*
Keyword Datenbank	*http://www.keyword-datenbank.de/*
Google	*https://adwords.google.de/select/KeywordToolExternal*
Overture	*http://inventory.de.overture.com/d/searchinventory/suggestion/*

Stichwortverzeichnis